I0699750

MUSSET, GAUTIER, BAUDELAIRE, VILLIERS DE L'ISLE-ADAM, DAUDET, GUY DE MAUPASANT Y APOLLINAIRE

EL COLLAR Y DIECISIETE GRANDES RELATOS FRANCESES

EL COLLAR Y DIECISIETE GRANDES RELATOS FRANCESES

Alfred Musset, Théophile Gautier, Charles Baudelaire, Auguste Villiers de L'Isle-Adam, Alphonse Daudet, Guy de Maupasant y Guillaume Apollinaire.

©Colección Erandique
Supervisión Editorial: Óscar Flores López
Diseño de portada: Andrea Rodríguez
Administración: Tesla Rodas—Jessica Cordero
Director Ejecutivo: José Azcona Bocock
Primera Edición
Tegucigalpa, Honduras—Enero de 2026

ALFRED MUSSET[1]

[1] Nacimiento: París, Francia — 11 de diciembre de 1810. Muerte: París, Francia — 2 de mayo de 1857. Obras más importantes: La confesión de un hijo del siglo (novela). Lorenzaccio (teatro). No se juega con el amor (teatro). Las noches (Noche de mayo, de diciembre, de agosto, de octubre). Cuentos de España y de Italia

EL VAQUERO QUE NO MENTÍA

Había una vez un hombre que poseía un gran hato de vacas. Cuidaba de este un pastor que tenía la reputación de decir siempre la verdad. Un día que el pastor bajó de la montaña, el patrón le preguntó:

—¿Cómo siguen las vacas?

—Unas rollizas y otras flacas.

—¿Y el semental?

—Gordo y espléndido.

—¿Y los pastos?

—Verdes por unos lados y secos por otros.

—¿Y el agua de los arroyos?

—Turbia aquí, limpia allá.

Un día el propietario se dirigía al pastizal. Por el camino encontró a uno de sus amigos, que también iba a ver su rebaño.

—¿Por qué llaman a tu vaquero «el hombre que no miente jamás»?

—Porque no ha dicho jamás una mentira.

—Yo lo haré decir una.

—Eso es imposible.

—¿Qué te apuestas?

—La mitad de nuestras fincas.

—Trato hecho.

El amigo del patrón empleó todos los medios posibles para hacer mentir al vaquero. Un día fue a cazar a un lugar que se podía observar desde el apacentadero donde se encontraba el vaquero que no mentía jamás. Cuando se hizo de noche, el patrón le preguntó en presencia de su amigo:

—¿Ha ido hoy alguien a cazar a la montaña?

—Le diré, patrón: allá lejos, en el monte, he visto a un hombre o una mujer subido en un caballo o yegua; llevaba una carabina o escopeta, y su perro o perra corría detrás de un zorro o zorra.

Se acercaba el día en el que finalizaría la apuesta. Una mañana, la hija del amigo apostante, de veinte años y muy bonita, montó a caballo y, sin decirle nada a su padre, se dirigió al pastadero en el que se encontraba el rabadán. Al anochecer, la joven volvió a casa y le entregó a su padre el corazón del toro envuelto en hojas de helecho. El amigo fue a decirle al patrón que su pastor había matado el toro.

Al día siguiente, el pastor bajó de la montaña, clavó su bastón en el suelo, le colocó por encima su capa y su sombrero y le dijo:

—Bastón, tú eres mi patrón; hazme preguntas.

—¿Cómo siguen las vacas?

—Unas rollizas y otras flacas.

—¿Y el semental?

—Me ha atacado y he tenido que reducirlo al silencio.

Cogió el bastón, lo hincó un poco más lejos y repitió las preguntas. Llegó a casa de su patrón, colgó su morral de un clavo y se sentó. Lo llamaron para que entrara a la sala en la que se encontraban reunidos el dueño, el amigo y algunos hombres más. En presencia de todos, el patrón le preguntó:

—¿Cómo siguen las vacas?

—Unas rollizas y otras flacas.

—¿Y el semental?

El vaquero dejó caer la cabeza sobre el pecho sin responder.

—¿Y el toro? —preguntó de nuevo el patrón.

El vaquero levantó la cabeza; miró uno a uno a los presentes y dijo:

—Por los bellos ojos de una morena y un cuerpo armonioso, el toro ha perdido el corazón.

El patrón se levantó de un salto y exclamó:

—¡Bravo! ¡Viva mi pastor! La vaca que trajo al mundo ese toro parirá otro.

Lo abrazó. Y el amigo le dio a su hija en matrimonio.

HISTORIA DE UN MIRLO BLANCO

I

¡Qué glorioso, y qué penoso es ser en este mundo un mirlo[1] excepcional! No soy un pájaro fabuloso; el señor Buffon me ha descrito. Pero, desgraciadamente, soy raro y muy difícil de encontrar. ¡Ojalá fuera completamente imposible de encontrar!

Mi padre y mi madre eran dos buenos individuos que vivían, desde hacía años, al fondo de un viejo jardín aislado del Marais. Era una pareja ejemplar. Mientras mi madre, instalada en un tupido arbusto, ponía regularmente tres veces al año e incubaba somnolienta con un fervor patriarcal, mi padre, aún muy limpio y petulante pese a su edad, picoteaba alrededor de ella, le traía hermosos insectos que atrapaba delicadamente por el extremo de la cola para no inspirarle repugnancia a su mujer y, al anochecer, si hacía buen tiempo, no dejaba jamás de obsequiarla con una canción que alegraba a todo el vecindario. Jamás una querella, jamás el menor nubarrón turbó aquella plácida unión.

Apenas vine al mundo, y por primera vez en su vida, mi padre empezó a manifestar mal humor. Aunque yo no fuera aún sino de un gris sospechoso, no reconocía en mí ni el color ni el aspecto de su numerosa prole.

—¡Qué sucio es este hijo! —decía a veces mirándome de través—; se diría que este chiquillo va a revolcarse en todos los yesones y en todos los montones de barro que se encuentra, para estar siempre tan feo y enfangado.

—¡Eh, Dios mío! —contestaba mi madre, siempre hecha una bola en una vieja escudilla de la que había hecho su nido— ¿no ve, amigo mío, que es propio de su edad? Usted mismo, ¿no fue un encantador granuja? Deje que nuestro mirlito crezca, y ya verá cómo será hermoso; es uno de los mejores que he puesto.

Pese a encargarse de mi defensa, mi madre no se engañaba; veía crecer mi fatal plumaje, que le parecía una monstruosidad; pero hacía lo que todas las madres que se aferran con frecuencia a sus hijos, por el hecho de ser maltratados por la Naturaleza, como si fuera culpa suya, o como si rechazaran por anticipado la injusticia de la suerte que recaerá sobre ellos.

Cuando llegó el momento de mi primera muda, mi padre se fue poniendo pensativo y me miraba atentamente. Mientras que mis plumas fueron cayendo, aún me trató con bastante bondad e incluso me dio de comer al verme tiritar casi desnudo en un rincón; pero tan pronto como mis alas ateridas empezaron a cubrirse de plumón, a cada pluma que veía nacer entraba en un estado de ira tal que temí que me desplumara para el resto de mis días. Desgraciadamente, yo no tenía espejo; ignoraba la causa de aquel furor y me preguntaba por qué el mejor de los padres se mostraba tan inhumano conmigo.

Un día en que un rayo de sol y mi plumaje incipiente me habían alegrado el corazón —pese a mí mismo—, para mi desgracia me puse a cantar cuando revoloteaba por una alameda. A la primera nota que escuchó, mi padre saltó en el aire como un cohete.

—¿Qué estoy oyendo? —exclamó—. ¿Así es como canta un mirlo? ¿Así canto yo? ¿Eso es cantar?

Y, dejándose caer cerca de mi madre, dijo con el más terrible aplomo:

—¡Desgraciada! ¿Quién ha puesto en tu nido?

Al oír estas palabras, mi madre indignada se arrojó de su escudilla, no sin hacerse daño en una pata; quiso hablar, pero los sollozos la ahogaban y cayó al suelo casi desmayada. La vi a punto de expirar y, asustado y temblando de miedo, me arrojé a las rodillas de mi padre.

—¡Oh, padre mío! —le dije—. Si canto desafinado y si estoy mal vestido, que mi madre no sea castigada por ello. ¿Es culpa suya si la Naturaleza me ha negado una voz como la de usted? ¿Es culpa suya si no tengo el mismo hermoso pico amarillo que usted, y su hermoso traje negro a la francesa, que le dan el aspecto de un fabriquero comiéndose una tortilla? Si el Cielo ha hecho de mí un monstruo, y si alguien debe pagar por ello, ¡que al menos yo sea el único desdichado!

—No se trata de eso —dijo mi padre—; ¿qué significa la forma absurda con la que acabas de permitirte cantar? ¿Quién te ha enseñado a cantar así, en contra de todas las costumbres y todas las reglas?

—¡Ah!, señor —contesté humildemente—, he cantado como he podido; me sentía alegre porque hace un buen día, pero tal vez haya comido demasiadas moscas.

—¡En mi familia no se canta así! —prosiguió por su parte mi padre, fuera de sí—. Hace siglos que cantamos de padres a hijos y, cuando dejo oír mi voz durante la noche, entérate bien, hay en el primer piso un anciano señor y en la buhardilla una joven obrera que abren sus ventanas para escucharme cantar. ¿No basta con tener ante mis ojos el horrible color de tus absurdas plumas que te hacen parecer enharinado como un payaso de feria? Si yo no fuera el más pacífico de los mirlos, ya te habría dejado desnudo cien veces, ni más ni menos que un pollo de corral listo para ser espetado.

—¡Pues bien! —exclamé, sublevado, irritado por la injusticia de mi padre—. Así son las cosas, señor, ¡que no quede por eso! Desapareceré de su presencia, libraré sus ojos de esta desgraciada cola blanca, de la que me tira a lo largo de todo el día. Me iré, señor, huiré; otros muchos hijos consolarán su vejez, dado que mi madre pone tres veces al año; me iré lejos de usted a ocultar mi miseria y tal vez —añadí sollozando— tal vez encuentre en el huerto del vecino o sobre los canalones algunas lombrices o algunas arañas para nutrir mi triste existencia.

—¡Como gustes! —contestó mi padre, lejos de enternecerse por mi discurso—. ¡Que no te vea más! Tú no eres mi hijo; tú no eres un mirlo.

—¿Y entonces qué soy, señor? Dígame.

—No lo sé, pero desde luego tú no eres un mirlo.

Tras estas aterradoras palabras, mi padre se alejó a paso lento. Mi madre se levantó tristemente y, cojeando, fue a acabar de llorar dentro de su escudilla. Por lo que a mí respecta, confundido y desolado, emprendí vuelo lo mejor que pude y, como lo había anunciado, fui a colocarme sobre el canalón de una casa próxima.

II

Mi padre tuvo la crueldad de dejarme durante muchos días en aquella mortificante situación. Pero, pese a su violencia, tenía buen corazón, y por las miradas indirectas que me echaba, yo veía claramente que le habría gustado perdonarme y llamarme; mi madre, sobre todo, levantaba hacia mí sin cesar unos ojos llenos de ternura y, a veces, incluso se arriesgaba a llamarme con un gritito lastimero; pero mi horrible plumaje blanco les inspiraba, a su pesar, una repugnancia y un espanto para los que —lo vi claro— no había remedio.

—¡Yo no soy un mirlo! —me repetía—; y, efectivamente, cuando me espulgaba por la mañana y me miraba en el agua del canalón, no veía sino demasiado claro hasta qué punto me diferenciaba de mi familia. ¡Oh, cielo! —repetía también—, ¡dime, pues, qué es lo que soy!

Cierta noche que llovía a mares, iba a dormirme extenuado de hambre y pena, cuando vi posarse cerca de mí un pájaro más mojado, más pálido y más delgado de lo que yo creía posible. Era más o menos de mi color, por lo que pude juzgar a través de la lluvia que nos inundaba; apenas tenía sobre el cuerpo plumas suficientes como para vestir un gorrión y era más grueso que yo. En un primer momento me pareció un pájaro pobre y necesitado; pero, pese a la tormenta que maltrataba su frente casi rapada, conservaba una expresión de altivez que me encantó. Le hice, modestamente, una gran reverencia, a la que respondió con un picotazo que estuvo a punto de tirarme del canalón. Al ver que me rascaba una oreja y me retiraba compungido sin tratar de responderle en su mismo lenguaje:

—¿Quién eres? —me preguntó con una voz tan ronca como calvo era su cráneo.

—¡Ah!, señor —contesté, temiendo una segunda estocada—, no sé. Creía ser un mirlo, pero me han convencido de que no lo soy.

La singularidad de mi respuesta y mi expresión de sinceridad le interesaron. Se acercó a mí e hizo que le contara mi historia, lo que hice con toda la tristeza y toda la humildad adecuadas a mi posición y al horrible tiempo que hacía.

—Si fueras un palomo mensajero como yo —me dijo después de haberme escuchado—, las simplezas que tanto te afligen no te inquietarían ni un segundo. Nosotros viajamos, ésa es nuestra vida, y tenemos amores, pero yo no sé quién es mi padre. Hender el aire, atravesar el espacio, ver a nuestros pies los montes y las llanuras, respirar el aire mismo de los cielos, y no las exhalaciones de la tierra, correr como una flecha hacia un objetivo marcado que no se nos escapa jamás, ése es nuestro placer y nuestra existencia. Hago más trayecto en un día que un hombre puede hacer en diez.

—Bajo palabra, señor —le dije algo envalentonado—, usted es un pájaro bohemio.

—Ésa es otra de las cosas de las que no me preocupo en absoluto —contestó—. Yo no tengo país; sólo conozco tres cosas: los viajes, mi mujer y mis hijos. Donde está mi mujer está mi patria.

—Pero, ¿qué es lo que lleva colgado al cuello? Parece un viejo papillote arrugado.

—Son papeles importantes —contestó, pavoneándose—; voy a Bruselas y le llevo al célebre banquero *** una noticia que va a hacer bajar la renta un franco con setenta y ocho céntimos.

—¡Dios Santo! —exclamé—. ¡Qué hermosa existencia la suya! Y Bruselas debe ser una ciudad digna de ver, estoy seguro. ¿No podría llevarme con usted? Puesto que no soy un mirlo, tal vez sea un pichón.

—Si lo fueres —me contestó—, me habrías devuelto el picotazo que te di hace un rato.

—Pues bien, señor, se lo devolveré; no discutamos por tan poca cosa. He aquí que la mañana surge y la tormenta se calma. Por favor, ¡permítame acompañarlo! Estoy perdido; no tengo a nadie en el mundo; si me rechaza no me queda más que ahogarme en este canalón.

—Está bien, ¡en marcha!, sígueme si puedes.

Lancé la última mirada hacia el jardín en el que dormía mi madre. Una lágrima brotó de mis ojos; el viento y la lluvia se la llevaron. Abrí mis alas y partí.

III

Mis alas, ya lo he dicho, no eran aún muy robustas. Mientras que mi conductor iba como el viento, yo jadeaba a su lado; aguanté durante un rato, pero pronto sentí una perturbación tan intensa que me creí a punto de desfallecer.

—¿Queda mucho aún? —pregunté con voz débil.

—No —contestó—; estamos en el Bourget; sólo nos quedan setenta leguas que recorrer.

Intenté retomar ánimos, pues no quería parecer una gallina mojada, y seguí volando un cuarto de hora más; pero, al final, estaba rendido.

—Señor —balbucí de nuevo—, ¿no podríamos detenernos un instante? Tengo una horrible sed que me atormenta, y si nos posáramos sobre un árbol…

—¡Vete al diablo! ¡Tú no eres más que un mirlo! —me contestó airado el palomo. Y, sin dignarse volver la cabeza, prosiguió su endiablado viaje. Yo, por mi parte, aturdido y sin vista, me caí en un trigal.

Ignoro cuánto tiempo duró mi desmayo. Cuando recuperé el conocimiento, lo primero que se me vino a la memoria fue la última frase del palomo mensajero: «Tú no eres más que un mirlo» —me había dicho—. ¡Oh, mis padres queridos —pensé—, estaban equivocados! Regresaré junto a ustedes; me reconocerán como verdadero y legítimo hijo y me devolverán mi lugar en ese bonito montón de hojas que está por debajo de la escudilla de mi madre.

Hice un esfuerzo para levantarme, pero la fatiga del viaje y el dolor que sentía por la caída me paralizaron todos los miembros. Tan pronto como me incorporé sobre mis patas, el desfallecimiento se apoderó de mí y caí sobre un costado. El horrible pensamiento de la muerte se presentaba ya a mi espíritu, cuando, entre acianos y amapolas, vi venir hacia mí, andando de puntillas, a dos encantadoras personas. Una era una pequeña urraca muy bien moteada y extremadamente coqueta, y la otra una tórtola de color de rosa. La tórtola se detuvo a unos pasos de distancia, con expresión de pudor y compasión por mi infortunio; pero la urraca se acercó dando saltitos de la forma más agradable del mundo.

—¡Ah, Dios mío!, pobre niño, ¿qué está haciendo ahí? —me preguntó con voz alegre y melodiosa.

—¡Ay!, señora marquesa —contesté, porque me pareció que debía ser marquesa por lo menos—, soy un pobre diablo viajero que su postillón ha dejado en el camino, y estoy a punto de morir de hambre.

—¡Virgen Santa!, ¿qué está diciendo? —contestó.

E inmediatamente se puso a buscar aquí y allá entre los arbustos que nos rodeaban, yendo y viniendo a un lado y a otro, trayéndome gran cantidad de bayas y frutas, con las que formó un montoncito cerca de mí, mientras continuaba con sus preguntas.

—Pero ¿quién es usted? ¿De dónde viene? ¡Su aventura es algo increíble! ¿Y a dónde iba usted? ¡Viajar solo tan joven!, porque usted acaba de hacer su primera muda… ¿A qué se dedican sus padres? ¿De dónde son? ¿Cómo lo dejan viajar en este estado? ¡Es como para poner las plumas de punta en la cabeza!

Mientras ella hablaba, yo me había incorporado un poco de lado y comía con gran apetito. La tórtola permanecía inmóvil, mirándome con expresión de piedad. Sin embargo, observó que yo volvía la cabeza con languidez y comprendió que tenía sed. Una gota de la lluvia caída durante la noche permanecía sobre un murajes; recogió tímidamente esta gota en su pico y me la trajo aún fresca. Es evidente que, si yo no hubiera estado tan enfermo, una persona tan reservada no se habría permitido hacer algo semejante.

Yo no sabía aún lo que es el amor, pero mi corazón latía intensamente. Dividido entre dos emociones distintas, me encontraba penetrado de un encanto inexplicable. Mi panetera era tan alegre, mi escanciadora tan comunicativa y tan dulce, que me habría gustado desayunar así por toda la eternidad. Desafortunadamente, todo tiene un final, incluso el apetito de un convaleciente. Una vez terminada la comida y con mis fuerzas recuperadas, satisfice la curiosidad de la pequeña urraca, y le conté todas mis desventuras con la misma sinceridad con la que lo hice la víspera ante el palomo mensajero. La urraca me escuchó con más atención de la que cabría esperar de ella y la tórtola me dio muestras encantadoras de su profunda sensibilidad. Pero, cuando llegué al punto capital que causaba mi dolor, es decir, a la ignorancia de quién era yo:

—¿Está bromeando? —exclamó la urraca—. ¿Usted un mirlo? ¿Usted un palomo? ¡Nada de eso! Usted es una urraca, mi querido niño, una muy gentil urraca —añadió dándome un golpecito con su ala, como si dijéramos, un golpe con un abanico.

—Pero, señora marquesa —contesté—, creo que para ser una urraca soy de un color, con perdón sea dicho…

—¡Una urraca rusa, querido, usted es una urraca rusa! ¿No sabe usted que son blancas? ¡Pobre chico, qué ignorancia!

—Pero, señora —proseguí—, ¿cómo voy a ser una urraca rusa si yo he nacido al fondo del Marais, en una vieja escudilla rota?

—¡Ah! ¡Qué ingenuo! Usted es fruto de la invasión, querido, ¿cree que es el único? Confíe en mí y déjese llevar; voy a llevarlo conmigo y a mostrarle las cosas más bellas de la tierra.

—¿Dónde están esas cosas, señora, por favor?

—En mi palacio verde, querido; ya verá cómo se vive allí. Cuando lleve tan sólo un cuarto de hora siendo urraca, no querrá oír hablar de otra cosa. Vivimos allí unas cien, pero no de esas gruesas urracas de pueblo que piden limosna por los caminos, sino todas nobles y de buena compañía, esbeltas, ágiles y no más gruesas que un puño. Ni una sola de nosotras tiene más o menos de siete manchas negras y de cinco manchas blancas; es algo invariable, y despreciamos al resto del mundo. Es verdad que a usted le faltan las manchas negras, pero su condición de ruso bastará para que sea admitido. Nuestra vida se compone de dos actividades: charlar y emperifollarnos. Desde por la mañana hasta mediodía, nos emperifollamos, y desde el mediodía hasta la noche, charlamos. Cada una de nosotras se posa en un árbol, lo más alto y lo más viejo posible. En medio del bosque se levanta un roble inmenso, deshabitado, desgraciadamente. Era la morada del difunto rey Pío X, adonde vamos en peregrinación lanzando grandes suspiros; pero, salvo ese ligero pesar, pasamos el tiempo de maravilla. Nuestras mujeres no son más gazmoñas que nuestros maridos celosos, pero nuestros placeres son puros y honestos, porque nuestro corazón es tan noble como nuestro lenguaje es libre y jovial. Nuestra altivez no tiene límites y, si un grajo o cualquier otra gentuza viene por casualidad a introducirse en nuestra casa, lo desplumamos despiadadamente. Pero no por ello dejamos de ser las mejores personas del mundo y los pajarillos, los paros, los jilgueros que viven en nuestros sotos, nos hallan siempre dispuestas a ayudarles, a alimentarles y a defenderles. En ningún sitio hay más charla que en nuestra casa y en ningún sitio menos maledicencia. No carecemos de viejas urracas devotas que recitan sus padrenuestros toda la jornada, pero la más indiscreta de nuestras jóvenes comadres puede pasar junto a la más severa vieja, sin temer un picotazo. En una palabra, vivimos de placer, de honor, de parloteo, de gloria y de vestidos.

—Todo eso es muy hermoso, señora —contesté—, y yo sería sin duda un mal educado si no obedeciera las órdenes de una persona como usted. Pero antes de tener el honor de acompañarla, permítame, por favor, decirle dos palabras a esta bondadosa señorita que está aquí. Señorita —proseguí dirigiéndome a la tórtola—, hábleme con franqueza, se lo ruego; ¿cree usted que, de verdad, soy una urraca rusa?

Al oír esta pregunta, la tórtola bajó la cabeza y se puso de un rojo pálido, como las cintas de Lolotte.

—Pero, señor —dijo—, no sé si puedo…

—¡En el nombre del cielo, hable, señorita! Mi intención no contiene nada que pueda ofenderla, muy al contrario. Las dos me parecen tan encantadoras que aquí mismo juro ofrecerle mi corazón y mi pata a la que lo desee, desde el instante en que sepa si soy una urraca u otra cosa; pues, al mirarla —añadí hablándole un poco más bajo a aquella joven persona—, me siento algo de tórtolo que me atormenta singularmente.

—Efectivamente —dijo la tórtola ruborizándose más aún—, no sé si es el reflejo del sol que cae sobre usted a través de esas amapolas, pero su plumaje me parece tener un ligero tono…

Y no se atrevió a decir más.

—¡Oh, qué perplejidad! —exclamé—. ¿Cómo puedo saber a qué atenerme? ¿Cómo puedo entregar mi corazón a una de ustedes, cuando se encuentra tan cruelmente desgarrado? ¡Oh, Sócrates! ¡Qué precepto tan admirable, pero qué difícil de seguir, nos dejaste al decir: «¡Conócete a ti mismo!»!

Desde el día en que una desgraciada canción había contrariado tan profundamente a mi padre, yo no había vuelto a usar mi voz para cantar. Pero en aquel momento se me ocurrió utilizarla como medio para discernir la verdad. «¡Pardiez! —me dije—, puesto que mi padre me echó a la calle al escuchar la primera estrofa, sin duda la segunda producirá algún efecto en estas damas». Y, tras haber comenzado por inclinarme gentilmente como para solicitar indulgencia por la lluvia que había soportado, me puse primero a silbar, luego a gorjear, luego a hacer gorgoritos y finalmente a cantar a voces, como un arriero español al aire libre.

A medida que yo cantaba, la pequeña urraca se iba alejando de mí con una expresión de sorpresa, que pronto se convirtió en estupor, y que pasó después a un sentimiento de espanto acompañado de un profundo fastidio. Describía círculos a mi alrededor como un gato alrededor de un trozo de tocino demasiado caliente que acaba de quemarle el hocico pero que, pese a ello, quisiera probar. Viendo el efecto causado por mi prueba y deseando llevarla hasta el extremo, mientras más impaciencia mostraba la pobre marquesa, más me desgañitaba yo cantando. Soportó durante veinticinco minutos mis melodiosos esfuerzos, y finalmente, no pudiendo aguantar más, se echó a volar ruidosamente y regresó a su palacio de verdor. Por lo que respecta a la tórtola, casi desde el principio se había quedado profundamente dormida.

—¡Qué admirable efecto el de la armonía! —pensé—. ¡Oh, Marais! ¡Oh, escudilla materna! ¡Más que nunca deseo regresar hacia ustedes!

En el momento en que me echaba a volar para partir, la tórtola abrió los ojos.

—¡Adiós, extranjero tan gentil y tan fastidioso! —dijo—. Me llamo Gourouli; acuérdate de mí.

—Hermosa Gourouli —le contesté—, usted es buena, dulce y encantadora; quisiera vivir y morir por usted. Pero usted es de color de rosa, ¡y tanta felicidad no está hecha para mí!

IV

El lamentable efecto causado por mi canto no podía sino entristecerme. ¡Ay, música! ¡Ay, poesía! —me repetía regresando a París—, ¡qué pocos corazones hay que los comprendan!

Mientras hacía estas reflexiones, me golpeé la cabeza con la de un pájaro que volaba en sentido opuesto al mío. El choque fue tan rudo e imprevisto que caímos los dos sobre la copa de un árbol que, por fortuna, se encontraba allí. Después de habernos sacudido un poco, miré al recién llegado esperando una querella. Vi, con sorpresa, que era blanco. A decir verdad, tenía la cabeza algo más gruesa que la mía y, en la frente, una especie de penacho que le daba un aspecto heroico-cómico; además, llevaba la cola al aire, con gran magnanimidad; no me pareció en absoluto dispuesto a combatir. Nos saludamos muy cortésmente, nos presentamos excusas mutuamente, después de lo cual iniciamos una conversación. Yo me tomé la libertad de preguntarle su nombre y de qué país era.

—Me sorprende —me dijo— que no me conozca. ¿No es usted uno de los nuestros?

—Realmente, señor —contesté—, yo no sé de cuáles soy. Todo el mundo me pregunta y me dice lo mismo; debe ser que han hecho una apuesta.

—Usted bromea —replicó—; su plumaje le sienta demasiado bien como para que yo no conozca a un colega. Usted pertenece infaliblemente a la raza ilustre y venerable que llaman en latín cacuata, en lengua culta kakatoès, y en jerga vulgar cacatois.

—A fe mía, señor, que es posible y que eso sería un gran honor para mí. Pero hágase a la idea de que no lo soy y dígnese decirme a quién tengo la gloria de hablarle.

—Soy —contestó el desconocido— el gran poeta Kacatogan. He realizado grandes viajes, señor, travesías áridas y crueles peregrinaciones. No es desde ayer desde cuando hago rimas, y mi musa ha padecido desgracias. He tarareado en tiempos de Luis XVI, señor; he gritado por la República, he cantado notablemente al Imperio, he alabado discretamente a la Restauración, e incluso he hecho un esfuerzo en estos últimos tiempos y me he sometido —no sin esfuerzo— a las exigencias de este siglo sin gusto. He lanzado al mundo pareados picantes, himnos sublimes, graciosos ditirambos, piadosas elegías, dramas melenudos, novelas rizadas, vodeviles empolvados y tragedias calvas. En una palabra, puedo presumir de haber añadido al templo de las Musas algunos galantes festones, algunas sombrías almenas y algunos ingeniosos arabescos. ¡Qué quiere! He envejecido. Pero aún rimo vivamente, señor, y, aquí donde me ve, soñaba con un poema en un canto, que no tendrá menos de seiscientas páginas, cuando usted me hizo un chichón en la frente. Por lo demás, si puedo serle útil en algo, estoy a su servicio.

—Realmente, señor, sí puede —repliqué—, pues me ve en este momento en una gran confusión poética. No me atrevo a decir que sea poeta, y sobre todo tan gran poeta como usted —añadí saludándolo—, pero he recibido de la Naturaleza una garganta que me pica cuando me encuentro a gusto o cuando tengo penas. A decir verdad, ignoro por completo las reglas.

—No se inquiete por eso —dijo Kacatogan—; yo las he olvidado.

—Pero me ocurre una cosa enojosa —dije—, y es que mi voz produce en los que me escuchan más o menos el mismo efecto que la de un tal Jean de Nivelle en… ¿sabe lo que quiero decir?

—Sí lo sé —dijo Kacatogan—; conozco por mí mismo ese extraño efecto. Desconozco la causa, pero el efecto es incuestionable.

—Y bien, señor, usted me parece el Néstor de la poesía, ¿no conocerá, se lo ruego, algún remedio contra ese penoso inconveniente?

—No —dijo Kacatogan—; por mi parte, no he podido encontrar ninguno. Cuando era joven, me atormentaba mucho porque me silbaban siempre; pero a mi edad ya no pienso en ello. Creo que esa repugnancia procede de que el público lee a otros y no a nosotros; eso le distrae…

—Yo pienso como usted; pero admitirá, señor, que es muy duro para una criatura bienintencionada, hacer que la gente huya tan pronto como él entona un buen movimiento. ¿Querría hacerme el favor de escucharme y de decirme sinceramente su opinión?

—Con mucho gusto —dijo Kacatogan—; soy todo oídos.

Me puse a cantar de inmediato y tuve la satisfacción de ver que Kacatogan no huía ni se quedaba dormido. Me miraba fijamente y, de vez en cuando, inclinaba la cabeza con gesto de aprobación, con una especie de susurro adulador. Pero pronto me di cuenta de que no me estaba escuchando, sino que pensaba en su poema. Aprovechando un momento en el que yo tomaba aliento, me interrumpió de repente.

—¡He encontrado la rima! —dijo sonriendo mientras movía la cabeza—; ¡es la 60.714.ª que sale de este cerebro! ¡Y se atreven a decir que me estoy haciendo viejo! Voy a leerle esto a mis buenos amigos, voy a leérselo, y ya veremos lo que dicen.

Mientras hablaba, emprendió vuelo y desapareció, aparentando no acordarse ya de haberme conocido.

V

Al haber quedado solo y frustrado, no tenía nada mejor que hacer que aprovechar el resto del día y volar de un tirón hacia París. Desafortunadamente, no conocía el camino. Mi viaje con el palomo mensajero había sido demasiado poco agradable como para haberme dejado un recuerdo exacto; de tal manera que, en lugar de ir directamente, giré a la izquierda en el Bourget y, sorprendido por la noche, me vi obligado a buscar cobijo en los bosques de Mortefontaine.

Todo el mundo estaba acostándose cuando llegué. Las urracas y los grajos que, como ya es sabido, son los peores compañeros de cama de la tierra, andaban a la greña por todas partes. En los arbustos piaban los gorriones, pisándose unos a otros. Al borde del agua marchaban gravemente dos garzas reales, subidas sobre sus largos zancos, en actitud meditativa, como los Georges Dandin del lugar, esperando pacientemente a sus mujeres. Enormes cuervos, ya medio dormidos, se posaban pesadamente en la cima de los árboles más altos, y gangueaban sus oraciones de la noche. Más abajo, los paros enamorados se perseguían aún en los sotos, mientras que un pájaro carpintero despeluznado empujaba a su pareja por detrás para hacerle entrar en un hueco de un árbol. Falanges de gorrioncillos llegaban de los campos danzando en el aire como bocanadas de humo, y se precipitaban sobre un arbolillo que cubrían por completo; pinzones, currucas y pardillos se agrupaban ligeramente sobre las ramas recortadas, como cristales sobre un candelero de muchos brazos. Por todas partes resonaban voces que decían netamente: —¡Vamos, esposa mía! —¡Vamos, hija mía! —¡Venga, hermosa mía! —¡Por aquí, amiga mía! —¡Aquí estoy, querido! —¡Buenas noches, mi amor! —¡Adiós, amigos míos! —¡Duerman bien, hijos míos!

¡Qué situación para un soltero, pernoctar en semejante posada! Tuve la tentación de unirme a unos cuantos pájaros de mi tamaño y pedirles alojamiento. De noche —pensaba— todos los pájaros son grises; y, además, ¿es dañar a la gente dormir cortésmente a su lado?

Me dirigí en un primer momento hacia un azarbe donde se reunían los estorninos. Realizaban su aseo nocturno con un cuidado particular, y observé que la mayoría de ellos tenían las alas doradas y las patas acharoladas: eran los dandys del bosque. Eran bastante buenos chicos y no me honraron con la menor atención. Pero su conversación era tan vacía, se contaban con tanta fatuidad sus idas y venidas y su buena suerte, se frotaban tanto unos a otros, que me fue imposible aguantar allí.

En ese mismo instante, oí que me llamaban: eran hembras de zorzales que desde lo alto de un serbal me hacían señas para que fuera con ellas. He aquí por fin unas buenas almas —pensé—. Me hicieron sitio riendo como locas y yo me introduje en el grupo emplumado tan rápido como una carta de amor en un manguito. Pero no tardé en percatarme de que aquellas señoras habían comido más uvas de lo

aconsejable; apenas se tenían sobre las ramas y sus bromas de mala
compañía, sus carcajadas y sus canciones obscenas me obligaron a
alejarme.

Estaba empezando a desesperarme e iba a dormirme en un lugar
solitario, cuando un ruiseñor se puso a cantar. Todo el mundo guardó
silencio de inmediato. ¡Ah! ¡Qué pura era su voz! ¡Qué dulce parecía
hasta su melancolía! Lejos de perturbar el sueño de los demás, sus
acordes parecían acunarlo. Nadie pensaba en mandarlo callar, nadie
encontraba mal que entonara su canción a semejante hora; su padre no
le pegaba, sus amigos no huían.

—¡Sólo a mí me está prohibido, pues, ser feliz! —exclamé—.
¡Marchémonos, huyamos de este mundo cruel! Más me vale buscar mi
camino en la oscuridad, aun con el riesgo de ser tragado por algún búho,
que dejarme desgarrar así por el espectáculo de la felicidad de los demás.

Con este pensamiento, me puse de nuevo en camino y deambulé
bastante tiempo al azar. Con las primeras luces del día, divisé las torres
de Notre-Dame. En un abrir y cerrar de ojos llegué hasta ellas, y no tuve
que pasear mucho tiempo mi mirada antes de encontrar nuestro jardín.
Volé hacia él más rápido que un relámpago… Desgraciadamente, estaba
vacío… En vano llamé a mis padres: nadie me contestó. El árbol en el
que se posaba mi padre, el matorral materno, la escudilla querida, todo
había desaparecido. El hacha lo había destruido todo, y en lugar de la
avenida verde en la que yo había nacido, no quedaba ya más que un
montón de leños.

VI

Busqué en un primer momento a mis padres por todos los jardines
de los alrededores, pero fue en vano; sin duda se habían refugiado en
algún barrio alejado, y no pude jamás tener noticias suyas.

Imbuido de una horrible tristeza, fui a posarme en el canalón al que
la ira de mi padre me había exiliado en un primer momento. Allí pasaba
los días y las noches lamentando mi triste existencia. Ya no dormía,
apenas comía, y estaba a punto de morir de dolor.

Un día que me lamentaba como de costumbre, me decía en voz alta:

—Así pues, yo no soy un mirlo, puesto que mi padre me desplumaba;
ni un palomo mensajero, pues caí en el camino cuando quise ir a Bélgica;
ni una urraca rusa, puesto que la pequeña marquesa se tapó los oídos tan
pronto como abrí el pico; ni una tórtola, puesto que Gourouli, la buena
de Gourouli, roncaba como un monje cuando yo cantaba; ni un loro,

puesto que Kacatogan no se dignó escucharme; ni un pájaro cualquiera, en fin, puesto que en Mortefontaine me dejaron dormir solo. Y, sin embargo, tengo plumas, tengo patas, tengo alas. No soy ningún monstruo y la prueba es que Gourouli e incluso la pequeña marquesa me encontraban bastante de su agrado. ¿Por qué misterio inexplicable estas plumas, estas alas, estas patas no sabrían formar un conjunto al que se le pudiera dar un nombre? ¿No seré por casualidad…?

Iba a continuar mis lamentos, cuando fui interrumpido por dos porteras que discutían en la calle.

—¡Ah, pardiez! —dijo una a la otra—; si lo consigues, te regalaré un mirlo blanco.

—¡Dios Santo! —exclamé—, ése es mi asunto. ¡Oh, Providencia!, soy hijo de un mirlo y soy blanco, luego ¡soy un mirlo blanco!

Este descubrimiento —tengo que confesarlo— modificó mucho mis esquemas. En lugar de seguir quejándome, empecé a pavonearme y a caminar orgullosamente a lo largo del canalón, mirando el espacio con expresión victoriosa.

—Ser un mirlo blanco —me dije— no es cualquier cosa, no es poco de pavo. Era demasiado tonto al afligirme por no encontrar a alguien semejante a mí, ¡ése es el destino del genio, es mi destino! Quería huir del mundo, pero ahora quiero sorprenderlo. Puesto que soy el pájaro sin igual cuya existencia niega el vulgo, debo, pretendo comportarme como tal, ni más ni menos que un fénix, y despreciar al resto de volátiles. Tengo que comprarme las Memorias de Alfieri y los poemas de Byron; este alimento sustancioso me inspirará un noble orgullo, sin contar con el que Dios me ha dado. Sí, quiero incrementar, si es posible, el prestigio de mi cuna. La Naturaleza me ha hecho raro y yo me haré misterioso. Verme será un favor, una gloria. Y, después de todo —añadí en voz baja—, ¿y si me exhibiera tranquilamente por dinero?

—¡Quita allá! ¡Qué indigno pensamiento! Quiero escribir un poema como Kacatogan, pero no en un canto, sino en veinticuatro, como todos los grandes hombres; ¡no, no es suficiente, tendrá cuarenta y ocho, con notas y un apéndice! Es necesario que el universo sepa que existo. En mis versos, no dejaré de lamentar mi aislamiento, pero será de tal forma, que los más felices me envidiarán. Puesto que el cielo me ha negado una hembra, diré calumnias de las de los demás. Demostraré que todo está demasiado verde, salvo las uvas que como yo. Los ruiseñores no tienen más que comportarse bien, yo demostraré, como que dos y dos son cuatro, que sus endechas producen malestar y que su mercancía no vale nada. Es necesario que vaya a visitar a Charpentier. Quiero crearme desde el principio una poderosa posición literaria.

Deseo tener a mi alrededor una corte compuesta no sólo de periodistas, sino también de autores verdaderos e incluso de mujeres de letras. Escribiré un papel para la señorita Rachel y, si se niega a interpretarlo, publicaré a son de trompeta que su talento es muy inferior al de una vieja actriz de provincias. Iré a Venecia y alquilaré, a orillas del gran canal y en medio de aquella ciudad de ensueño, el bello palacio Mocenigo, que cuesta cuatro libras y diez sous al día; allí, me inspiraré en todos los recuerdos que el autor de Lara debe haber dejado allí. Desde el fondo de mi soledad, inundaré el mundo con un diluvio de rimas alternas, calcadas de una estrofa de Spencer, en las que aliviaré mi gran alma; haré suspirar a todas las tórtolas, deshacerse en lágrimas a todas las abubillas y gritar a todas las viejas lechuzas. Pero, por lo que respecta a mi persona, me mostraré inexorable e inaccesible al amor. En vano me presionarán y me suplicarán que tenga piedad de las desdichadas seducidas por mis sublimes cantos; a todo ello contestaré: ¡Maldito sea! ¡Oh, exceso de gloria! Mis manuscritos se venderán a peso de oro, mis libros cruzarán los mares; la fama, la fortuna, me seguirán por doquier; pero, solo, pareceré indiferente a los murmullos del gentío que me rodeará. En una palabra: seré un perfecto mirlo blanco, un auténtico escritor excéntrico, festejado, mimado, admirado, envidiado, pero completamente gruñón e insoportable.

VII

No necesité más de seis semanas para poner a punto mi primera obra. Como me lo había prometido, era un poema en cuarenta y ocho cantos. Podían encontrarse en él algunas negligencias como consecuencia de la prodigiosa fecundidad con la que lo había escrito, pero pensé que el público actual, acostumbrado a la bella literatura que se imprime en la parte inferior de los periódicos, no me haría reproches.

Obtuvo un éxito digno de mí, es decir, sin par. El tema de mi obra no era otro que yo mismo: en eso me acomodaba a la moda de nuestros tiempos. Contaba mis sufrimientos pasados con una encantadora fatuidad; ponía al corriente al lector de mil detalles domésticos del más excitante interés; la descripción de la escudilla de mi madre no ocupaba menos de catorce cantos, pues había contado las ranuras, los agujeros, las abolladuras, las astillas, las púas, los clavos, las manchas, los matices diversos, los reflejos; mostraba el interior, el exterior, los bordes, el fondo, los laterales, los planos inclinados, los planos rectos; pasando al contenido, había estudiado las briznas de hierba, las pajas, las hojas secas, los pequeños trozos de madera, los cascotes, las gotas de agua, los despojos de moscas, las patas rotas de abejorros que allí se encontraban: era una encantadora descripción. Pero no piensen que la imprimí de un tirón; hay lectores impertinentes que se la habrían saltado. La había dividido hábilmente en fragmentos y la había entremezclado con el relato, con el fin de que no se desperdiciara nada; de tal manera que en el momento más interesante y dramático aparecían de repente quince páginas de escudilla. He aquí, en mi opinión, uno de los grandes secretos del arte y, como no soy avaricioso, permito que lo aproveche el que quiera.

Europa entera se sintió emocionada cuando apareció mi libro, y devoró las revelaciones íntimas que me había dignado comunicarle. ¿Cómo podía haber sido de otra forma? No sólo enumeraba todos los acontecimientos relacionados con mi persona, sino que además ofrecía al público un cuadro completo de todas las ensoñaciones que se me habían pasado por la cabeza desde la edad de dos meses; incluso había intercalado en el lugar más hermoso una oda que compuse cuando aún me encontraba en el huevo. Queda claro, por supuesto, que no olvidaba tratar, de paso, el gran tema que tanto preocupa al mundo, es decir, el futuro de la humanidad. Este problema me había parecido interesante; en un momento de ocio esbocé una solución que fue considerada satisfactoria.

Me enviaban a diario cumplidos en verso, cartas de felicitación y declaraciones de amor anónimas. Por lo que respecta a las visitas, seguía estrictamente el plan que me había trazado; mi puerta estaba cerrada para todo el mundo. No pude, no obstante, librarme de recibir a dos extranjeros que se habían anunciado como parientes míos. Uno era un mirlo de Senegal y el otro un mirlo de China.

—¡Ah! señor —me dijeron mientras me abrazaban hasta asfixiarme—, ¡qué gran mirlo es usted! ¡Qué bien ha descrito en su poema inmortal el profundo sufrimiento del genio no reconocido! Si no fuéramos ya todo lo incomprendidos que es posible, lo llegaríamos a ser después de haberlo leído a usted. ¡Hasta qué punto simpatizamos con su dolor, con su sublime desprecio de lo vulgar! ¡Nosotros también, señor, conocemos en carne propia las penas secretas que usted ha cantado! Aquí tiene dos sonetos que hemos escrito y que rogamos acepte.

—Aquí tiene además —añadió el chino— la música que mi esposa ha compuesto sobre un pasaje de su prefacio. Expresa maravillosamente la intención del autor.

—Señores —les dije—, por lo que puedo juzgar, ustedes me parecen dotados de un gran corazón y de un espíritu lleno de luces. Pero perdonen que les haga una pregunta: ¿de dónde procede su melancolía?

—¡Ah, señor! —respondió el habitante de Senegal—, mire cómo estoy hecho. Mi plumaje, es verdad, es agradable a la vista y estoy cubierto del bello verde que se ve brillar en los patos, pero mi pico es demasiado corto y mi pie demasiado grande; y ¡mire qué cola tengo! La longitud de mi cuerpo no alcanza los dos tercios de ella. ¿No es esto motivo para sentirse endemoniado?

—Y yo, señor —dijo el chino—, mi infortunio es aún más doloroso. La cola de mi colega barre las calles, pero a mí me señalan los pilluelos con el dedo porque no tengo.

—Señores —contesté—, les compadezco de todo corazón; es siempre fastidioso tener demasiado, o demasiado poco, de lo que sea. Pero permítanme decirles que en el Jardín de Plantas hay muchos individuos que se les parecen y que permanecen allí desde hace mucho tiempo, apaciblemente disecados. De la misma forma que no basta a una mujer de letras ser desvergonzada para hacer un buen libro, tampoco basta para un mirlo estar descontento para ser genial. Yo soy único en mi especie y me aflijo por ello; tal vez esté en un error, pero es mi derecho. Yo soy blanco, señores; conviértanse en blancos y ya veremos qué saben decir.

VIII

Pese a la resolución que había adoptado y la calma que mostraba, no era feliz. Mi aislamiento, no por glorioso, dejaba de parecerme amargo, y no podía pensar sin espanto en la necesidad en la que me hallaba de pasar toda mi vida en celibato. El regreso de la primavera, en particular, me producía una tortura mortal, y empezaba a caer de nuevo en la tristeza, cuando una circunstancia imprevista decidió mi vida entera.

No es necesario decir que mis escritos habían cruzado el Canal de la Mancha, y que los ingleses se los quitaban de las manos. Los ingleses se lo quitan todo de las manos, excepto lo que comprenden. Un día, recibí una carta procedente de Londres, firmada por una joven mirlita:

«He leído su poema —me decía— y la admiración que he sentido me ha hecho tomar la decisión de ofrecerle mi mano y mi persona. ¡Dios nos ha creado el uno para el otro! Yo, lo mismo que usted, soy una mirla blanca».

Pueden suponer fácilmente mi sorpresa y mi alegría. ¡Una mirla blanca! —me decía—, ¿es posible? ¡No estoy solo en el mundo, pues! Me apresuré a contestar a la bella desconocida y lo hice de forma que testimoniaba suficientemente cuánto me agradaba su proposición. La urgí para que viniera a París o para que me permitiera volar a su lado. Me contestó diciendo que prefería venir porque sus padres la incomodaban, que estaba poniendo en orden sus asuntos y que la vería pronto.

Llegó, efectivamente, sólo unos días más tarde. ¡Qué felicidad! Era la mirla más bella del mundo, y era más blanca aún que yo.

—¡Ah, señorita! —exclamé—, o más bien señora, porque desde este momento la considero como mi legítima esposa, ¿es posible que una criatura tan encantadora se encontrara sobre la tierra sin que la fama me informara de su existencia? ¡Benditos sean los sufrimientos que he tenido que soportar, y los picotazos que me dio mi padre, puesto que el cielo me reservaba un consuelo tan inesperado! Hasta el día de hoy, me creía condenado a una soledad eterna y, francamente, era una carga pesada de llevar; pero al mirarla, me siento todas las cualidades de un padre de familia. Acepta mi mano sin tardar; casémonos a la inglesa, sin ceremonia, y marchémonos juntos a Suiza.

—No estoy de acuerdo —me contestó la joven mirla—; quiero que nuestra boda sea magnífica y que acudan a ella solemnemente todos los mirlos que haya en Francia. Las personas como nosotros deben a su propia gloria no casarse como gatos en tejado. He traído una buena provisión de billetes de banco. Haga las invitaciones, visite tiendas y no escatime en provisiones.

Me sometí ciegamente a las órdenes de la mirla blanca. Nuestra boda fue de un lujo abrumador y se comió en ella diez mil moscas. Recibimos las bendiciones nupciales del reverendo padre Cormorán, que era arzobispo in partibus. Un soberbio baile clausuró la jornada; en fin, no faltó nada a mi felicidad.

Mientras más a fondo conocía el carácter de mi encantadora esposa, más aumentaba mi amor. Reunía en su pequeño ser todos los encantos del alma y del cuerpo. Sólo era un poco melindrosa, pero yo lo atribuía a la influencia de la niebla inglesa en la que había vivido hasta entonces, y no dudaba de que el clima de Francia disiparía pronto aquella ligera nube.

Una cosa me inquietaba más seriamente y era la especie de misterio del que se rodeaba a veces con rigor singular, encerrándose bajo llave con sus doncellas y pasando así horas enteras para hacer su arreglo personal, según decía. A los maridos no les gustan demasiado esas fantasías en su matrimonio. Llegué a llamar hasta veinte veces al apartamento de mi mujer sin conseguir que me abriera la puerta. Esto me impacientaba cruelmente. Un día, entre otros, insistí de tan mal humor, que se vio obligada a ceder y a abrirme un poco a la carrera, sin dejar de quejarse de mi inoportunidad. Al entrar, observé una botella grande llena de una especie de cola con harina y yeso. Le pregunté a mi mujer qué hacía con aquel remedio y me contestó que era un opiato para sabañones.

Aquel opiato me pareció algo extraño; pero ¿qué desconfianza podía inspirarme una persona tan dulce y tan prudente, que se había entregado a mí con tanto entusiasmo y con una sinceridad tan perfecta? En un primer momento yo ignoraba que mi amada fuera una mujer de pluma; me lo confesó al cabo de algún tiempo, y llegó incluso a enseñarme el manuscrito de una novela en la que había imitado a la vez a Walter Scott y a Scarron. Les dejo adivinar el placer que me produjo tan agradable sorpresa… No sólo me veía poseedor de una belleza incomparable, sino que además adquiría la certeza de que la inteligencia de mi compañera era digna en todo punto de mi genio. Desde ese momento, trabajábamos juntos. Mientras yo componía mis poemas, ella emborronaba resmas de papel. Yo le recitaba en voz alta mis versos y eso no le molestaba en absoluto para seguir escribiendo. «Ponía» sus novelas con una facilidad casi igual a la mía, eligiendo siempre los temas más dramáticos, parricidios, raptos, asesinatos e incluso estafas, teniendo cuidado de, al pasar, atacar al gobierno y predicar la emancipación de las mirlas. En una palabra, no le costaba ningún esfuerzo a su espíritu ni a su pudor; jamás tachaba una línea, jamás elaboraba un plan antes de ponerse a escribir: era el prototipo de la mirla ilustrada.

Un día que se entregaba al trabajo con un ardor desacostumbrado, me di cuenta de que sudaba gruesas gotas y me sorprendí al mismo tiempo al ver que tenía una gran mancha negra en el dorso.

—¡Ah, Dios mío! —dije—, ¿qué es esto, pues? ¿Te encuentras enferma?

Ella pareció en un primer momento algo asustada e incluso avergonzada, pero la gran costumbre que tenía de frecuentar la sociedad le ayudó de inmediato a recuperar el dominio admirable que tenía siempre de sí misma. Me dijo que era una mancha de tinta y que le ocurría a veces en sus momentos de inspiración.

—¿Mi mujer destiñe? —me dije en voz baja—. Esta idea me impidió dormir. La botella de cola se me vino a la memoria. ¡Oh, cielos! —exclamé—. ¡Qué sospecha! Esta criatura celestial no será nada más que pintura, más que un ligero revoque. ¿Se habrá pintado para abusar de mí?… Cuando yo creía abrazar contra mi corazón a la hermana de mi alma, al ser privilegiado creado para mí solo, ¿estaba casándome sólo con harina?

Atormentado por esta horrible duda, tomé la decisión de quitármela. Adquirí un barómetro y esperé ansiosamente a que llegara un día de lluvia. Quería conducir a mi mujer al campo, escoger un domingo inestable e intentar la prueba del lavado. Pero estábamos en pleno julio, y hacía un terrible buen tiempo.

La apariencia de felicidad y el hábito de escribir habían excitado mucho mi sensibilidad. Ingenuo como era, a veces me sucedía mientras trabajaba, que el sentimiento era más fuerte que la idea y me ponía a llorar esperando la rima. A mi mujer le gustaban mucho esas raras ocasiones porque cualquier debilidad masculina le encanta al orgullo femenino. Cierta noche en la que sutilizaba un tachón, según el precepto de Boileau, le abrí mi corazón:

—¡Oh, tú! —dije a mi querida mirla—, ¡tú la única y la más amada! ¡Tú sin la cual mi vida no es más que un sueño! ¡Tú, de la que una mirada, una sonrisa metamorfosea para mí el universo, vida de mi corazón! ¿Sabes cuánto te amo? Para poner en verso una idea trivial usada ya por otros poetas, un poco de estudio y de atención me bastan para encontrar las palabras, pero ¿dónde encontraré jamás las que necesito para expresarte todo lo que tu belleza me inspira? ¿El recuerdo mismo de mis penas pasadas podría proporcionarme siquiera una palabra para hablarte de mi felicidad presente? Antes de que llegaras a mí, mi aislamiento era el de un huérfano exiliado, hoy es el de un rey. En este débil cuerpo, del que tengo un simulacro hasta que la muerte lo convierta en un despojo, en este pequeño cerebro enfervorecido donde fermenta un inútil pensamiento, ¿sabes, ángel mío; comprendes, hermosa mía, que nada que no seas tú puede existir? ¡Escucha lo que mi cerebro puede decir, y hasta qué punto es más grande mi amor! ¡Oh, si mi genio fuera una perla y tú fueras Cleopatra…!

Desvariando de este modo, lloraba yo sobre mi esposa y ella se iba destiñendo de forma visible. A cada lágrima que caía de mis ojos aparecía una pluma, no ya negra, sino del más viejo pelirrojo (creo que ya se había desteñido en otros sitios). Tras unos cuantos minutos de enternecimiento, me encontré cara a cara con un pájaro desencolado y desenharinado, idénticamente igual a los mirlos más comunes y más vulgares.

¿Qué podía hacer? ¿Qué podía decir? ¿Qué decisión tomar? Todo reproche era inútil. A decir verdad, habría podido considerar el caso como redhibitorio, y hacer anular mi matrimonio; pero ¿cómo atreverme a hacer pública mi vergüenza? ¿No era suficiente con mi dolor? Hice de las tripas corazón, decidí abandonar el mundo, la carrera literaria, huir a un desierto si era posible, evitar para siempre el aspecto de un ser vivo y buscar como Alceste: «… un lugar apartado / donde tuviera libertad para ser un mirlo blanco».

IX

Tras lo cual me eché a volar llorando, y el viento, que es el azar de los pájaros, me condujo de nuevo a una rama de Mortefontaine. En esta ocasión, todos estaban durmiendo. ¡Qué matrimonio! —me decía—. ¡Qué desatino! Es con buena intención, sin duda, con la que esta pobre criatura se ha pintado de blanco, pero no por eso yo soy menos digno de lástima y ella menos pelirroja.

El ruiseñor seguía cantando. Solo, en medio de la noche, se regocijaba de todo corazón por el favor de Dios que lo convierte en superior a los poetas, y comunicaba libremente su pensamiento al silencio que lo rodeaba. No pude resistir la tentación de acercarme a él y hablarle.

—¡Qué feliz es usted! —le dije—. No sólo canta cuando quiere, y muy bien, y todo el mundo lo escucha, sino que además tiene una esposa e hijos, un nido, amigos, un buen cojín de musgo, la luna llena y no tiene periódicos. Rubini y Rossini no son nadie a su lado: vale tanto como el uno y adivina al otro. Yo también he cantado, señor, y es lastimoso. He formado las palabras en batallón como soldados prusianos, y he coordinado simplezas mientras usted estaba en los bosques. ¿Su secreto puede aprenderse?

—Sí —me contestó el ruiseñor—, pero no es lo que usted imagina. Mi mujer se aburre, no la quiero en absoluto; yo estoy enamorado de la rosa: Sadi, el persa, ha hablado de ello. Me desgañito toda la noche por ella, pero ella está durmiendo y no me escucha. A estas horas su cáliz está cerrado y en su interior mece a un viejo escarabajo, y mañana por la mañana, cuando yo me retire a dormir agotado de dolor y de cansancio, entonces ella se abrirá y dejará que una abeja le coma el corazón.

LOS HERMANOS VAN BUCK

En una ciudad alemana, no lejos de las orillas del Rin, vivían los dos hermanos Van-Buck, que pasaban por ser, y con razón, dos diestros grabadores. Tenían por costumbre ir casi todas las noches, después de cenar, a casa de un viejo orfebre, vecino suyo; aquel buen hombre, cuyo nombre era Thomas Heermans, los recibía en su trastienda, junto a la chimenea y con una gran pipa en los labios; las veladas, que pasaban solos los tres, no eran demasiado animadas; los dos hermanos eran de un temperamento bastante taciturno y, por lo que se refiere al orfebre, aunque tenía un ojo despierto, era raro que los trabajos a los que se consagraba día y noche no lo preocuparan hasta el punto de volverlo algo distraído y poco hablador. Sin embargo, se entendían y se apreciaban más precisamente por la similitud de su talante; era muy raro que, al pasar por delante de la tienda de Heermans por la noche, no se viera a través de los cristales las cabezas de los tres amigos alrededor de una lámpara y, en la mayoría de las ocasiones, una gran jarra de cerveza.

Una noche, no hace mucho tiempo, el viejo Heermans se mostró más alegre de lo habitual.

—¿Qué le ocurre, pues? —le dijeron los grabadores—. Tiene una noticia feliz escrita en la cara.

—Amigos míos —contestó el buen orfebre—, mi hija sale mañana del internado, su educación ha concluido, y me ven mis dignos amigos, mis queridos vecinos, con una alegría tal que me dan ganas de bailar sobre una mesa.

Hay que señalar que el bueno de Heermans había apreciado siempre a los religiosos lo mismo que a la peste. Pero una anciana hermana, rica y piadosa, había exigido que su sobrina estudiara en un colegio de religiosas, y el prudente calculador había tenido que aceptar, aunque de mala gana.

—Sí, amigos míos, ya la verán, ¡estoy ansioso por pellizcarle las mejillas!

Los grabadores le dieron la mano afectuosamente y emplearon el resto de la velada en hablar de la señorita Wilhelmine. ¡Qué bella debía estar! Aquel día, la jarra de cerveza fue reemplazada por una botella de calidad y acordaron que, por supuesto, los dos vecinos vendrían a cenar al día siguiente.

No se les ocurrió faltar; con sus ropas de los domingos, a la caída del sol se dirigieron a casa de su viejo amigo y se sentaron a la mesa casi de inmediato. Apenas Thomas Heermans golpeó la mesa con una intensidad capaz de romper los vasos para demostrar su buen humor, la jovencita, con un andar tímido y los codos pegados al cuerpo, fue a sentarse entre los dos jóvenes, ruborizada.

Pese a los esfuerzos del orfebre, la cena fue más bien silenciosa; él mismo, tras haber agotado su inicial alegría, se vio obligado a mirar a su querida hija sonriendo; los grabadores conservaban un frío comedimiento y no intercambiaron entre ellos ni una sola mirada. Por la noche, cuando regresaron a su casa, se metieron en la cama sin decir ni palabra, en contra de su costumbre, que era la de charlar acerca de los acontecimientos o del trabajo del día, e incluso, dado que dormían en la misma habitación, prolongar la conversación hasta bastante tarde.

Los dos hermanos se querían mucho; se les veía siempre juntos, en el paseo, en las fiestas, en la caza, que les gustaba bastante. Tenían un talento similar y, a veces, el trabajo de uno era firmado por el otro. Además, habríase dicho que el rostro del segundo había sido esculpido copiando el de su hermano; nunca se había visto una unión más hermosa bajo el cielo. Era, por lo tanto, bastante extraño que parecieran evitar hablarse, incluso mirarse; su conducta había mortificado a su buen vecino; de todas maneras, la noche transcurrió así, aunque cada uno de ellos pudo percatarse de que el otro no dormía; la luna iluminaba la habitación y, a cada instante, se removían suspirando. Era evidente que los dos habían recibido simultáneamente un golpe profundo: se habían enamorado de Wilhelmine. Una semana entera transcurrió sin que se dieran ni una sola vez la mano; un silencio contumaz reinó en su taller e, inclinados sobre la plancha de cobre, ninguno de los dos volvió un instante la cabeza.

El último día de esta triste semana, el viejo Heermans estaba sentado junto a su puerta, frente a su hija.

—Padre, ¿no me había dicho usted que veríamos a los hermanos Van-Buck todas las noches?

—¡Pues sí! —contestó el orfebre—. Es verdad que no han aparecido por aquí desde hace ocho días; es algo raro.

—¿Entonces soy yo la causa de su ausencia? —dijo Wilhelmine—. Han dejado de venir a partir del momento en que llegué.

Al oír estas palabras ingenuamente pronunciadas, el anciano inclinó la cabeza y permaneció bastante rato sin hablar.

—¡Oh, hija mía! ¡Oh, mi querida hija! —exclamó finalmente, mientras posaba los labios marchitos sobre la mano regordeta y fresca de su hija—. Es probable que los curas te hayan enseñado a detestar el amor, pero ¿te han enseñado cómo se le puede hacer frente? ¿No olvidarás a tu viejo padre una bella noche de verano?

Por toda respuesta, Wilhelmine sacudió la cabeza sonriendo.

—Tu sonrisa es muy dulce, mi pequeño ángel; es dulce como la miel. ¡Quiera Dios que no se cambie jamás en lágrimas!

—¡Oh, padre!, ¿me considera tan bella como para ser tan desgraciada?

En aquel momento, los dos grabadores aparecieron ante él, después de que Wilhelmine se hubiera retirado modestamente al verlos acercarse.

—Hemos visto a tu hija, Heermans, y los dos hemos perdido la paz; nuestros sueños nos traicionan, háblanos con franqueza. ¿Aceptarías a alguno de los dos como yerno? Entonces pregúntale cuál es el que ella prefiere y, sea el que sea, será su esposo legítimo. Nuestros talleres están repletos de obreros como los tuyos, nuestra clientela es magnífica. Tú verás lo que decides.

El orfebre les tendió las dos manos.

—Les pido tres días —dijo—. ¿Es demasiado? Veo bien que están enamorados.

—Es cierto —contestaron los grabadores—; amamos a tu hija, pero no debes dejarnos amarla sin esperanza.

Por la noche, la joven apenas se atrevió a levantar los ojos; sabía que debía elegir. A la mañana siguiente, el viejo Heermans envió a los dos hermanos una carta concebida en estos términos:

«Mi hija los ha visto a los dos; amará a Tristán como esposo y a Henri como hermano. ¡Ojalá sea recibido este deseo, que le he arrancado con esfuerzo, como debe serlo! Los espera el viejo amigo de ustedes, para estrechar entre sus brazos a toda su familia».

Aquellos nobles corazones habían convenido que, una vez que uno fuera aceptado, el otro se callaría para siempre. ¡Ay!, así son los pactos que uno hace antes de conocer su destino. Henri, que había cogido la carta del orfebre para leerla, no pudo terminarla; la dejó sobre la mesa y, pálido como la nieve, se derrumbó sobre su taburete.

Sin embargo, siguieron viviendo juntos en buena armonía. Iban, como de costumbre, todas las noches a casa del orfebre; el feliz prometido cortejaba a su novia; Henri se esforzaba por mostrarse alegre, y sólo su palidez desmentía la calma que aparentaba.

Un día que los dos hermanos se encontraban cazando, se detuvieron en un claro del bosque; cansados de andar, se tendieron sobre la hierba.

—Tristán —dijo Henri Van-Buck—, hace tiempo que guardo silencio; pero necesito abrirte mi alma. Me resulta imposible permitir que te cases con la hija del orfebre.

—Hermano —respondió Tristán—, ¿así respetas las leyes del honor?

—Sé que infrinjo esas leyes; lo he pensado mucho antes de hablar contigo, pero mírame bien: siento que me estoy muriendo, aunque la poca sangre que me queda en las venas me corroe como el fuego.

—Ya lo veo —contestó Tristán—. ¿Crees que no sufro al verte reducido a esta situación? Yo también he perdido toda mi alegría, pero ¿qué remedio hay?

—Ninguno, hermano; sólo quiero una cosa de ti y te suplico que me la concedas. No te cases con esa chica hasta que yo no haya muerto.

—¡Muerto! —exclamó el otro.

—Sí, mi querido Tristán, es necesario. Te ruego encarecidamente que me des tu palabra, pues si tuviera que firmar tu contrato…

—No, hermano, es imposible que mueras de desesperación. ¿Quieres que te prometa una cosa que me hiela el corazón sólo de pensarla?

Mientras pronunciaba estas palabras, Tristán miró a su hermano y vio la palidez de la muerte en sus labios.

—Mi querido Henri —exclamó—, antes de verte morir así soy capaz de cederte mis derechos. Cásate con ella, te lo ruego; yo me iré a Estados Unidos.

—¡Que me case con ella! —dijo el otro—. ¿Y al transmitirme tus derechos me transmitirás también su amor? Hace falta que uno de los dos muera —añadió con voz lúgubre, mientras su mano temblaba y se golpeaba con el mango de su cuchillo de caza.

—Sí —contestó Tristán.

Y ambos se levantaron automáticamente.

—No veo nada más que un camino —dijo Henri.

Ambos sacaron sus cuchillos y se pusieron en guardia. Pero, acostumbrados a ejercitarse juntos y conociendo todos sus golpes, no se alcanzaban sino raramente. Durante una hora entera se lanzaron golpes furiosos y, de vez en cuando, descansaban, pues se encontraban agotados y con grandes heridas en los costados. Durante una de esas pausas, oyeron los tambores que advertían a los ciudadanos que debían volver a la ciudad. Era la hora en la que, en tantas ocasiones, habían regresado juntos, cogidos del brazo, tristes o alegres, con los pies cubiertos de polvo, y se contaban sus más secretos pensamientos. Toda su juventud pasó ante sus ojos en aquel momento.

El sol iba a desaparecer; sus últimos rayos se deslizaban entre los abetos descarnados, sobre un alcor cubierto de hojas secas. El rocío de la tarde curvaba la hierba, y los pájaros saludaban la noche. Tristán volvió la cabeza y vio en el valle los campanarios de su ciudad natal surgir entre la niebla. Sus entrañas se conmovieron y dio un paso hacia su hermano, tendiéndole la mano. Pero una debilidad mortal se adueñó de su alma; se apoyó sobre un árbol; sus hombros resbalaron sobre la áspera corteza y cayó. Henri contemplaba con horror los últimos esfuerzos de su hermano por aferrarse a la vida; le habría gustado acercarse a él, pero tampoco él podía moverse. Ahogado en su sangre, de pie e inmóvil, se tambaleaba como un hombre ebrio.

Aquellos dos infortunados habían tenido una madre que los había amado tiernamente. Desde el fondo del valle, en el crepúsculo, una forma difusa pareció dibujarse de repente y dirigirse hacia ellos. Subía lentamente a la colina y, a medida que se acercaba, los hijos reconocían a su madre. En el momento en que el espectro pareció enteramente visible y reconocible, el que estaba de pie, haciendo un esfuerzo supremo, abandonó el lugar en el que estaba clavado y fue a arrojarse en los brazos del que estaba en el suelo.

Así, cubiertos de sangre y de lágrimas, expiraron los dos en un último abrazo.

PEDRO Y CAMILA

I

El caballero M. Des Arcis, oficial de caballería, se había retirado del ejército en el año 1760. Aunque todavía joven, y aunque su fortuna le permitía presentarse ventajosamente en la corte, había abandonado voluntariamente la vida de soltero y los placeres de París, retirándose a una hermosa finca cerca de Mans. Una vez allí, al poco tiempo, la soledad, que en un principio le había resultado agradable, empezó a parecerle fastidiosa. Comprendió lo difícil que le era romper de pronto con las costumbres de su juventud. No se arrepentía de haber abandonado el mundo; pero, no pudiendo decidirse a vivir solo, resolvió casarse, si le era posible hallar una mujer que compartiese su inclinación por la vida tranquila y sedentaria que había decidido llevar.

No quería una mujer hermosa, pero tampoco la quería fea; deseaba que fuese instruida e inteligente, pero sencilla; lo que buscaba sobre todo era la alegría y la bondad de carácter, cosas que consideraba cualidades esenciales en toda mujer.

Le agradó la hija de un comerciante retirado que vivía cerca de allí, y como el caballero no dependía de nadie, no reparó en la distancia que mediaba entre un gentilhombre y la hija de un comerciante.

Hizo la petición a la familia, que fue aceptada inmediatamente. Mantuvieron trato durante algunos meses y se celebró el matrimonio.

Jamás comenzó una alianza bajo mejores ni más felices auspicios. A medida que iba conociendo a su mujer, el caballero descubría en ella una dulzura de carácter inalterable y nuevas cualidades. Ella, por su parte, se enamoró de su marido con afecto extremo. No vivía más que para él; no pensaba más que en complacerlo, y lejos de recordar los placeres de su edad, que por él sacrificaba, solo deseaba que toda su vida pudiera deslizarse en aquella soledad que día a día le era más querida.

Aquella soledad no era completa, sin embargo. Algunos viajes a la ciudad y las visitas periódicas de ciertos amigos los distraían de vez en cuando. El caballero no rehusaba ver con frecuencia a los padres de su mujer, de manera que a ella le parecía no haber abandonado la casa paterna. Si salía de los brazos de su marido era para encontrarse en los de su madre, gozando así de un favor que la Providencia concede a muy pocos, ya que es raro que una felicidad nueva no destruya una felicidad antigua.

Monsieur Des Arcis no era menos dulce y bondadoso que su mujer; pero las pasiones de su juventud y su experiencia del mundo le provocaban a veces melancolía. Cecilia —así se llamaba madame Des Arcis— respetaba religiosamente sus momentos de tristeza. Aunque por su parte nunca había reflexionado sobre ello, el corazón le advertía espontáneamente que no debía inquietarse por aquellas ligeras nubes que todo lo destruyen si se les da importancia y que no son nada si se las deja pasar.

La familia de Cecilia eran buenas personas, comerciantes enriquecidos por el trabajo, cuya vejez transcurría, por decirlo así, en una fiesta perpetua. Al caballero le agradaba aquella alegría en el descanso, conquistada antes con tantos esfuerzos, y espontáneamente tomaba parte en ella. Cansado de las costumbres de Versalles y hasta de las cenas en casa de mademoiselle Quinault, le divertían aquellas maneras un poco ruidosas, pero francas y nuevas para él.

Cecilia tenía un tío, persona excelente y aún mejor comensal, que se llamaba Giraud. Había sido maestro de obras y se había hecho arquitecto poco a poco, con lo cual consiguió reunir unas veinte mil libras de renta. La casa del caballero era muy de su agrado, y en ella siempre lo recibían bien, aunque algunas veces llegase cubierto de polvo y de yeso; pues, a pesar de sus años y de sus veinte mil libras, no podía dejar de subirse a los andamios y de manejar la paleta. Como solía beber algunas copas de champaña, era inevitable que a la hora del postre se pusiera a hablar largamente:

—¡Qué feliz eres, sobrino mío! —decía con frecuencia al caballero—. Rico, joven, con una buena mujercita y con una casa bien construida; nada te falta ni tienes nada de qué quejarte. Peor para el vecino si te envidia. Eres feliz, te lo digo y te lo repito.

Un día Cecilia, habiendo oído aquello, e inclinándose hacia su marido, le dijo:

—¿No es cierto que hay algo de verdad en lo que te dice, puesto que lo consientes?

Madame Des Arcis reconoció poco después que estaba encinta. Detrás de la casa había una pequeña colina que dominaba toda la comarca. Los dos esposos solían ir juntos a pasear hasta allí. Una noche en que se habían sentado en la hierba, Cecilia dijo:

—El otro día no contradijiste a mi tío. Sin embargo, ¿crees que tenía razón del todo? ¿Eres absolutamente feliz?

—Tanto como un hombre puede serlo —respondió el caballero—, y no sé nada que pueda aumentar mi felicidad.

—Entonces yo soy más ambiciosa que tú —replicó Cecilia—, pues me sería muy fácil decirte algo que nos falta y que nos es absolutamente necesario.

El caballero creyó que se trataba de alguna trivialidad y que Cecilia buscaba un rodeo para confiarle algún capricho femenino. Hizo en broma mil conjeturas, y a cada pregunta aumentaba la risa de Cecilia. Bromeando así se habían levantado y descendían. Monsieur Des Arcis apresuró el paso y, obligado por la pendiente, arrastraba consigo a su mujer, cuando esta se detuvo y, apoyándose en el hombro del caballero, le dijo:

—Ten cuidado, marido; no me hagas ir tan deprisa. Buscabas muy lejos lo que yo te decía, y está aquí mismo, bajo mis faldas.

A partir de aquel día casi todos sus diálogos tuvieron un solo motivo: hablar de su hijo, de los cuidados que habría que prodigarle, de cómo lo educarían y de los proyectos para su porvenir. El caballero quiso que su mujer tomara todas las precauciones posibles para conservar el tesoro que llevaba en su seno. Redobló su cariño y sus atenciones hacia ella; y todo el tiempo que duró el embarazo de Cecilia no fue más que una larga y deliciosa embriaguez, llena de las más dulces esperanzas.

Se cumplió el plazo fijado por la Naturaleza; una criatura bella como la aurora vino al mundo. Era una niña, a la que se llamó Camila. A pesar de la costumbre, y contra la opinión de los médicos, Cecilia quiso criarla ella misma. Tanto halagó su orgullo maternal la belleza de su hija, que fue imposible separarla de ella; y en verdad era raro ver un recién nacido de facciones tan definidas y tan armoniosas, sobre todo sus ojos, que cuando se abrieron a la luz brillaron con un resplandor extraordinario. Como Cecilia, educada en un convento, era profundamente religiosa, lo primero que hizo en cuanto pudo levantarse fue ir a la iglesia a dar gracias a Dios.

La niña comenzó a fortalecerse y a desarrollarse; pero a medida que crecía sorprendía verla conservar una inmovilidad extraña. Ningún ruido parecía impresionarla; se diría insensible a los mil discursos que las madres dirigen a sus hijos; y cuando le cantaban mientras la mecían, permanecía con los ojos fijos y abiertos, mirando ávidamente la claridad de la lámpara, como si nada oyera. Un día que la niña estaba dormida, una criada dejó caer un mueble; la madre acudió apresurada y vio con asombro que la niña no se había despertado. El caballero quedó aterrado por aquellos indicios demasiado claros para equivocarse. Y cuando los observó con atención comprendió la desgracia a la que su hija estaba condenada. En vano quiso la madre engañarse y disipar los temores de su marido por todos los medios imaginables. Llamaron al médico, y el examen no fue largo ni difícil. Reconoció que la pobre Camila estaba privada del oído y, en consecuencia, de la palabra.

II

El primer pensamiento de la madre había sido preguntar si el mal no tenía remedio; respondiéndosele que existían algunos ejemplos de curación. Durante un año, a pesar de la evidencia, conservó alguna esperanza; pero todos los recursos de la ciencia fracasaron, y después de agotarlos fue al fin preciso renunciar a ellos.

Desgraciadamente, en aquella época en que tantos prejuicios fueron destruidos y reemplazados existía uno inhumanamente cruel contra esas pobres criaturas llamadas sordomudos. Es verdad que desde hacía mucho los espíritus nobles, los grandes sabios y hasta los hombres guiados únicamente por un sentimiento caritativo habían protestado contra aquella barbarie; y cosa cierta: un monje español fue el primero que en el siglo XVI adivinó la posibilidad y ensayó la empresa, tenida por imposible hasta entonces, de enseñar a hablar a los mudos. Con diferentes intentos su ejemplo fue seguido en Italia, en Inglaterra y en Francia. Bonney, Wallis, Bulwer, Van Helmont habían puesto al día la cuestión; pero en ellos la intención había superado al efecto; aquí y allá, sin que nadie lo supiera, casi al azar, operaban sin ningún fruto. Y a pesar de todo, hasta en París, en el seno de la más adelantada civilización, los sordomudos eran considerados como una raza aparte, marcados con el sello de la cólera celeste. Privados de la palabra se les negaba el pensamiento. El claustro para los que nacían ricos; el abandono para los que nacían pobres: tal era su suerte; inspiraban más horror que piedad.

Poco a poco el caballero cayó en la más profunda pesadumbre. Pasábase la mayor parte del día encerrado a solas en su estancia o paseándose por la espesura. Ante su mujer se esforzaba en mostrarse tranquilo, y trataba de consolarla; pero en vano. Por su parte, Mme. Des Arcis no estaba menos triste. Una desgracia merecida nos hace verter lágrimas, aunque casi siempre tardías e inútiles; pero una desgracia sin motivo extravía la razón y hace perder la fe.

Aquellos dos recién casados que habían nacido para amarse y que se amaban tiernamente empezaron de este modo a verse con pena y a evitar sus encuentros en las mismas avenidas en que ha poco se comunicaban una esperanza tan próxima, tan serena y tan pura. El caballero, al desterrarse voluntariamente al campo, no pensaba más que en su reposo; la felicidad parecía haber venido a sorprenderle allí. Si Mme. Des Arcis había hecho un matrimonio de conveniencia, el amor vino después y fue recíproco. De pronto, un obstáculo se alzaba entre los dos, y aquel obstáculo era lo que precisamente debió ser causa de una eterna y sagrada alianza.

Lo que produjo aquella separación súbita y tácita, más espantosa que un divorcio y más cruel que una muerte lenta, fue que la madre, a pesar de su desgracia, amaba a su hija con pasión; mientras que el caballero, aun queriendo hacer lo mismo, pese a su paciencia y a su bondad, no podía vencer el horror que le inspiraba la maldición de Dios que había caído sobre él.

"¿Será posible que yo aborrezca a mi hija? —solía preguntarse durante sus paseos solitarios— ¿Es culpa suya haberla señalado la cólera divina? ¿No debía lamentarlo yo únicamente, procurar dulcificar el dolor de mi mujer, ocultar lo que sufro y velar por mi hija? ¿Qué triste existencia le estará reservada? ¿Qué será de ella si yo, su padre, la abandono? Puesto que Dios me la da así, debo resignarme. ¿Quién cuidará si no de ella? ¿Quién la educará? ¿Quién la protegerá? No tiene nadie en el mundo más que a su madre y a mí; no encontrará marido y jamás tendrá hermanos; basta con una desgraciada más sobre la tierra. So pena de romper con el corazón, debo consagrar mi vida a hacer soportable la suya".

Pensando así, el caballero penetraba en la casa con la firme intención de cumplir sus deberes de padre y de marido. Su mujer tenía la niña en brazos. Se arrodillaba ante las dos y cogía las manos de Cecilia. Le habían hablado, decía, de un médico célebre, al que iba a hacer venir. Todavía no se había perdido todo; se habían visto curas maravillosas. Hablando así, tomaba a su hija en brazos y la paseaba por la habitación; pero mil pensamientos terribles se apoderaban de él a pesar suyo: la idea del porvenir, la contemplación de aquella criatura imperfecta, cuyos sentidos estaban cerrados al mundo exterior, y de aquel gran silencio suyo; la rebeldía, el pesar, la lástima y el desprecio del mundo le rendían.

Su faz palidecía, sus manos temblaban; entregaba la niña a su madre y se volvía para ocultar sus lágrimas.

En tales momentos Mme. Des Arcis estrechaba a su hija contra su corazón, con una especie de desesperada ternura y con esa mirada llena de amor maternal que es la más sublime y más grande de todas. Ella jamás dejaba oír una queja; se retiraba a su cuarto, ponía a Camila en su cuna y, muda como ella, se pasaba las horas enteras contemplándola.

Aquella exaltación sombría y apasionada llegó a ser tan fuerte, que no era raro ver a Mme. Des Arcis guardar el más absoluto silencio durante días enteros. En vano le dirigían la palabra. Parecía querer saber por sí misma cómo era aquella noche del espíritu en que había de vivir su hija para siempre.

Hablaba por señas a Camila, y solo ella sabía hacerse comprender. Las demás personas de la casa, y hasta su mismo padre, parecían extraños a la niña. La madre de Mme. Des Arcis, mujer de un espíritu demasiado vulgar, no venía a Chardoneux —así se llamaba la propiedad del caballero— más que para deplorar la mala suerte de su yerno y de su querida Cecilia. Queriendo dar prueba de su sensibilidad, se compadecía sin cesar del triste destino de aquella pobre niña, y cierto día se le escapó decir:

—¡Más le valía no haber nacido!

—Entonces, ¿qué habrías tú hecho si yo hubiera nacido así? —replicó Cecilia con acento casi colérico.

El tío Giraud, el maestro de obras, no encontraba una desgracia tan grande que su sobrina fuese muda:

—Yo tuve —decía— una mujer tan habladora, que cualquier otra cosa de este mundo, sea la que sea, me parece preferible. Esta pequeña puede estar segura por adelantado de no hablar nunca mal de nadie, de no escuchar lo que otras hablen ni de aturdir a toda la casa cantando canciones de ópera antigua; no será regañona, no colmará de injurias a los criados como mi mujer, que nunca dejaba de hacerlo; no se despertará si su marido tose o si se levanta antes que ella; no soñará en voz alta; será discreta; verá muy bien, pues los sordos tienen una vista magnífica; podrá llevar las cuentas, aunque no sea más que por los dedos, y podrá pagar, si tiene dinero, pero sin disputar —como hacen los propietarios— por la menor cosa; sabrá por sí misma algo excelente y que de ordinario se aprende con dificultad; esto es, que más vale hacer que decir. Si tiene el corazón en su sitio, no necesitará palabras dulces para que se lo conozcan. No podrá reírse con los demás, es cierto; pero al comer no escuchará a los aguafiestas que todo lo amargan. Será bonita, delicada y silenciosa, y no necesitará una cayada para pasearse, como los ciegos. A fe mía que si yo fuese joven cuando ella llegase a mayor, ya que estoy viejo y no tengo hijos, si por casualidad os cansarais de ella me la llevaría muy contento a mi casa.

Cuando el tío Giraud pronunciaba discursos semejantes, un poco de alegría aproximaba por unos instantes a M. Des Arcis y a su mujer. No podían por menos de sonreír los dos ante aquella bondad un poco brusca, pero respetable y sobre todo bienhechora, que no quería ver el mal en nada. Pero el mal estaba allí, y el resto de la familia contemplaba con ojos asustados y curiosos aquella desgracia que constituía una rareza. Siempre que llegaban en cabriolé desde el vado de Mauny formaban aquellas gentes un círculo en torno a la niña antes de sentarse a la mesa; y queriendo ver y razonar, la examinaban con aire interesante y cara compungida; se consultaban en voz baja lo que iban a decir, y a veces procuraban desviar el pensamiento de todos con una viva observación sobre cualquier nonada. La madre permanecía ante ellos con su niña en las rodillas y entreabierto el pecho, por el que aún corrían algunas gotas de leche. Si Rafael hubiera pertenecido a la familia, la Virgen de la Silla habría tenido en ella su pareja; Mme. Des Arcis no dudaba de ello y estaba por eso mucho más bella.

III

La niña crecía; la naturaleza cumplía su misión, triste, pero fielmente. Camila no tenía más que los ojos al servicio del alma. Como sus primeras miradas, la luz motivó sus primeros gestos. El más pálido rayo de sol le causaban transportes de alegría.

Cuando empezó a sostenerse y a echar a andar dio en examinar y tocar los objetos que la rodeaban con una viva curiosidad y con una delicadeza, mezcla de temor y placer, que a la vivacidad de la niña unía ya el pudor de la mujer. Su primer movimiento era correr hacia lo que le era nuevo, como para cogerlo o apoderarse de ello; pero casi siempre a mitad del camino se volvía a mirar a su madre como si la consultase. Se asemejaba al armiño, que, según se dice, se detiene y renuncia a pasar más adelante si ve que un poco de fango o de tierra puede manchar su piel.

Algunos niños de la vecindad venían al jardín a jugar con Camila. Ella los miraba hablar de una manera extraña. Los niños, aproximadamente de su edad, querían repetir las palabras deformadas ya por sus niñeras, y pretendían ejercitar su inteligencia moviendo los labios con un sonido que a la pobre niña solo parecía un gesto. Muchas veces, para probar que había comprendido, tendía sus manos hacia sus amigos, quienes, por su parte, retrocedían asustados ante aquella expresión de sus propios pensamientos.

Madame Des Arcis no se separaba de su hija. Observaba con ansiedad las menores acciones de Camila y sus menores signos de vida. ¡Cuál no hubiese sido su alegría si hubiera comprendido que el abad de l'Epée había de traer muy pronto la luz a aquel mundo de tinieblas! Pero nada podía, y vivía sin fuerzas para luchar con aquel castigo del destino que la energía y la piedad de un hombre habían de destruir. ¡Cosa extraña, en verdad, que un monje lograse lo que no lograron las madres, y que el espíritu que reflexiona hallase lo que no pudo hallar el corazón que sufre!

Cuando los pequeños amigos de Camila estuvieron en edad de recibir la primera instrucción de un aya, la pobre niña comenzó a dar muestra de profunda tristeza al ver que no hacían con ella lo que con los demás. Había en la vecindad una vieja institutriz inglesa que obligaba a deletrear con gran esfuerzo a un niño y le trataba severamente. Camila asistía a la lección, miraba con asombro a su pequeño camarada y seguía con los ojos, queriendo, por así decirlo, ayudarle; y si le reñían, lloraba con él.

La lección de música fue para ella causa de más viva pena. En pie junto al piano estiraba y movía sus deditos mirando a la profesora, muy abiertos sus enormes ojos, que eran negros y hermosos. Parecía preguntar lo que hacían, y algunas veces tocaba las teclas de una manera inarmónica y dulce a la vez.

La impresión que los seres y objetos externos producían en los otros niños no parecía sorprenderla. Observaba las cosas y las recordaba lo mismo que ellos. Pero cuando los veía señalar con el dedo aquellas mismas cosas y cambiar entre sí un movimiento de labios que le era ininteligible, volvía de nuevo a su pena. Se iba a un rincón, y con una piedra o un palo dibujaba en la arena, casi maquinalmente, algunas letras mayúsculas que viera deletrear a sus amigos y que contemplaba atentamente.

La oración de la tarde, que la vecina hacía rezar rigurosamente todos los días a sus hijos, era para Camila un enigma casi misterioso. Sin saber por qué se arrodillaba y juntaba sus manos. El caballero veía en esto una profanación. "Quitad de aquí esta niña —decía—; procurad evitarme sus inconscientes imitaciones". "Yo le pediré a Dios que la perdone", respondió la madre cierto día.

Camila daba fáciles muestras de esa extraña facultad que los escoceses llaman doble vista, que los defensores del magnetismo pretenden admitir y que los médicos incluyen, la mayoría de las veces, entre las enfermedades. La pequeña sordomuda presentía la llegada de aquellos a quienes amaba, y solía salirles al encuentro sin que nadie hubiese advertido que venían.

Los otros niños no solamente no se acercaban a ella más que con cierto temor, sino que a veces la rehuían con desprecio. Y sucedía que alguno de ellos, con esa falta de caridad de que habla La Fontaine, se ponía a hablarla en su cara largo rato, riéndose, y le pedía luego que le contestase. Camila, ya casi una mujercita, miraba en el paseo el corro de niños que corrían y saltaban, y cuando cantaban aquello de:

Entrad en el corro,
mirad cómo corro...

sola y a un lado, apoyada en un banco, seguía el ritmo moviendo su linda cabecita sin pretender mezclarse al grupo, pero con harta tristeza y sobrada gentileza para inspirar lástima.

Una de las más grandes empresas que intentó aquella almita maltratada por el destino fue querer aprender a contar con una vecinita que estudiaba aritmética. Se trataba de una cuenta muy fácil y pequeña. La vecinita luchaba con algunos números un poco enrevesados. El total apenas si sumaba diez o doce. La vecinita contaba con los dedos. Camila comprendía que se equivocaba, y, queriendo ayudarla, extendía sus dos manos abiertas. También a ella le habían enseñado las nociones más elementales; sabía que dos y dos son cuatro. Cualquier animal inteligente, un pájaro mismo, cuenta, no sabemos de qué modo, hasta dos o tres. Se dice que una urraca ha llegado a contar hasta cinco. Camila, en aquella ocasión, habría llegado a mucho más. Pero sus dedos no pasaban de diez. Y con las manos Abiertas ante su amiguita, tenía tal expresión de buena voluntad, que se la hubiese tomado por un hombre escrupuloso que no pudiera pagar una deuda.

En las mujeres la coquetería se manifiesta desde muy temprano; Camila no daba ningún indicio de ella.

—Es gracioso —decía el caballero— que siendo ya una mujercita no sienta atracción por los trajes.

Ante semejantes observaciones, Mme. Des Arcis sonreía tristemente.

—¡A pesar de todo está muy guapa! —decía a su marido.

Y al mismo tiempo empujaba dulcemente a Camila para que se adelantase hacia su padre y éste viese su talle, que comenzaba a dibujarse, y su gentil andar, infantil todavía, pero encantador.

A medida que Camila iba creciendo se sentía atraída con pasión no por la religión, que desconocía, sino por las iglesias, que veía. Acaso tenía en su alma ese instinto invencible que hace a un niño de diez años concebir y perseverar en el propósito de adoptar un sayo de estameña y de consagrar su vida a los desvalidos y a los que sufren. Muchos indiferentes y muchos filósofos han de morir antes que uno de ellos pueda explicar semejante deseo; pero el hecho existe.

"Cuando yo era niño no veía a Dios, pero veía el cielo", es ciertamente una frase sublime, escrita, como se sabe, por un sordomudo. Camila estaba muy lejos de llegar a tanto. La imagen tosca de la Virgen embadurnada de albayalde sobre un fondo de yeso pintado de azul, casi como la muestra de una tienda; un sacristán de pueblo, con una sobrepelliz y una sotana, cuya voz débil y argentina hacía vibrar tristemente las vidrieras sin que Camila pudiese oír nada; los pasos del guardián, el ir y venir del pertiguero… "¿Quién sabe lo que hace elevar los ojos a un niño? Mas ¿qué importa si se elevan al cielo?"

IV

"¡A pesar de todo está muy guapa!", se repetía el caballero; y, en efecto, Camila lo estaba. En el óvalo perfecto de un rostro armonioso con rasgos de una gran pureza y de una admirable frescura brillaba, por decirlo así, el resplandor de un corazón bondadoso. Era Camila más bien pequeña; no pálida, pero sí muy blanca; de pelo negro y hermoso. Alegre y trabajadora cuando se llevaba de su instinto natural; dulcemente triste y con cierta negligencia cuando se hallaba bajo el peso de su desgracia; plena de gracia en todos sus movimientos; plena de espiritualidad y a la vez de energía en su limitada mímica expresiva; singularmente ingeniosa para hacerse entender; rápida en comprender y obediente siempre una vez que comprendía. Lo mismo que Mme. Des Arcis, el caballero se quedaba muchas veces contemplándola sin desplegar los labios. Tanta gracia y belleza unidas a tanta desgracia y horror estaban a punto de traspasar su alma. Con frecuencia se le veía abrazar a Camila en una especie de transporte enternecedor, exclamando en voz alta: "¿Por qué, si yo no he sido malo?"

Había en el fondo del jardín una larga avenida por donde el caballero acostumbraba pasear después del desayuno. Madame Des Arcis, desde la ventana de su cuarto, veía a su marido a través de los árboles y apenas si se atrevía a ir en su busca. Con amargo pesar contemplaba a aquel que había sido para ella más un amante que un esposo; de quien jamás había recibido un reproche, a quien jamás había tenido que hacerle el menor de ellos, y no se atrevía a manifestarle su amor desde que habla sido madre. Al fin una mañana se arriesgó. Bajó al jardín en peinador, bella como un ángel, con el corazón palpitante. Se trataba de un baile de niños que iba a tener lugar en un castillo vecino. Madame Des Arcis quería llevar a él a Camila. Deseaba ver el efecto que causaba a las gentes y a su marido la belleza de su hija. Se había pasado las noches en claro pensando un traje para ella, y aquel proyecto había despertado sus más dulces esperanzas.

"Es necesario —se decía— que de una vez para siempre se sienta orgulloso de esta pobre niña. No podrá decir nada, pero será la más guapa de todas".

Cuando el caballero vio venir hacia él a su mujer, se adelantó a su encuentro, y cogiendo su mano la besó con un respeto y una galantería versallesca que jamás perdiera a pesar de su sencillez. Empezaron cambiando algunas frases insignificantes y echaron a andar uno al lado del otro.

Madame Des Arcis buscaba la manera de proponer a su marido que le permitiese ir al baile con su hija y conseguir así romper el propósito que el caballero se había hecho al nacer Camila de no presentarse nunca en sociedad. Tan solo la idea de exponer su desgracia a los ojos de los indiferentes o de los malvados ponía al caballero fuera de sí. Sobre esto había hecho una promesa formal. Era, por tanto, necesario que Mme. Des Arcis hallase una coyuntura, un pretexto cualquiera, no ya para ejecutar su propósito, sino para hablar de él.

Durante largo rato el caballero, por su parte, pareció meditar profundamente. Luego fue él el primero en romper el silencio. La ruina repentina de uno de sus parientes, dijo a su mujer, acababa de ocasionar grandes pérdidas en la fortuna de su familia; era para él muy importante acudir a los suyos, agobiados de medidas y precauciones; sus intereses, y en consecuencia los mismos de Mme. Des Arcis, corrían peligro de verse comprometidos por falta de cuidado. En una palabra, declaró que se veía obligado a hacer un corto viaje a Holanda para entenderse con su banquero, y añadió que, como el asunto era extremadamente urgente, pensaba partir al otro día.

Nada más fácil de comprender para Mme. Des Arcis que el motivo de aquel viaje. El caballero estaba muy lejos de pensar en abandonar a su mujer; pero, a despecho de sí mismo, sentía un irresistible deseo de aislarse por completo durante algún tiempo, aunque no fuese más que para volver recobrada su tranquilidad. La mayor parte de las veces todo verdadero dolor produce en el hombre, como el sufrimiento físico en los animales, la necesidad de estar solo.

Madame Des Arcis quedó al pronto tan sorprendida que no respondió más que con esas frases triviales a punto siempre en los labios cuando no se puede decir lo que se piensa; encontraba aquel viaje muy natural; el caballero tenía razón; ella reconocía la importancia de aquella diligencia y de ningún modo se oponía a ella. Mientras hablaba, el dolor le oprimía el corazón; dijo que se sentía cansada y se sentó en un banco.

Permaneció en él sumida en una profunda abstracción, fijos los ojos, caídos los brazos. Madame Des Arcis no había experimentado nunca grandes alegrías ni grandes placeres. Sin ser una mujer de espíritu demasiado elevado poseía una viva sensibilidad y pertenecía a una familia demasiado extensa para no tener algo por qué sufrir. Su matrimonio había sido para ella una dicha completamente imprevista y completamente nueva; en los días monótonos y fríos de su existencia un relámpago había brillado, ante sus ojos; ahora la noche volvía a cerrarse para ella.

Permaneció largo rato pensativa. El caballero miraba a otro lado y parecía impaciente por entrar en la casa. Se levantaba y volvía a sentarse. Madame Des Arcis se levantó por fin también y, tomando el brazo de su marido, los dos entraron en la casa.

Llegada la hora de comer, Mme. Des Arcis hizo decir que se encontraba indispuesta y que no bajaría a la mesa. Había en su aposento un reclinatorio y en él permaneció hasta la noche. Varias veces entró la doncella, a quien el caballero había encargado reservadamente que cuidase de ella; pero Mme. Des Arcis no respondió a sus preguntas. Hacia las ocho llamó, pidió el traje encargado anteriormente para su hija y mandó enganchar el coche. Al mismo tiempo hizo saber al caballero que se disponía a ir al baile y que deseaba que las acompañase.

Camila tenía la figura de una niña, pero lo más esbelta y más flexible que pueda imaginarse, y su madre había ataviado aquel cuerpecito bien amado, cuyos contornos comenzaban a dibujarse, con gran sencillez y buen gusto. Vestido de muselina blanca bordado, zapatitos de raso blancos, collar de cuentas de América al cuello y corona de aciano florido a la cabeza fueron las galas de Camila, que se contemplaba con orgullo y saltaba de alegría. La madre, con traje de terciopelo, como quien no piensa bailar, retenía a su hija ante un psyche y la besaba una y otra vez repitiendo: "¡Qué guapa estás, qué guapa estás!" Cuando el caballero entró, Mme. Des Arcis, sin ninguna aparente emoción, preguntó a su doncella si habían enganchado, y a su marido si iba con ellas. El caballero dio el brazo a su mujer y se fueron al baile.

Era la primera vez que se veía en público a Camila. Mucho se había oído hablar de ella, y hacia ella se dirigieron todas las miradas en cuanto apareció. Podía esperarse que Mme. Des Arcis manifestase cierta inquietud y embarazo; pero no fue así. Después de los saludos de costumbre se sentó con la mayor tranquilidad, y mientras que los ojos de todos seguían a su hija con cierta extrañeza o con afectado interés, la madre la dejaba en libertad por el salón como si no se cuidase de ella.

Camila, al encontrarse allí con sus pequeños amigos, corría de uno en otro como si estuviera en el jardín. Todos, sin embargo, la recibían con reserva y frialdad. El caballero, que permanecía apartado, sufría visiblemente. Sus amigos se acercaron a él y elogiaron la belleza de su hija; personas extrañas y hasta desconocidas le abordaron tan solo para cumplimentarle con este motivo. Y aunque poco de su gusto, se sintió consolado. Ese mirar de todos que no engaña nunca devolvió alguna alegría a su corazón. Camila, después de haber hablado por señas con casi todo el mundo, estaba en pie entre las rodillas de su madre. Se la había visto atravesar el salón de un lado a otro y se había esperado de ella algo extraordinario o por lo menos curioso. Pero no había hecho más que saludar a las gentes con una gran reverencia, dar un pequeño shakehand a las mises inglesas, y tirar besos a las mamás de sus amiguitas, todo ello seguramente por intuición, pero lleno de gracia y de espontaneidad. Y vuelta tranquilamente a su sitio empezaron a admirarla. Nada, en efecto, más atrayente que aquella envoltura corporal donde su pobre alma estaba presa. Su figura, su rostro, sus largos cabellos ensortijados, y sobre todo sus ojos, de un brillo incomparable, sorprendían a todo el mundo. A la vez que con la mirada quería adivinarlo todo, y quería decirlo todo con sus gestos, su aire reflexivo y melancólico prestaba a sus menores movimientos, a sus pasos infantiles y a sus posturas inocentes cierta grandeza extraña; un escultor o un pintor hubieran quedado sorprendidos. Fuéronse acercando a Mme. Des Arcis, la rodearon, y por señas hicieron mil preguntas a Camila; a la extrañeza y al retraimiento habían sucedido una benevolencia sincera y una franca simpatía. Pronto se unió a esto la exageración que nace siempre en cuanto una persona habla con la inmediata para repetir la misma cosa. Jamás habían visto una criatura tan encantadora; a nada se parecía; nada era de una belleza semejante. Camila, en fin, obtuvo un completo triunfo, que ella estaba bien lejos de comprender.

Quien lo comprendía era Mme. Des Arcis. Tranquila exteriormente, sintió aquella noche latir su corazón con el más dichoso, con el más puro latido de su vida. Y entre su marido y ella se cruzó una sonrisa que había costado muchas lágrimas.

Pero una señorita se sentó al piano y tocó una contradanza. Los niños se dieron la mano, se colocaron en sus puestos y empezaron a marcar los pasos de la danza que había ensayado con el maestro de baile del lugar. Por su parte los padres empezaron a cumplimentarse recíprocamente, a encontrar encantadora aquella pequeña fiesta y a hacerse notar, los unos a los otros, la gentileza de su progenie. Pronto fue aquello una confusión de risas infantiles, de bromas de café entre los jóvenes, de conversaciones de modas entre las muchachas, de habladurías entre los papás, de murmuraciones y frases agridulces entre las mamás, y, en fin, lo que es un baile de niños en provincias.

El caballero no apartaba los ojos de su hija, que, como bien se supone, no tomaba parte en el baile. Camila contemplaba la fiesta con una atención un poco triste. Un mozalbete vino a sacarla; ella, por toda respuesta, movió la cabeza; algunas flores de su corona, que no estaban bien sujetas, cayeron al suelo. Madame Des Arcis las recogió, y con unos alfileres arregló en seguida el desorden de lo que ella misma había prendido, y rápidamente buscó a su marido con la mirada. Pero en vano: su marido no estaba en el salón. Hizo averiguar si se habla marchado Y si se había llevado el coche, y le respondieron que había regresado a pie.

V

El caballero había decidido partir sin decir nada a su mujer. Temía y rehuía toda explicación enojosa, y como, por otra parte, su propósito era volver cuanto antes, creyó proceder mejor dejando tan solo una carta. No era completamente cierto que sus asuntos le llamasen a Holanda; sin embargo, aquel viaje podía serle provechoso. Uno de sus amigos escribió a Chardonneux para que apresurase la partida; lo cual era un pretexto convenido de antemano. El caballero adoptó al entrar en la casa el gesto de quien se ve obligado a partir de improviso; hizo preparar su equipaje apresuradamente, lo envió al pueblo, montó a caballo y se fue.

Pero una gran pena y una incertidumbre involuntaria se apoderaron de él al franquear el umbral de la puerta. Temió haber obedecido demasiado de prisa a un sentimiento que hubiera podido dominar; temió causar muchas lágrimas inútiles a su mujer y no encontrar el reposo que acaso dejaba en su propia casa.

"Mas ¿quién sabe —pensaba para sí— si, por el contrario, realizó una cosa razonable y útil? ¿Quién sabe si el pasajero dolor que pueda causar mi ausencia nos traerá días más dichosos? Me atormenta una desgracia cuya causa solo Dios conoce, y dejo por unos días el lugar de mis sufrimientos. Acaso el viaje, el cambio y el cansancio mismo mitiguen mis penas. Me ocuparé en cosas materiales, importantes y necesarias. Volveré más contento, con el corazón más tranquilo; habré reflexionado y sabré mejor lo que he de hacer. Sin embargo, Cecilia va a sufrir", se decía en el fondo. Pero una vez tomada aquella resolución siguió su camino.

Madame Des Arcis dejó el baile hacia las once y volvió en el coche con su hija, que pronto se durmió sobre sus rodillas. Aunque ignoraba que su marido hubiera realizado tan repentinamente su proyectado viaje, no por eso sufrió menos al tener que volver sola del castillo vecino. Lo que a los ojos del mundo no es más que una falta de atención, se convierte en un sensible dolor para quien sospecha su causa. El caballero no había podido soportar el público espectáculo de su desdicha. La madre había querido, en cambio, mostrar esta desdicha para ver de vencerla. Fácilmente habría perdonado a su marido una crisis de tristeza o de mal humor; pero hay que considerar que en provincias semejante modo de abandonar a su mujer y a su hija es una cosa inaudita; y en tales casos la menor bagatela, una prenda cualquiera que se busca y no se encuentra cuando quien debía traerla no está presente, ha causado muchas veces más daño que bien proporciona el respeto a las conveniencias sociales.

Mientras el coche rodaba lentamente sobre los guijos de un camino vecinal recientemente construido, Mme. Des Arcis contemplaba a su hija dormida y se entregaba a los más tristes pensamientos. Sosteniendo a Camila de modo que, no la despertaran los vaivenes, pensaba, con esa fuerza que da la noche a nuestro pensamiento, en la fatalidad que parecía perseguirla hasta en aquella legítima alegría que acababa de disfrutar en el baile. Una extraña disposición de ánimo la hacía pensar tan pronto en su propio pasado como en el porvenir de su hija.

"¿Qué va a suceder? —se decía—. Mi marido se aleja de mí; si ahora no lo hace para siempre, algún día lo hará; todos mis esfuerzos, todos mis ruegos no servirán más que para importunarle; ha muerto su amor y solo me tiene lástima; pero su dolor es más fuerte que él y que yo. Mi hija es bella, pero está condenada a la desgracia. ¿Qué puedo yo hacer? ¿Qué puedo precaver o impedir? Si me consagro por entero a esta pobre niña, como estoy haciendo y como es mi deber, tanto será como renunciar a mi marido. Huye de nosotras, le causamos horror. Si, por el contrario, intentase aproximarme de nuevo a él, si pretendiese despertar su antiguo amor, ¿no me pediría acaso que me separase de mi hija? ¿No podría suceder que quisiera confiar mi Camila a gentes extrañas, librándose así de un espectáculo que le aflige?"

Y hablando de este modo consigo misma, madame Des Arcis cubría de besos a Camila.

"¡Pobre hija mía! —se decía—. ¡Abandonarte yo! ¡Comprar a costa de tu tranquilidad, quizá de tu vida, la apariencia de una felicidad que a su vez huiría de mí! ¡Dejar de ser madre para volver a ser esposa! ¡Cómo es posible cosa semejante! ¿No es mejor morir que pensar en ello?"

Tornaba luego a sus conjeturas y volvía a preguntarse: "¿Qué va a suceder? ¿Qué dispondrá la Providencia de nosotras? Dios, que vela por todos, nos ve como a los demás. ¿Qué va a hacer de nosotras? ¿Qué será de esta hija?"

A alguna distancia de Chardonneux había que pasar un vado. Como lloviera mucho durante un mes antes, el río había crecido e inundaba las riberas cercanas. El barquero se negó a pasar el coche en su barca, y dijo que tenían que bajarse, y que solo así cruzaría el río con las personas y el caballo, pero sin la carretela. Madame Des Arcis, anhelando alcanzar a su marido, no quiso bajar del coche, y mandó al cochero que se metiera en la barca, pues no era más que un trayecto de pocos minutos, que habían hecho otras veces.

A la mitad del vado, la barca, empujada por la corriente, empezó a desviarse. El barquero pidió al cochero que le ayudase para evitar, según decía, ser arrastrados a la esclusa. Había, en efecto, doscientos o trescientos pasos más abajo un molino con una presa hecha con vigas, maderos y tablas unidas, pero vieja, rota por el agua y convertida en una especie de cascada, o más bien en un precipicio. Estaba claro que si se dejaban arrastrar por allí había que esperar un terrible accidente.

El cochero bajó del pescante; hubiera querido servir para algo; pero en la balsa no había más que una pértiga. El barquero por su parte hacia cuanto podía; pero la noche estaba sombría y una lluvia menuda y espesa cegaba a aquellos dos hombres que tan pronto se detenían como aunaban sus fuerzas para cortar la corriente y ganar la orilla.

A medida que se aproximaba el ruido de la esclusa, el peligro se hacía más terrible. El lanchón, con su carga pesada y defendido contra la corriente por dos hombres vigorosos, no iba de prisa. Cuando la pértiga se hundía bien y se mantenía delantera la barca se detenía, moviéndose de costado o giraba sobre sí misma; pero la corriente era demasiado fuerte. Madame Des Arcis, que iba con la niña dentro del coche, abrió la ventanilla con gran terror y exclamó:

—¿Estamos perdidos?

En aquel momento la pértiga se rompió. Los dos hombres cayeron rendidos sobre la barca, con las manos desolladas.

El barquero sabía nadar, pero el cochero no. No había tiempo que perder.

—Señor Georgeot —dijo Mme. Des Arcis al barquero, que así se llamaba—, ¿puede salvarnos a mi hija y a mí?

El señor Georgeot echó una mirada al río, midiendo la distancia que los separaba de la orilla:

—Ciertamente —respondió, encogiéndose de hombros como si le hubiera ofendido semejante pregunta.

—¿Y qué tenemos que hacer? —preguntó madame Des Arcis.

—Échense a mi espalda —replicó el barquero—. No se quiten nada; así se sujetarán mejor. Agárrense a mi cuello sin miedo y no se agarroten, pues nos ahogaríamos; tampoco griten para no tragar agua. En cuanto a la pequeña, la cogeré por la cintura con una mano, y nadando a lo marino con la otra la pasaré en vilo sin que se moje. Desde aquí hasta aquel patatar apenas hay veinticinco brazas.

—¿Y Juan? —dijo Mme. Des Arcis señalando al cochero.

—Juan pasará un mal trago, pero ya saldrá de él. Que se deje ir hasta la esclusa y espere allí, que iré a buscarle.

El señor Georgeot se tiró al agua con su doble carga; pero había confiado demasiado en sus fuerzas. No era ya tan joven como se necesitaba. La orilla estaba más lejos de lo que decía, y la corriente era más impetuosa de lo que pensara. Hizo cuanto pudo por llegar a tierra, pero pronto fue arrastrado también. El tronco de un sauce cubierto por las aguas, que era imposible ver en las tinieblas, le detuvo de pronto:

había sufrido un fuerte golpe en la cabeza. Corrió sangre y se obscureció su vista.

—Agarra a la niña y ponla a mi cuello —dijo—, o al vuestro; no puedo más.

—¿Podrías salvarla si solo la llevases a ella? —preguntó la madre.

—No sé; creo que sí —dijo el barquero.

Por toda respuesta, Mme. Des Arcis abrió los brazos, soltó el cuello del barquero y se dejó ir al fondo.

Cuando el barquero dejó en tierra a la pequeña Camila sana y salva, el cochero, que había sido sacado del río por un aldeano, le ayudó a buscar el cuerpo de Mme. Des Arcis. No le encontraron hasta la mañana siguiente, cerca de la orilla.

VI

Un año después de aquel suceso, en el cuarto de una fonda de la calle de Bouloi, de París, barrio de las Postas, una joven enlutada estaba sentada a una mesa junto a la chimenea. Sobre la mesa había un vaso y una botella de vino corriente medio vacía. Un hombre encorvado por los años, pero de fisonomía franca y simpática, vestido casi como un obrero, se paseaba a grandes pasos por la habitación. De vez en cuando se acercaba a la joven, se paraba ante ella y la miraba con aire casi paternal. La joven entonces extendía el brazo, levantaba la botella con involuntaria resignación y llenaba el vaso de vino. El viejo bebía un trago y reanudaba sus paseos gesticulando siempre de una manera extraña y casi ridícula, mientras la joven, sonriendo tristemente, seguía sus movimientos con atención.

A quien hubiera estado allí le habría sido difícil adivinar quiénes eran aquellas dos personas: inmóvil la una, fría como el mármol, pero llena de gracia y distinción, más bella en su faz y aun en sus menores gestos que lo que corrientemente se tiene por hermosura; de una apariencia absolutamente vulgar la otra, desordenada en el vestir, calado el sombrero, bebiendo un vino espeso y tabernario y haciendo resonar en el piso sus toscos zapatos claveteados. Tal era el vivo contraste.

A pesar de lo cual aquellas dos personas estaban ligadas por una amistad muy viva y tierna. Eran Camila y el tío Giraud. El buen hombre había acudido a Chardonneux cuando Mme. Des Arcis fue llevada a la iglesia para conducirla desde allí a su morada postrera. Muerta su madre y ausente su padre, la pobre niña se encontraba completamente sola en este mundo. El caballero, una vez que salió de su casa, distraído con el viaje, atraído por sus asuntos y obligado a recorrer varios pueblos de Holanda, no había sabido hasta muy tarde la muerte de su mujer; de modo que durante cerca de un mes Camila estuvo, por decirlo así, huérfana. Es verdad que había en la casa un aya al cuidado de Camila; pero mientras vivió la madre de ésta no permitió que nadie la ayudase, y aquel empleo era una sinecura. El aya apenas si había tratado a Camila, y mal podía socorrerla en semejante circunstancia.

Al morir su madre, el dolor de la hija fue tan violento que durante mucho tiempo se temió por su vida. Cuando el cuerpo de Mme. Des Arcis fue sacado del río y conducido a la casa, Camila acompañó al fúnebre cortejo lanzando tan desgarradores gritos de desesperación, que asustaba a las gentes. Y es que había, en efecto, no sé qué de espantoso y terrible en aquel ser que acostumbraban ver silencioso y mudo, dulce y tranquilo, y que de pronto, en presencia de la muerte, salía de su silencio. Los sonidos inarticulados que se escapaban de sus labios, y que solo ella no podía oír, tenían algo de salvajes; no eran palabras ni sollozos, sino una especie de terrible lenguaje que parecía inventado por el dolor. Durante un día y una noche enteros aquellos gritos no cesaron de sonar en la casa; Camila corría en todos sentidos, se arrancaba los cabellos y se golpeaba contra las paredes. En vano quisieron contenerla; hasta por la fuerza fue inútil. Solo cuando se rindió su naturaleza cayó al pie del lecho donde reposaba el cuerpo de su madre.

Casi inmediatamente pareció recuperar su tranquilidad acostumbrada y, por decirlo así, haberlo olvidado todo. Durante algún tiempo quedó en una aparente calma, andando al azar durante todo el día con paso lento y distraído, sin rechazar ninguno de los cuidados que le prodigaban; de este modo la creyeron dueña de sí, y hasta el médico, que había sido llamado, se engañó como todo el mundo; pero bien pronto se le declaró una fiebre nerviosa con los más graves síntomas. Había que velar constantemente a la enferma, que parecía haber perdido por completo la razón.

Fue entonces cuando el tío Giraud tomó la resolución de acudir a cualquier precio en socorro de su sobrina.

—Puesto que en estos momentos no tiene padre ni madre —dijo a los de la casa—, me considero, como único pariente verdadero, encargado de cuidarla y de impedir lo que pueda sucederle. Siempre he tenido cariño a esta niña y muchas veces he pedido a su padre me la dejase para entretenerme con ella. No pretendo quitársela, puesto que es su hija; pero por el momento me la llevo y cuando regrese se la devolveré inmediatamente.

El tío Giraud no tenía mucha fe en los médicos por la sencilla razón de que como jamás había estado enfermo apenas si creía en las enfermedades. Una fiebre nerviosa sobre todo le parecía algo quimérico y lo consideraba como un simple trastorno de la cabeza, que se curaba sencillamente distrayéndose. Así, pues, estaba decidido a llevarse a Camila a París.

"Bien se ve —repetía— que lo que esta niña tiene es pena. No hace más que llorar, y con razón; no se muere dos veces una madre. No es que quiera llevarme a la niña porque no esté aquí su madre; pero es necesario hacerla pensar en otra cosa. Dicen que Paris es lo mejor para esto; ella no lo conoce ni yo tampoco. Así, pues, me la llevaré allí, y esto nos sentará bien a los dos. Además, aunque no sea más que el camino la servirá de consuelo. Yo he sufrido penas como todo el mundo, y siempre que he visto moverse ante mí la coleta de un postillón me he puesto más alegre".

Así fue como Camila y su tío llegaron a París. El caballero, informado de aquel viaje por una carta del tío Giraud, dio su aprobación. Al volver a Chardonneux de su viaje a Holanda trajo una melancolía tan profunda, que le era imposible ver a nadie, ni aun a su misma hija. Parecía querer huir de toda criatura humana y hasta huir de sí mismo. Siempre solo, cabalgando por la selva, buscaba el excesivo cansancio físico para dar algún descanso a su alma. Una pena oculta e incurable le devoraba; en el fondo de su corazón se acusaba de haber hecho desgraciada a su mujer y de haber contribuido a su muerte.

"Debí estar allí —se decía— y no se hubiera ahogado". Aquel pensamiento, que jamás le abandonaba, emponzoñaba su vida.

Deseaba que Camila fuese feliz, y en toda ocasión estaba pronto a realizar para ello los más grandes sacrificios. Su primera idea al volver a Chardonneux había sido reemplazar a la ausente junto a su hija pagando de aquel modo con usura la deuda de cariño que había contraído; pero el recuerdo de la semejanza que existía entre la madre y la hija le causaba por adelantado un dolor intolerable. En vano era querer engañarse sobre aquel dolor y pretender persuadirse de que recordar constantemente en un rostro querido los rasgos de aquella por quien lloraba sin cesar más bien era un consuelo y un lenitivo a su pena. A pesar de todo, Camila era para él una viviente acusación, una prueba de su culpa y de su desgracia, que no se sentía con fuerzas para soportar.

El tío Giraud no llegaba tan lejos en sus pensamientos, y solo se cuidaba de alegrar a su sobrina y de hacerle agradable la vida. Desgraciadamente la cosa no era fácil. Camila se había dejado llevar sin resistencia, pero no quería tomar parte en los placeres que su tío le proponía. Nada, ni paseos, ni fiestas, ni espectáculos podían tentarla; por toda respuesta mostraba su traje negro.

El viejo maestro de obras era testarudo. Había alquilado, como se ha visto, una habitación en la fonda de las Mensajerías; la primera que un mozo de equipajes le había indicado, puesto que no pensaba estar en París más que uno o dos meses. Pero ya hacía más de un año que permanecían allí, durante todo el cual Camila se había negado a todas sus proposiciones de divertirse, y como a la vez era tan bondadoso y paciente cual perseverante, seguía esperando, sin quejarse, pasado el año. Sin que él mismo supiera por qué, acaso por uno de esos atractivos que ofrece la bondad unida a la desgracia, adoraba a aquella pobre niña con toda su alma.

—Pero no sé —decía, apurando la botella— qué puede oponerse a que vayas conmigo a la ópera. Es un espectáculo muy caro; tengo los billetes en el bolsillo; ayer cumpliste el luto; has estrenado traje, no tienes más que ponerte tu capota y…

De pronto se interrumpió.

—¡Pero, diablo —añadió—, no me acordaba de que no me oyes! Mas ¿qué importa? No es necesario que oigas. Si tú no oyes nada, tampoco yo entiendo nada de música. Veremos bailar, y concluido.

Así hablaba el bondadoso tío, que cuando tenía algo interesante que decir jamás se acordaba de que su sobrina no podía oírle ni contestarle. A pesar de todo hablaba con ella. Porque además, cuando quería hacerse comprender por señas era todavía peor, pues ella le entendía mucho menos. Y por eso había tomado la costumbre de hablarla como a todo el mundo, aunque gesticulando, eso sí, con todas sus fuerzas. Camila se había habituado a aquella pantomima parlante, y siempre encontraba la manera de responderle a su vez.

Como el buen hombre decía, Camila había cumplido su luto. El tío Giraud había encargado el más lindo traje para su sobrina, y se lo ofrecía ahora con un aire tan tierno y suplicante a la vez, que ella saltó a su cuello agradecida. Luego, con la serena tristeza de siempre, volvió a sentarse.

—Pero no basta con eso —dijo el tío—; has de ponértelo. Para eso te lo han hecho. Es un bonito traje.

Y sin dejar de hablar se paseaba por la habitación agitando las prendas como si fueran marionetas.

Camila había sufrido demasiado para no poder permitirse un momento de alegría. Por primera vez desde la muerte de su madre se levantó, se puso ante el espejo, cogió una de las prendas que su tío le mostraba, le miró enternecida, le tendió la mano y movió ligeramente la cabeza como diciendo: Sí.

Ante aquella seña, el buen señor Giraud se puso a saltar como un niño con sus gruesos zapatones. Había triunfado; por fin había llegado la hora de cumplirse su deseo; Camila iba a engalanarse, a salir con él, a ir a la ópera, a ver el mundo; no podía contenerse y cubría de besos a su sobrina, llamando a gritos a la doncella, a los criados, a todas las, gentes de la casa.

Acabada su toaleta, Camila estaba tan bella que ella misma parecía reconocerlo sonriendo ante su propia imagen.

—Señorita, el coche espera —dijo el tío Giraud, queriendo imitar con sus brazos la actitud del cochero que fustiga a sus caballos y con la boca el ruido de una carretela.

Camila sonrió de nuevo, recogió el traje de luto que acababa de quitarse, lo dobló cuidadosamente, le dio un beso, lo guardó en el armario y partió.

VII

Si el tío Giraud no presumía de elegante, picábase en cambio de hacer bien las cosas. Poco importaba que la ropa, siempre nueva y demasiado amplia, porque no le gustaba ir molesto, le cayera de cualquier modo; que los faldones de su casaca estuvieran mal cortados y que llevase la peluca casi tapándole los ojos, porque tratándose de obsequiar a los demás sabía elegir lo más caro y lo mejor. Por eso había tomado aquella noche para Camila y para él un magnífico palco descubierto y bien visible, donde su sobrina pudiera ser admirada por todo el mundo.

A las primeras miradas de Camila por el escenario y la sala quedó deslumbrada; no podía por menos: una criatura de diez y seis años escasos, educada en el apartamiento de una casa de campo, transportada de pronto a la mansión del lujo, del arte y del placer, casi había de imaginarse que todo era un sueño. Se representaba un ballet. Camila seguía con curiosidad las actitudes, los gestos y los pasos de los actores; comprendía que se trataba de una pantomima y, como si se viera en ella, quería explicar su sentido. A cada momento se volvía a su tío con aire estupefacto, como para consultarle; pero él tampoco comprendía mucho más que ella.

Camila veía los pastores, con medias de seda, ofreciendo flores a las pastoras; los amorcillos revoloteando al extremo de una cuerda; los dioses sentados en fantásticas nubes. Las decoraciones, las luces, la araña central sobre todo, cuyo resplandor la maravillaba; los trajes de las damas, los encajes, las plumas, toda la pompa de un espectáculo desconocido para ella, la sumían en un dulce arrobamiento.

Pronto fue ella también por su parte objeto de una curiosidad casi general; su traje era de una gran sencillez, pero del mejor gusto. Sola en un palco tan grande, al lado de un hombre tan poco atildado como era el tío Giraud, bella como un astro y fresca como una rosa, con sus grandes ojos negros y su expresión ingenua, tenía necesariamente que atraer las miradas. Los hombres empezaron a mostrársela; las mujeres a observarla; los aristócratas fueron aproximándose, y dirigieron en alta voz a la recién llegada los cumplidos más lisonjeros y al uso; pero, por desgracia, solo el tío Giraud recibía y saboreaba con delicia aquellas alabanzas.

Sin embargo, Camila poco a poco fue recuperando su tranquilidad, y al fin se sintió apoderada de cierta tristeza. Sentía la crueldad de verse aislada en medio de aquella multitud. Las gentes que conversaban en los palcos, los músicos cuyos instrumentos marcaban a los actores la medida de sus pasos, aquel gran cambio de ideas entre el escenario y la sala, todo ello, por decirlo así, la empujaban de nuevo hacia sí misma.

"Nosotros hablamos y tú no puedes hablar —parecían decirle todos—; oímos, cantamos, reímos, nos amamos, gozamos de todo; solo tú no gozas de nada; solo tú no oyes nada; solo tú no eres aquí más que una estatua; el simulacro de un ser que no hace más que contemplar la vida". Para librarse de aquel espectáculo cerró los ojos y recordó aquel baile de niños en el que había visto bailar a sus amigas y en el que había permanecido sin separarse de su madre. Retrocedió con su pensamiento a la mansión natal, a su desgraciada infancia, a sus largos padecimientos, a sus secretas lágrimas, a la muerte de su madre, y, en fin, al luto que acababa de quitarse y que en aquel momento resolvía ponerse de nuevo en cuanto volviese a casa. Puesto que estaba condenada para siempre, creía que era mejor no intentar jamás aminorar su pena. Sentía más amargamente que nunca que todo esfuerzo por su parte para resistir a la maldición celeste era inútil. Dominada por aquella idea, no pudo contener algunas lágrimas que el tío Giraud vio correr por sus mejillas. Trataba éste de adivinar la causa, cuando Camila le hizo señas de que quería marcharse. Sorprendido e inquieto, dudaba el buen hombre sin saber qué hacer; Camila se levantó y le señaló la puerta del palco para que le diese su manteleta.

En aquel momento advirtió en la galería, detrás de ella, a un joven de buena presencia y ricamente vestido que tenía en la mano un trozo de pizarra sobre el que trazaba letras y figuras con un pizarrín. Mostraba en seguida la pizarra a su vecino, que era mayor que él y que comprendiéndole rápidamente le respondía del mismo modo con una extraordinaria prontitud. Al mismo tiempo, abriendo y cerrando los dedos, cambiaban los amigos ciertas señas que parecían servir para comunicarse mejor sus ideas.

Camila no comprendía nada de aquellos dibujos que apenas distinguía, ni de aquellas señas para ella desconocidas; pero al primer golpe de vista había observado que el joven no movía los labios y, pronta a salir, se detuvo. Veía que él joven aquel hablaba un lenguaje distinto al de los demás y poseía un medio de expresarse sin necesidad de la palabra, tan incomprensible para ella y que atormentaba su mente. Fuera lo que fuere aquel extraño lenguaje, una extrema sorpresa y un deseo invencible de saber algo más de él la hicieron recuperar el puesto que acababa de dejar; se reclinó en el costado del palco y observó atentamente lo que hacia aquel desconocido. Como le viera escribir nuevamente en la pizarra y presentar ésta a su vecino, hizo Camila un movimiento involuntario como para cogerla al paso. Ante aquel movimiento el joven se volvió hacia Camila y la miró a su vez. Apenas se encontraron sus ojos, quedaron inmóviles e indecisos, como queriendo reconocerse, y un instante después se habían comprendido y se decían con la mirada: Los dos somos mudos. El tío Giraud ofrecía a su sobrina su manteleta, su junquillo y su catalejo; pero ella no quería marcharse ya. Había vuelto a sentarse y permanecía acodada sobre el antepecho.

El abate de l'Epée acababa de empezar a darse a conocer.

Haciendo una visita a una dama, en la calle de las Fossés-Saint-Vitor, conmovido por dos sordomudas a las que había visto por casualidad hacer labor, la caridad que desbordaba su alma se reveló de pronto y obraba ya verdaderos prodigios. En la informe pantomima de aquellos seres miserables y despreciados había encontrado los gérmenes de una lengua fecunda, más verdadera desde luego que la de Leibniz y que esperaba llegar a hacer universal. Como la mayor parte de los hombres de genio, había sobrepasado acaso los límites hasta que podía llegar agrandándolos demasiado; pero ya era mucho alcanzar su grandeza. Fuese como fuere la ambición de su alma, enseñaba a los sordomudos a leer y a escribir. Los incorporaba al número de los hombres. Solo y sin ayuda, con sus propias fuerzas había emprendido la obra de constituir una familia con aquellos desventurados y se disponía a sacrificar su vida y su fortuna a aquella empresa en espera de que el rey volviera los ojos hacia ellos.

El joven sentado junto al palco de Camila era uno de los discípulos enseñados por el abate. Nacido gentilhombre de una rancia familia, dotado de una viva inteligencia, pero víctima de la demimort, como se decía entonces, había sido uno de los primeros en recibir la misma educación del célebre conde de Solar, con la deferencia de que era rico y de que no corría el peligro de morirse de hambre a falta de una pensión del duque de Penthièvre. Independientemente de las lecciones del abate, había tenido un ayo que como persona laica pudiese acompañarle a todas partes, encargado, claro está, de vigilar sus acciones y de guiar su pensamiento —el cual era el vecino a quien daba a leer su pizarra—. Aprovechaba el joven con gran aplicación y cuidado aquellos estudios diarios que ejercitaban su espíritu en tantas cosas, tanto en la lectura como en la equitación, en la ópera como en la misa. Una pronunciadísima independencia de carácter y un poco de orgullo nativo luchaban, sin embargo, contra aquella penosa aplicación. Ignoraba los males que podía haber sufrido si hubiera nacido en una clase inferior o simplemente, como Camila, en otro sitio que no fuese París. Una de las primeras cosas que le habían enseñado cuando empezó a deletrear había sido el nombre de su padre, el marqués de Maubray. Se sabía, pues, distinto a los demás hombres por dos cosas: por su nacimiento y por su desgracia. De este modo la humillación y el orgullo se disputaban un noble espíritu que por suerte o acaso por necesidad no dejaba de conservarse puro.

Aquel marqués sordomudo, observador y comprensivo, tan arrogante como todos y que en pos de su ayo había, según costumbre, deslizado sus tacones rojos por los grandes parques de Versalles, atraía las miradas de más de una linda dama; pero él no apartaba los ojos de Camila, quien por su parte, sin necesidad de mirarle, le veía muy bien. Acabada la ópera se cogió al brazo de su tío y, sin atreverse a volver la cabeza, entró en la casa.

VIII

No hay que decir que ni Camila ni el tío Giraud conocían siquiera el nombre del abate de l'Epée, y menos aún sospechaban que se hubiera descubierto una nueva ciencia que hacía hablar a los mudos. El caballero acaso hubiera podido conocer aquel descubrimiento; su mujer, si hubiera vivido, seguramente lo conocería ya; pero Chardonneux estaba lejos de París y el caballero no recibía periódicos, o si los recibía no los leía. De esta manera la muerte o unas leguas de distancia y un poco de pereza producen el mismo resultado.

De vuelta a la fonda, Camila no tenía más que una idea: lo que aquellos gestos y aquellas miradas querían decir. Y sirviéndose de ellos explicó a su tío que necesitaba ante todo una pizarra y un pizarrín. El bueno del tío Giraud no quedó sorprendido ante aquella petición, aunque hecha un poco tarde, pues ya era la hora de cenar; corrió a su cuarto, y convencido de haberla comprendido perfectamente, trajo en triunfo a su sobrina un pequeño tablero y un trozo de tiza, reliquias preciosas de su antigua afición a la construcción y a la carpintería.

No pareció disgustar a Camila aquel modo de ver satisfechos sus deseos; colocó el tablero sobre sus rodillas e hizo sentarse a su tío junto a ella; luego le dio la tiza y le cogió la mano como para guiarle, al mismo tiempo que sus miradas inquietas se aprestaban a seguir sus menores movimientos.

El tío Giraud comprendía muy bien que se le pedía escribiese alguna cosa; pero ¿qué?; lo ignoraba.

—¿El nombre de tu madre? ¿El mío? ¿El tuyo?

Y para hacerse comprender golpeaba lo más dulcemente posible con sus dedos en el corazón de la joven.

Camila asintió con la cabeza; el buen hombre creyó que le había comprendido; escribió, pues, el nombre de Camila con grandes caracteres, y después de ello, satisfecho de sí mismo y de cómo habían pasado la noche, hallándose la cena a punto se sentó a la mesa sin esperar a su sobrina, que no se atrevió a insistir.

Camila no se retiraba nunca hasta que su tío apuraba la botella; le vio cenar, le deseó una buena noche y entró luego en su cuarto, llevando en sus manos el tablero.

En cuanto hubo echado el cerrojo se puso a su vez a escribir. Despojada de sus paniers, deshechos los bucles, comenzó a copiar, con un trabajo y un cuidado infinitos, la palabra que su tío acababa de escribir, embadurnando de tiza una mesa muy grande que había en el centro de la habitación. Después de muchas copias y muchas borraduras, llegó al fin a reproducir bastante bien las letras que tenía ante sus ojos. Conseguido lo cual, y después de contar una a una las letras que le habían servido de modelo para asegurarse de la exactitud de su copia, se puso a pasear en torno a la mesa, con el corazón palpitante de gozo, como si hubiera logrado una inmensa victoria. Camila, aquel nombre que acababa de escribir, le parecía admirable y debía ciertamente, según ella, expresar las cosas más bellas del mundo. En aquella única palabra le parecía ver un sinnúmero de ideas, todas a cuál más dulces, a cuál más sugestivas y misteriosas. Estaba muy lejos de creer que aquello no fuera más que su nombre.

Como corría el mes de julio, la noche era magnífica y purísimo el cielo. Camila había abierto su ventana; de vez en cuando se detenía ante ella, y allí, extasiada, suelto el cabello, cruzados los brazos, brillantes los ojos, hermosa con esa palidez que la luna da a las mujeres, contemplaba una de las más tristes perspectivas que pudiera tener ante sus ojos: el patio angosto de una enorme casona donde había una cochera de postas. En aquel patio frío, húmedo y malsano jamás había penetrado un rayo de sol; la altura de varios pisos superpuestos defendía de la luz aquella especie de cueva. Cuatro o cinco galerones enormes apiñados en un cobertizo oponían sus tremendas lanzas al que pretendía entrar. Otros dos o tres dejados en el patio por falta de sitio parecían esperar los caballos, cuyo constante patear en la cuadra demandaba el pienso de la mañana a la noche. Detrás de una puerta rigurosamente cerrada a los inquilinos desde medianoche, pero dispuesta a abrirse estrepitosamente en cualquier momento ante el restallar de una fusta, se levantaban unas murallas enormes, con más de cincuenta ventanas, donde, pasadas las diez, jamás se encendía una luz, a no ser en circunstancias extraordinarias.

Ya iba Camila a dejar su ventana, cuando de pronto, en la sombra que proyectaba una pesada galera, le pareció ver una forma humana paseando lentamente y lujosamente vestida. El miedo sobrecogió al pronto a Camila, sin saber por qué, pues su tío estaba allí, vigilando como un bendito, con el sueño más profundo y ruidoso posible; además, ¿qué clase de asesino o ladrón se paseara en aquel patio con semejantes galas?

Pero el desconocido estaba allí y Camila le veía. Escondido tras la diligencia, miraba a la ventana en que ella estaba. Pasados unos instantes, Camila sintió recobrar su valor; cogió la luz, y sacando el brazo iluminó súbitamente el patio; al mismo tiempo echó a él una mirada entre decidida y medrosa. Desvanecida la sombra de la galera, el marqués de Maubray, pues era él, viose descubierto por completo, y por toda réplica plantose rodilla en tierra y, mirando a Camila, juntó sus manos suplicantes en la actitud del más profundo respeto.

Durante algún tiempo estuvieron así: Camila, en la ventana con su luz, y el marqués, arrodillado ante ella. Si Romeo y Julieta, que no se habían visto más que una noche en un baile de máscaras, cambiaron desde el primer momento tantos juramentos fielmente cumplidos, piénsese lo que serían los primeros gestos y las primeras miradas de dos amantes que solo con el pensamiento podían decirse aquellas mismas cosas eternas ante Dios y que el genio de Shakespeare inmortalizó en la tierra.

Ciertamente que resulta ridículo encaramarse por dos o tres estribos hasta la imperial de una galera, deteniéndose a cada esfuerzo para saber si se debe continuar. Es verdad también que un hombre con medias de seda y casaca bordada se arriesga a caer en desgracia cuando pretende saltar desde la imperial de un coche hasta el alféizar de una ventana. Todo esto es indiscutible, a menos que se ame.

Cuando el marqués de Maubray estuvo en el aposento de Camila, empezó por hacerle un saludo tan ceremonioso como si la hubiera encontrado en las Tullerías. Si hubiera podido hablar, acaso hubiese contado a Camila cómo había conseguido escapar a la vigilancia de su ayo para ir, valiéndose de gratificar a un lacayo, a pasar la noche bajo su ventana; cómo la había seguido al salir de la ópera; cómo una mirada de ella había cambiado toda su vida, y cómo, en fin, no amaba a nadie en el mundo más que a ella, y no ambicionaba otra felicidad que ofrecerle su mano y su fortuna. Todo esto estaba escrito en sus labios; pero la reverencia de Camila devolviéndole el saludo le hizo comprender cuán inútil hubiera sido aquel relato y cuán poco le importaba saber cómo había conseguido llegar hasta ella desde el momento que estaba allí.

Monsieur De Maubray, a pesar de la audacia de que había dado prueba para llegar hasta aquella a quien amaba, era, ya lo hemos dicho, tímido y reservado. Después de saludar a Camila, buscaba en vano el modo de preguntarle si le quería por esposo; ella nada comprendía de lo que él pretendía explicarla. Monsieur de Maubray vio sobre la mesa el tablero donde estaba escrito el nombre de Camila. Cogió la tiza, y al lado de aquel nombre escribió el suyo: Pedro.

—¿Qué quiere decir esto? —exclamó una gran voz de barítono—. ¿Qué significan semejantes visitas? ¿Por dónde habéis entrado aquí, señor mío? ¿Qué venís a hacer en esta casa?

Quien hablaba así era el tío Giraud, que había entrado furioso y en paños menores.

—¡Muy bonito! —continuó—. Bien sabe Dios que yo dormía y que si me han despertado no han sido vuestras voces. ¿Quién sois que no encontráis nada más fácil que escalar una casa? ¿Qué intención es la vuestra? Estropear un coche, romperlo todo, hacer un estropicio, y después, ¿qué? ¡Deshonrar a una familia! ¡Llenar de infamia y de oprobio a unas personas honradas!… ¡Pero si tampoco éste me entiende! —exclamó desolado el tío Giraud.

Pero el marqués sacó un lápiz y un papel y escribió esta especie de carta: "Amo a la señorita Camila. Quiero casarme con ella. Tengo veinte mil libras de renta. ¿Queréis concederme su mano?"

—No hay como el que no puede hablar —dijo el tío Giraud— para tratar los asuntos aprisa. Pues esperad un poco —exclamó tras unos momentos de reflexión—; yo no soy su padre; yo no soy más que su tío. Hay que pedir permiso a papá.

IX

No era cosa fácil obtener del caballero el consentimiento para semejante unión; no porque no estuviera dispuesto, como se ha visto, a hacer todo lo posible por conseguir que su hija fuese menos desgraciada, sino porque había en la presente circunstancia una dificultad casi inabordable. Se trataba de unir una mujer, víctima de terrible defecto, con un hombre castigado por la misma desgracia, y si tal unión había de tener fruto, era probable que no hiciera más que dar al mundo un nuevo ser infortunado.

El caballero, retirado a su país, presa siempre de la más negra tristeza, seguía viviendo en soledad. Madame Des Arcis había sido enterrada en el parque, donde algunos sauces llorosos rodeaban su tumba y anunciaban de lejos al pasajero el humilde rincón de su reposo. Hacia aquel rincón dirigía el caballero todos sus paseos, y allí se pasaba horas enteras devorado por la tristeza y el pesar y entregado a cuantos recuerdos podían alimentar su dolor.

Fue allí donde una mañana se le presentó de repente el tío Giraud. Desde el día siguiente a aquel en que sorprendió juntos a los dos amantes, el buen hombre había salido de París con su sobrina, la había conducido a Mans y la había dejado en su propia casa, en espera del resultado de la gestión que él iba a realizar.

Pedro, advertido de aquel viaje, había prometido fidelidad y hallarse pronto a mantener su palabra. Huérfano desde hacía mucho tiempo, dueño de su fortuna, sin necesitar el permiso de un tutor, su voluntad no podía temer obstáculo alguno. Por su parte, el buen tío quería servir de mediador para conseguir el matrimonio de los dos jóvenes; pero entendía que aquella primera entrevista, que le pareció disculpablemente extraña, no podía volver a repetirse más que con la autorización del padre y del notario.

A las primeras palabras del tío Giraud, el caballero manifestó, como puede suponerse, el más grande asombro. Cuando el buen hombre comenzó a contarle aquel encuentro en la ópera —aquella escena singular y aquella proposición más singular todavía—, le costó gran trabajo concebir que fuera posible tan novelesco episodio. Obligado, sin embargo, a reconocer que se le hablaba en serio, pronto se ofrecieron a su vista las objeciones que eran de temer.

—¿Qué pretendes? —dijo al tío Giraud—. ¿Unir dos seres igualmente desgraciados? ¿No es suficiente tener en la familia una criatura tan infeliz como mi hija? ¿Es preciso aumentar nuestra desgracia dándole un marido semejante a ella? ¿Estoy destinado a verme rodeado de seres reprobados por la sociedad, objetos de lástima y desprecio? ¿He de pasarme la vida entre mudos, velando su horrible silencio? ¿He de dejar mi nombre, del que Dios sabe que no me envanezco, pero que al fin es el de mi padre, a seres infortunados que no podrán escribirlo ni pronunciarlo?

—Pronunciarlo, no —dijo el tío Giraud—; pero escribirlo es otra cosa.

—¡Escribirlo! —exclamó el caballero—. ¿Habéis perdido la razón?

—Sé lo que digo, y el joven pretendiente sabe escribir —replicó el tío—. Yo os lo atestiguo y os afirmo que escribe bien y hasta correctamente, como lo demuestra su proposición, que conservo en el bolsillo y que es muy honrada.

Al mismo tiempo el tío Giraud mostró al caballero el papel donde el marqués de Maubray había trazado las contadas palabras con que exponía, de una manera lacónica, es cierto, pero clara, el objeto de su demanda.

—¿Qué significa esto? —dijo el padre—. ¿Desde cuándo los sordomudos manejan la pluma? ¿Qué historia me está contando, Giraud?

—A fe mía —dijo Giraud— que no sé lo que ha sido ni cómo ha podido suceder cosa semejante. La verdad es que mi intención era simplemente distraer a Camila y ver yo también a la vez algo de lo que eran esas piruetas. El marquesito se encontraba allí, y es lo cierto que tenía un pizarrín y una pizarra que utilizaba con gran ligereza. Yo siempre creí, lo mismo que vos, que cuando se nacía mudo era para no decir nada; pero no es así. Parece que hoy día se ha hecho un descubrimiento por el cual el mundo de los mudos puede comprenderse y entablar conversación, Se dice que un abate, cuyo nombre ignoro, es el que ha inventado el modo de entenderse. En cuanto a mí, comprenderéis muy bien que una pizarra nunca me ha parecido buena más que para un tejado; ¡pero estos parisienses son tan despabilados!

—¿Es en serio lo que decís?

—Muy en serio. El marquesito es rico, joven y guapo; un buen mozo y un hombre amable; respondo de él. Os ruego que penséis una cosa: ¿qué vais a hacer con la pobre Camila? No puede hablar, es cierto, pero no es suya la culpa. ¿Qué queréis que sea de ella? No siempre ha de ser joven. He aquí el hombre que la quiere; si la hacéis suya, nunca se cansará de ella por su defecto; conoce éste por sí mismo. Los dos, sin necesidad de gritar, se comprenden y se entienden. El marquesito sabe leer y escribir; Camila aprenderá a hacer otro tanto; no le será más difícil que a él. Comprenderéis muy bien que si yo os propusiera casar a vuestra hija con un ciego tendríais derecho a reíros en mis narices; pero os propongo un sordomudo, y esto es muy razonable. Ya veis que en diez y seis años que tiene la chiquilla no habéis podido consolaros. ¿Cómo queréis, pues, que un hombre como todo el mundo se ponga de acuerdo con ella, si vos, que sois su padre, no habéis podido conseguirlo?

Mientras el tío Giraud hablaba, el caballero, de vez en cuando, volvía los ojos hacia la tumba de su mujer y parecía reflexionar profundamente.

—¡Devolver a mi hija el uso de su inteligencia! —dijo después de un gran silencio—. ¿Será posible que Dios lo permita?

En aquel momento entraba en el jardín el cura de una aldea vecina, que venía a cenar al castillo. El caballero le saludó con aire distraído, y luego, saliendo repentinamente de su abstracción, le preguntó:

—Señor cura, usted que sabe casi siempre lo que hay de nuevo y que recibe periódicos, ¿ha oído hablar de un padre que se dedica a educar a los sordomudos?

Desgraciadamente el personaje a quien iba dirigida aquella pregunta era un verdadero cura de aldea de sus tiempos, hombre sencillo y bondadoso, pero ignorante y que compartía los prejuicios de un siglo en que tantos y tan funestos existían.

—No sé lo que vuestra excelencia quiere decir —respondió el cura, tratando al caballero en señor feudal—: a no ser que se trate del abate de l'Epée.

—Precisamente —dijo el tío Giraud—. Ese es el nombre que me han dicho; ahora me acuerdo.

—¡Y bien! —dijo el caballero—. ¿Qué hay que creer de ello?

—No sabría —replicó el cura— hablar con la circunspección necesaria de una materia de la que no puedo aún darme exacta cuenta. Pero me inclino a creer, después de los escasos datos que me ha sido lícito recoger sobre el particular, que el tal abate de l'Epée, que por lo demás parece ser una persona muy venerable, no ha llegado a conseguir el fin que se proponía.

—¿Qué entiendes por tal fin? —dijo el tío Giraud.

—Entiendo —respondió el sacerdote— que la intención más pura puede, a veces, fallar en su resultado. Está fuera de dudas, después de lo que he llegado a saber, que se han hecho para ello los más loables esfuerzos; pero me cabe creer que la pretensión de enseñar a leer a los sordomudos, como asegura monseñor, es completamente quimérica.

—Yo lo he visto con mis propios ojos —dijo Giraud—; yo he visto un sordomudo que escribía.

—Estoy muy lejos —replicó el cura— de querer contradeciros en ningún modo; pero personas sabias y distinguidas, entre las que podría citar algunos doctores de la Facultad de París, me han asegurado de un modo categórico que la cosa era imposible.

—Lo que se ve no puede ser imposible —replicó impaciente el buen hombre—. He corrido cincuenta leguas con una carta en el bolsillo para enseñársela al caballero; hela aquí; esto está claro como la luz.

Hablando así, el viejo maestro de obras había sacado de nuevo el papel y se lo había puesto al cura ante los ojos. El cual, medio asombrado y contrariado, examinó la carta, le dio la vuelta, la leyó varias veces en voz alta y se la devolvió al tío Giraud sin saber qué decir.

El caballero parecía extraño a la discusión. Seguía paseando en silencio y su incertidumbre crecía por momentos.

—Si Giraud tiene razón y yo me niego —pensaba— falto a mi deber; casi cometo un crimen. Se presenta una ocasión en que esta pobre niña, a la que yo he dado la apariencia de la vida, encuentra una mano que busca la suya en las tinieblas en que está sumida. Sin salir de la noche que la envuelve por siempre puede soñar que es feliz. ¿Con qué derecho lo impediré y qué diría su madre si estuviera aquí?...

Una vez más el caballero volvió los ojos hacia la tumba, y cogiendo luego por el brazo al tío Giraud le llevó unos pasos aparte para decirle en voz baja:

—Haced lo que queráis.

—¡Sea en buena hora! —dijo el tío—. Voy a buscarla y os la traigo; está en mi casa; volveremos juntos y todo se arreglará en un momento.

—¡Jamás! —respondió el padre—. Procuremos los dos su felicidad; pero no podría volver a verla.

Pedro y Camila se casaron en París, en la iglesia de los Petits-Pères. El tío y el ayo fueron los únicos testigos. Cuando el sacerdote que oficiaba les dirigió la fórmula usual, Pedro, que se la había aprendido muy bien para saber en qué momento tenía que inclinarse en señal de asentimiento, salió airosamente de aquella difícil situación. Camila no intentó comprender ni adivinar nada; miró a su marido y bajó la cabeza como él.

No habían hecho más que verse y amarse, y ya era bastante, se podría decir. Apenas se conocían cuando salieron de la iglesia cogidos del brazo para siempre. El marqués tenía una hermosa casa. Camila, después de la misa, montó en un gran carruaje, que contempló con curiosidad infantil. El palacio a que la condujeron no fue menos objeto de su admiración. Aquellos aposentos, aquellos caballos, aquellas gentes, que iban a ser de ella le parecían una maravilla. Por lo demás estaba convenido que el matrimonio se celebrase en la mayor intimidad y toda la fiesta consistió en una sencilla comida.

X

Camila fue madre. Un día que el caballero se paseaba tristemente por el fondo del parque, un criado le entregó una carta cuya letra desconocía y cuyo texto era una extraña mezcla de distinción y de ignorancia. Era de Camila y contenía lo que sigue:

¡Oh, padre mío! Ya puedo hablar; no con la boca, pero sí con la pluma. Mis pobres labios siguen mudos como siempre, y, sin embargo, sé hablar. El que hoy es mi dueño me ha enseñado a escribiros. Me ha hecho educar como a él, y por la misma persona, pues ya sabéis que estuvo como yo durante largo tiempo. Me ha costado mucho trabajo aprender. Lo primero que nos enseñan es a hablar con los dedos; después, los signos escritos. Estos son de todas clases y expresan el miedo, la cólera y todo, en general. Se tarda mucho en dominarlos, y más aún en formar palabras; pero, como veis, se consigue al fin. El abad de l'Epée es un hombre muy bueno y muy cariñoso, lo mismo que el padre Vanin, de la Doctrina Cristiana.

Tengo un niño precioso; no me atrevía a hablaros de él hasta saber si es como nosotros. Pero no he podido resistir a la alegría de escribiros, a pesar de nuestra preocupación, pues ya comprenderéis que mi marido y yo estamos muy intranquilos, sobre todo porque no podemos oírle. La niñera sí puede oírle, pero tememos que se engañe; así es que esperamos con gran impaciencia el día en que abra los labios y los mueva como los que oyen y hablan. También comprenderéis que hemos consultado con los médicos si es posible que el hijo de dos personas tan desgraciadas como nosotros no sea mudo también, y nos han dicho que bien puede suceder; pero no nos atrevemos a creerlo.

¡Juzgue, pues, con qué temor observamos desde hace tiempo al pobre niño, y qué emoción sentimos cuando mueve los labios sin que podamos saber si emiten algún sonido! Os aseguro, padre mío, que me acuerdo mucho de mi madre y de lo que debió de sufrir conmigo. Los dos debisteis quererme tanto como quiero a mi hijo; pero yo no era para vosotros más que un motivo de tristeza. Ahora que sé leer y escribir comprendo cuánto debió de sufrir mi madre.

Si queréis ser bueno del todo para conmigo, querido padre, venid a París a vernos; ello será un motivo más de alegría y de gratitud para vuestra respetuosa hija,

CAMILA

Después de leer aquella carta, el caballero dudó algún tiempo. Al pronto le había costado trabajo dar crédito a sus ojos y creer que era Camila en persona quien le escribía; pero había que rendirse a la evidencia. ¿Qué hacer? Si cedía a los deseos de su hija e iba, en efecto, a París, se exponía a revivir, en un nuevo dolor, todos los recuerdos de su dolor antiguo. Un niño que él no conocía, es cierto, pero que no por eso dejaba de ser el hijo de su hija, podía resucitarle las angustias del pasado. Camila misma seguramente le recordaría a Cecilia, y, sin embargo, al mismo tiempo se sentía impulsado a compartir la inquietud de la joven madre que esperaba una palabra de su hijo.

—No hay más remedio que ir —dijo el tío Giraud cuando el caballero le consultó—. Yo he sido quien ha hecho ese matrimonio y le tengo por duradero y feliz. ¿Irás a abandonar también tu propia sangre a su dolor? ¿No es bastante, y os lo digo sin reproche, haber abandonado en el baile a tu esposa, siendo la causa de su muerte? ¿Abandonarás también a esta criatura? ¿Piensas que todos han de estar tristes? Mucho lo estás vos, convengo en ello, y hasta más de lo razonable; pero ¿crees que no hay otra cosa en el mundo? Camila te pide que vayas; partamos, pues. Yo también voy, y no tengo más que un pesar: el de que no me haya llamado. No está bien por su parte no haber acudido a mi puerta, que siempre estuvo abierta para ella.

"Tiene razón —pensaba el caballero—. Yo no he hecho más que hacer sufrir cruel e inútilmente a la mejor de las mujeres. Cuando debí salvarla la dejé morir de una muerte horrible. Si hoy debo sufrir el castigo de ello ante el espectáculo de mi hija, no puedo quejarme; por penoso que este espectáculo sea para mí, debo resolverme a él y sufrir mi condena. Merezco este castigo. ¡Que la hija vengue el haber abandonado a la madre! Iré a París, veré a su hijo. Me desligué de lo que amaba, me aparté de la desgracia; ahora quiero gozar el amargo placer de contemplarla".

En un lindo hotel situado en el barrio de Saint-Germain estaban marido y mujer cuando llegaron el padre y el tío. Había una mesa llena de libros y de grabados. El marido leía, la mujer bordaba y el niño jugaba sobre un tapiz.

El marqués se levantó; Camila corrió al encuentro de su padre, le abrazó tiernamente y no pudo contener algunas lágrimas; pero los ojos del caballero se volvían hacia el niño. Muy a su pesar, el horror que había experimentado otras veces por la enfermedad de Camila ganaba de nuevo su corazón a la vista de aquel otro ser heredero de la maldición legada por él. Retrocedió cuando se lo enseñaron, y exclamó:

—¡También mudo!

Camila cogió al niño en brazos; aunque no oía, había comprendido. Y levantándole dulcemente hasta el caballero, le puso un dedo en los labios y se los frotó dulcemente como invitándole a hablar.

El niño se hizo esperar algunos minutos, pero al fin pronunció claramente estas palabras, que la madre le había hecho enseñar: ¡Buenos días, papá!

—Ya ves cómo Dios perdona todo y perdona siempre —dijo el tío Giraud.

I

Hacia el año 1804, la señora Doradour, noble anciana, popular y querida en el barrio, habitaba una casona gótica de la calle Perche au Marais. Era una antigua dama, si no de la corte, al menos de la buena burguesía, rica, devota, alegre y caritativa. Vivía en un digno apartamiento, y su única ocupación consistía en hacer limosnas y en jugar al juego de naipes boston con sus vecinos. Comía a las dos y cenaba a las nueve. Casi nunca salía más que a misa y a dar, de vez en cuando, al regreso, una vuelta por la plaza Real. Conservaba, en fin, sus viejos hábitos y costumbres, y, sin transigir mas que a medias con los nuestros, entregada a rezar sus horas más que a leer los periódicos, dejaba que el mundo siguiese su ruta, en espera tan solo de morir en paz.

Como era locuaz y hasta un poco charlatana, desde hacía veinte años que se quedara viuda siempre había tenido una señorita de compañía. La cual, constantemente junto a ella, había llegado a ser una amiga más que una servidora. En todas partes eran inseparables: en la mesa, en el paseo, en la chimenea. Doña Úrsula tenía las llaves de la despensa, de los armarios y aun del secreter. Era una solterona seca, de facciones varoniles y áspera voz, muy dominante y de mal genio. La señora Doradour, bajita y delgada, se colgaba, habladora, del brazo de tan plebeya criatura, y prodigándola las más dulces frases se dejaba manejar a su gusto. Dispensaba a su favorita una ciega confianza, y por adelantado la adjudicaba en su testamento una buena manda. Doña Úrsula no lo ignoraba, y había hecho la promesa de querer a su ama más que a sí misma y no hablaba de ella sin poner los ojos en blanco, entre profundos suspiros de gratitud.

No hay que decir que doña Úrsula era la verdadera dueña de la casa. Mientras que la señora Doradour, hundida en su butacón, hacía ganchillo en un rincón de la sala, doña Ursula, so pretexto de las llaves, recorría majestuosamente los pasillos, daba portazos, pagaba cuentas y humillaba a las criadas; pero llegada la hora de la mesa ante los convidados, aparecía tímidamente con su traje modesto y oscuro, saludaba con gesto compungido y sabía mantenerse a raya, abdicando en apariencia. En la iglesia nadie bajaba los ojos al suelo como ella ni rezaba con más devoción. A veces, la señora Doradour, cuya devoción era sincera, se quedaba dormida durante el sermón; pero el predicador tenía que agradecer a doña Úrsula que, dando con el codo a su ama, la despertase disimuladamente. La señora Doradour tenía que habérselas, para sus asuntos, con arrendatarios e inquilinos; pero doña Úrsula se entendía con ellos y saldaba sus cuentas, pues en cuanto a sagacidad y malicia era incomparable. Gracias a ella no había ni rastro de polvo en la casa; todo estaba aseado, impecable, frotado y restregado; los muebles en orden, la ropa limpia, la vajilla reluciente y los relojes en hora; todo lo cual era necesario a doña Úrsula para poder reñir a su gusto y reinar en sus glorias.

Propiamente hablando, a la señora Doradour no se la ocultaban los defectos de su buena amiga; pero en toda su vida nunca tuvo en cuenta mas que la bondad. Jamás llegó a ver claramente el mal, que sufrió siempre sin comprenderle. Además, para ella la costumbre lo podía todo, y hacía veinte años que doña Úrsula la daba el brazo y que, al levantarse, desayunaban juntas. Cuando su protegida gritaba demasiado, la señora Doradour dejaba su ganchillo, levantaba la cabeza, escuchaba un momento y, a lo más, preguntaba con su vocecilla melosa: —¿Qué es eso, Ursulita? Pero la Ursulita no siempre se dignaba responder, o, si entraba en explicaciones, se las arreglaba de tal suerte que la señora Doradour reanudaba su ganchillo, canturreando, para no oírla más.

Sin embargo, fue preciso reconocer de pronto, tras de tan larga confianza, que doña Úrsula engañaba a todo el mundo, empezando por su ama. No solamente sisaba en los gastos de la casa, sino que se apropiaba, anticipándose al testamento, los trajes, la ropa blanca y hasta las alhajas. Alentada por la impunidad, había llegado, en fin, a robarla un joyero con diamantes, del que, en verdad, la señora Doradour no hacía el menor uso, pero que guardaba respetuosamente desde tiempo inmemorial en uno de sus cajones, como recuerdo de sus perdidos encantos juveniles.

La señora Doradour no quiso entregar a los tribunales una mujer a quien tanto quiso: se limitó a despedirla, negándose a volver a verla. Pero al hallarse súbitamente en tan cruel soledad, vertió las lágrimas más amargas.

A pesar de sus creencias religiosas, no pudo por menos de maldecir la inestabilidad de este bajo mundo y los crueles caprichos del destino, que no respeta ni aun el más antiguo y más dulce de los errores.

Pidiendo consejo a uno de sus buenos vecinos, el señor Després, que había ido a consolarla, le dijo:

—Y ahora, ¿qué va a ser de mí? No me es posible vivir sola; pero ¿encontraré otra mujer para substituirla? La quería tanto y estaba tan acostumbrada a ella, que, a pesar del triste pago que me ha dado, no puedo hacerme a la idea de no verla más. ¿Quién podrá responderme de otra? ¿Qué confianza podré tener desde ahora con una desconocida?

—Lo que os ha sucedido —respondió el señor Després— sería más que nunca deplorable si a un alma como la vuestra la hiciese dudar de la virtud. En este mundo hay muchos miserables y muchos hipócritas; pero también hay gentes honradas. Tomad una nueva señorita de compañía, no a la ligera; pero sin que por esto la recibáis con mayores escrúpulos. Si os han engañado una vez, razón de más para que no os engañen otra.

—Creo que decís bien —replicó la señora Doradour—; pero estoy muy triste y muy acobardada. No conozco a nadie en París. ¿Querríais vos hacerme el favor de encargaros de tomar algunos informes y proporcionarme una señorita, a la que os prometo tratar muy bien, y que me sirva cuando menos para ir de su brazo hasta San Francisco de Asís?

El señor Després, en su condición de habitante de Marais, no era muy activo ni estaba muy relacionado. Mas se puso a ello, y pocos días después la señora Doradour tuvo una nueva señorita de compañía, en la cual, al cabo de dos meses, había depositado toda su confianza, pues la buena señora era tan impulsiva como bondadosa. Pero un mes más tarde fue necesario poner en la calle a la recién llegada, no por desvergonzada, pero sí por poco honesta. Aquel fue para la señora Doradour un segundo motivo de disgusto. Quiso elegir por tercera vez; recurrió a toda la vecindad, y hasta se dirigió a la Sección de Anuncios, sin obtener mejor fortuna.

El desaliento se apoderó de ella. Apoyada en su bastón, se la vio salir sola hacia la iglesia. Había resuelto, según decía, acabar sus días sin ayuda de nadie, y se esforzaba en público por sobrellevar alegremente su edad y sus desengaños. Pero tenía setenta y cinco años, y la temblaban las piernas al subir la escalera; se pasaba el día junto al fuego, con las manos cruzadas y la cabeza baja; no podía soportar la soledad; su salud, ya quebrantada, se agotaba rápidamente, y poco a poco iba cayendo en la más profunda melancolía.

La señora Doradour tenía un hijo único, llamado Gastón, que había abrazado muy joven la carrera de las armas y que por entonces estaba de guarnición fuera de París. Le escribió contándole sus penas y rogándole que viniera en su ayuda para sacarla de aquella tristeza. Gastón, que amaba tiernamente a su madre, pidió licencia y la obtuvo. Pero el punto de guarnición era, por desgracia, Estrasburgo, donde, como se sabe, abundan las lindas grisetas francesas. Solo allí puede verse a las trigueñas alemanas reuniendo a la vez la germánica languidez y la vivacidad francesa. Gastón se dejó subyugar por los encantos de dos lindas estanqueras, que no le dejaban partir. En vano intentó persuadirlas, llegando hasta enseñarlas la carta de su madre; le convencieron con graciosos razonamientos, y como él gustaba de dejarse convencer, retardaba su marcha de día en día.

Mientras tanto, la señora Doradour enfermó seriamente. Tenía un carácter tan alegre y la melancolía era tan poco natural en ella, que solo podía obedecer a una verdadera enfermedad. Los médicos no sabían qué hacer.

—Déjenme —los decía—, déjenme morir a solas. Puesto que todo cuanto quise me ha abandonado, ¿para qué alargar una vida por la que nadie se interesa?

La más profunda tristeza y el mayor desorden reinaban en la casa.

Las criadas, al ver moribunda a su ama y al saber que ya había hecho testamento, comenzaban a descuidarla. Las habitaciones, en otro tiempo tan bien cuidadas; los muebles, hasta entonces tan bien conservados, todo, en fin, estaba cubierto de polvo y en el mayor abandono.

—¡Ay, mi buena Úrsula —exclamaba la señora Doradour—, mi brazo derecho! ¿Dónde estás? ¡Si yo te tuviera, ya andarían más derechas estas malas pécoras!

Un día de los que estaba peor, se sentó de pronto en la cama, causando el asombro de todos, descorrió las cortinas del lecho y se puso los espejuelos. Tenía en la mano una carta que acababan de entregarla y que desplegó con gran cuidado. En la parte superior del papel había una linda viñeta representando el templo de la Amistad, bajo el cual se erguía el ara del sacrificio con dos corazones entre llamas. La carta estaba escrita en redonda letra bastardilla, cuyas palabras, perfectamente alineadas, lucían primorosos arabescos en los rasgos de las mayúsculas. Era una felicitación de Año Nuevo, concebida, poco más o menos, en estos términos:

Querida madrina: Como soy la única de casa que sabe escribir, tomo la pluma, en nombre de toda la familia, para desearos todo género de felicidades. Papá, mamá y los hermanitos también os las desean. Hemos sabido que estáis enferma, y le rogamos a Dios para que vele por vos y conserve vuestra vida, lo que hará seguramente.

Me tomo la libertad de enviaros a la vez unos chicharrones, que creo os gustarán, y con el mayor respeto y fidelidad soy vuestra ahijada y servidora,

Margarita Piédelen

Después de leerla, la señora Doradour guardó la carta debajo de su almohada. En seguida hizo llamar al señor Després, su vecino, y le dictó la contestación. Nadie, en la casa, se enteró de lo que respondió a su ahijada. Pero desde entonces la enferma pareció más tranquila, y pocos días después estaba más alegre y con mejor salud que nunca.

<h2 style="text-align:center">II</h2>

El bueno de Piédelen era un aldeano de la Beauce, donde nació, vivió y esperaba morir.

Era uno de los colonos más viejos de la señora Doradour, a quien tenía arrendada la propiedad de La Houville, cerca de Chartres.

No sabía lo que era un bosque ni una montaña, pues en todos los días de su vida jamás había salido de La Houville mas que por las cercanías o para ir al pueblo, y la Beauce, como se sabe, no es sino una vasta llanura. Solo conocía un río, eso sí, el Eure, que pasaba por allí. Por lo que a la mar se refiere, decía de ella lo que del Paraíso, es decir, que para creer en ella había que verla. Así, pues, para él no había en el mundo más que tres cosas dignas de admiración: el campanario de Chartres, una buena moza y un campo de trigo. Toda su erudición se limitaba a saber que en el verano hace calor, que en el invierno hace frío y que el grano estaba a tal o cual precio.

Pero eran dignas de verse su gran estatura y su robustez, cuya silueta se recortaba sobre el horizonte cuando, a la hora de la siesta, mientras los labradores descansaban, se asomaba a la puerta para contemplar sus mieses.

En aquel momento parecía que las espigas se erguían más gallardas y orgullosas que de costumbre, y que la reja del arado brillaba con más vivo fulgor. Al verle, los mozos de labranza, que yantaban tumbados a la sombra, se descubrían respetuosamente devorando la hogaza y el pan. Los bueyes le miraban un momento, dejando de rumiar, y los caballos olfateaban las manos de su dueño, que se la pasaba por las redondas ancas.

—Nuestro país es el granero de Francia —decía el buen hombre algunas veces; y abismado en la contemplación de sus bien alineados surcos, se iba luego satisfecho.

La mujer de Piédelen le había dado nueve hijos, ocho de ellos varones, los cuales, si no todos tenían seis pies de altura, poco les faltaba. Es verdad que esta era la talla del marido, y que ella, quizá la mujer más guapa del país, tenía también sus cinco pies y cinco pulgadas. Los ocho hijos, fuertes como becerros, terror y admiración de la localidad, obedecían a su padre como esclavos. Ellos eran, por decirlo así, los primeros y más celosos servidores, turnando en sus quehaceres, y lo mismo conducían la carreta o guiaban el arado, que labraban la tierra o trillaban la mies. Y era un hermoso espectáculo ver a aquellos buenos mozos siempre juntos, lo mismo manejando el bieldo, remangados los brazos durante los días de labrar, que el domingo camino de la iglesia, cruzados de brazos, con su padre a la cabeza, y que, en fin, por las noches, cuando después del trabajo, sentados en torno a la gran mesa de la cocina, departían saboreando la sopa y brindaban al choque de sus jarros de estaño.

Mas en aquella familia de gigantes había venido al mundo una criaturita, rebosando salud, pero pequeñita como una almendra. Era la última de los nueve hijos de Piédelen, y se llamaba Margarita, aunque todos la decían Margot. Les llegaba por el codo a sus hermanos, y, para besarla, su padre tenía que ponerla de pie sobre la mesa. La pequeña Margot aún no tenía diez y seis años. Con su naricilla respingona, su linda boca, guarnecida de perlas y siempre risueña, sus cabellos dorados por el sol, sus brazos gordezuelos y su talle graciosamente torneado, parecía la alegría misma. Por eso, era la alegría de la casa. Sentada entre sus hermanos, lucía y lo alegraba todo, como una amapola entre un brazado de espigas.

—A fe mía que no sé —decía el buen Piédelen— cómo se las ha arreglado mi mujer para darme una hija como ésta. Es un regalo de la Providencia; es un pimpollo para hacerme reír a todas horas.

Margot llevaba el manejo de todo; pues aunque la mujer de Piédelen estaba todavía en buen ver, la había entregado las riendas de la casa para acostumbrarla desde niña a ser hacendosa y económica. Margot guardaba la ropa y el vino, se hacía cargo de la vajilla, que no desdeñaba fregar algunas veces, ponía la mesa, llenaba los vasos y, a los postres, cantaba una alegre canción. Los criados de la casa la llamaban señorita Margarita, y no de otro modo, porque la gustaba hacerse respetar. Por lo demás, como suele decirse, era un ángel. No quiero decir con esto que no tuviera cierta coquetería, pues, al fin, era joven, bonita e hija de Eva. Pero bastaba que cualquier mozo, aunque fuese el más encopetado de la comarca, se insinuase al bailar. estrechándola el talle con más entusiasmo, para que no fuese bien visto por ella; el hijo de un rico labrador, llamado Jarry, que era un galanteador muy osado, recibió de sus manos una sonora bofetada, por haberla robado un beso durante el baile.

El señor cura sentía gran cariño por Margot. Cuando tenía que citar un buen ejemplo, ella era su elegida. Y hasta llegó a concederla el honor de hablar de ella en pleno sermón y ofrecerla como modelo a sus ovejas. Si, como se dice, la luz del progreso no hubiera suprimido la antigua costumbre de coronar de rosas a la elegida como símbolo de la virtud, Margot hubiera sido coronada de blancas rosas, lo que vale más que ser citada en un sermón; pero los caballeros del 89 suprimieron demasiadas cosas. Margot sabía coser y hasta bordar. Además, su padre quiso que aprendiese a leer y escribir, ortografía, gramática y geografía. Una monja carmelita fue la encargada de su educación, y Margot llegó a ser el oráculo del lugar, de tal modo, que en cuanto abría la boca los lugareños quedaban aturdidos. Les decía que la tierra era redonda, y se lo creían porque ella lo decía. Y los domingos, como Margot había tenido maestro de baile, formaban corro en torno de ella cuando se ponía a bailar sobre el césped. En una palabra: aunque parezca difícil, sabía el modo de hacerse querer y de ser al mismo tiempo admirada por todos.

El lector sabe ya que Margot era ahijada de la señora Doradour, y que ella era la que la escribió felicitándola las Pascuas en un papel de linda viñeta. Aquella carta, de apenas dos líneas, costó a la hija del señor Piédelen muchas reflexiones y no poco trabajo, pues no estaba muy fuerte en literatura. Pero, de todos modos, la señora Doradour, que siempre había querido mucho a Margot, y que la tenía por la más pudorosa muchacha del país, había resuelto pedírsela a su padre y hacer de ella, si era posible, su señorita de compañía.

Una tarde, el buen Piédelen, en el corral, estaba muy ocupado en examinar una rueda nueva que habían puesto a una carreta. La señora Piédelen, en el cobertizo, sujetaba por el hocico, con unas grandes tenazas, un buey espantadizo, para que no se moviese mientras le curaba el veterinario. Los mozos volvían con los cabellos del abrevadero. Se recogía el ganado, y una majestuosa procesión de vacas y toretes se dirigían al establo. El sol se ponía, y Margot, sentada en un haz de tréboles, leía un antiguo número del Journal de l'Empire, que el cura la había prestado.

En aquel momento entró precisamente el cura, y, acercándose al buen Piédelen, le entregó una carta de parte de la señora Doradour. Piédelen abrió la carta con respeto; pero apenas hubo leído las primeras palabras tuvo que sentarse en el poyo, como desvanecido por la sorpresa.

—¡Pedirme mi hija —exclamó—, mi única hija, mi pobre Margot!

Al oírle aquello la señora Piédelen, acudió espantada, y los hijos, que volvían de la labor, rodearon a su padre. Solo Margot se quedó aparte sin atreverse a hablar ni a respirar.

Después de las primeras exclamaciones, toda la familia guardó un angustioso silencio.

Entonces el cura empezó a enumerar las ventajas que Margot hallaría en aceptar la proposición de su madrina. La señora Doradour había prestado grandes servicios a Piédelen, y era su bienhechora. Necesitaba de alguien que la hiciese agradable su ya corta vida, que cuidase de ella y de su casa, y se dirigía confiada a sus buenos colonos. No había que dudar el buen trato que daría a su ahijada y que la aseguraría el porvenir. Piédelen escuchó al cura sin desplegar sus labios, y pidió algunos días para reflexionar antes de tomar una determinación.

Solo después de una semana de vacilaciones y de llantos quedó resuelto que Margot se pusiera en camino hacia París. La madre estaba inconsolable, y decía que era una vergüenza mandar a su hija de criada, cuando no tenía sino elegir entre los más guapos mozos de los contornos para convertirse en rica hacendada. Por primera vez en su vida, los hijos de Piédelen no podían ponerse de acuerdo; se pasaban el día discutiendo: unos conformes con la determinación de su padre, otros contrarios a ella, y, en fin, en toda la casa reinaban un pesar y un desorden inauditos. Pero Piédelen recordaba que, en una ocasión que tuvieron mal año, la señora Doradour, en vez de exigirle el pago de su renta, le envió un saco de dinero, e imponiendo silencio a todo el mundo, decidió que su hija partiera.

Llegado el día de la partida, engancharon el cochecillo para llevar a Margot hasta Chartres, donde tenía que tomar la diligencia. Aquel día nadie acudió a las labores, y casi todo el pueblo se reunió en el patio de la granja. Margot llevaba un equipo completo. La capota, la delantera y la trasera del carricoche estaban atestadas de paquetes y cajas. Los

Piédelen no querían que Margot hiciese un mal papel en París. Ya se había despedido Margot de todos, e iba a dar un abrazo a su padre, cuando el cura la cogió de una mano y pronunció una alocución paternal sobre su viaje, su vida futura y los peligros a que se exponía.

—No perdáis la prudencia, hija mía —exclamó el santo varón para acabar—; ella es el más precioso tesoro. Velad por ella, y Dios hará lo demás.

El buen Piédelen estaba a punto de llorar, aunque no había comprendido claramente todo el sentido del discurso del cura. Estrechó a su hija contra su corazón, la besó, la soltó, volvió a abrazarla y quiso hablar; pero como la emoción no le dejaba, se limitó a decir con la voz alterada:

—No olvides nunca los consejos del señor cura, no los olvides nunca, pobre hijita mía… —Y en seguida añadió bruscamente: —¡Mil pares de diablos, pues no faltaba más!

El cura, que extendía las manos para bendecir a Margot, se detuvo cortado por aquella expresión. El buen Piédelen, que había tenido que jurar para contener su emoción, volvió la espalda al señor cura y se metió en la casa sin decir nada más. Margot se encaramó al carricoche, y cuando el caballo iba a echar a andar, se oyó un sollozo tan grande, que todo el mundo se volvió. Entonces se fijaron en un rapazuelo de unos catorce años, en el que nadie había reparado. Se llamaba Periquillo y no tenía un oficio muy noble, pues era guardador de pavos; pero amaba apasionadamente a Margot, no como enamorado, sino como compañero y amigo. También Margot quería al pobre diablo, y muchas veces le había obsequiado con un puñado de cerezas o con un racimo de uvas para comer con su mendrugo. Como no era torpe, la gustaba oírle hablar y enseñarle lo poco que ella sabía, y siendo los dos de la misma edad aproximadamente, solía suceder que, acabada la lección, maestra y discípulo se pusieran a jugar al escondite. En aquel momento Periquillo llevaba unos zuecos que Margot le había regalado, compadecida de verle andar descalzo, y en un rincón del patio, apartado respetuosamente y rodeado de su modesta manada, se miraba los zuecos llorando de todo corazón. Margot le hizo señas de que se acercase y le tendió la mano. Periquillo la cogió y se la llevó a los labios como para besarla; pero en vez de esto se tapó los ojos con ella, y Margot la retiró bañada en lágrimas. Dio un último adiós a su madre, y el carricoche se puso en marcha.

III

Cuando Margot se vio en la diligencia de Chartres, la idea de correr veinte leguas y de ver París la trastornaba de tal modo, que se dejó olvidada la merienda. Por muy desolada que estuviese de abandonar su país, no podía contener la curiosidad, y tanto había oído hablar de París como de una maravilla, que la costaba trabajo imaginarse que iba a ver con sus propios ojos tan hermosa ciudad. Entre sus compañeros de viaje había un viajante de comercio que, por su misma profesión, no cesaba de hablar.

Margot escuchaba sus relatos con una religiosa atención. El viajante, a las pocas preguntas que ella se aventuró a hacerle, comprendió que era novicia y, envanecido de sí mismo, hizo de la capital una descripción tan extravagante y tan exagerada, que al oírle nadie hubiera sabido si se trataba de París o de Pekín. Margot no era capaz de replicarle, y, por su parte, él no era hombre que se contuviese ante la idea de que a los primeros pasos que la viajera diese en París conocería sus embustes. He aquí hasta, qué punto conduce la fanfarronería. Yo recuerdo que, yendo a Italia, me sucedió lo que a Margot: uno de mis compañeros de travesía me hizo una descripción absurda de Génova, adonde me dirigía; mentía en el mismo barco que nos llevaba a ella, y aun en el mismo puerto seguía mintiendo.

La diligencia de Chantres entra en París por los Campos Elíseos. Pensad la admiración de una aldeana de la Beauce ante el aspecto de esta magnífica entrada, que no tiene igual en el mundo, y que se diría hecha para recibir a un héroe triunfal, señor del universo.

Pronto las tranquilas y estrechas calles de Marais parecieron muy tristes a Margot. Pero cuando su coche se detuvo a la puerta de la señora Doradour, la excelente apariencia de la casa la dejó encantada. Levantó el aldabón con mano temblorosa, y llamó con miedo y placer a un tiempo. La señora Doradour esperaba a su ahijada. La recibió con los brazos abiertos, la colmó de caricias, la llamó su hija, la hizo sentarse en una cómoda poltrona y mandó que la dieran de cenar en seguida.

Aturdida aún por el viaje, Margot contemplaba admirada las alfombras, los tapices, los artesonados y los muebles dorados y, sobre todo, los hermosos espejos que decoraban el salón. Como nunca se había arreglado más que ante el espejo de afeitarse su padre, la parecía encantador y prodigioso ver su imagen repetida en torno, de tantas maneras diferentes. El tono delicado y dulce de su madrina, y sus expresiones nobles y discretas, la causaban también viva impresión. El traje mismo de la buena señora, su amplia bata de seda maneada, su cofia y sus cabellos empolvados, daban que pensar a Margot y la hacían comprender que se encontraba ante una mujer excepcional. De fácil y pronta adaptación, e inclinada, como todas las jóvenes, a imitar lo que las gusta, casi no había hablado una hora con la señora Doradour cuando ya pretendía hacer lo que ella. Se irguió, se arregló la capota y apeló en su ayuda a todos sus conocimientos gramaticales. Desgraciadamente, un vasito de vino añejo que su madrina la había hecho beber para reparar las fatigas del viaje embrollaba sus ideas y cerraba sus párpados. La señora Doradour la cogió de la mano y la condujo a un lindo aposento, y después de besarla otra vez y desearla una buena noche, se retiró.

Casi al mismo tiempo llamaron a la puerta. Era la doncella, que venía a desnudarla. La despojó del chal y la capota y, arrodillándose ante ella, empezó a descalzarla. Margot, aunque en pie, estaba profundamente dormida y la dejaba hacer. Solo cuando la quitaron la camisa se dió cuenta de que la desnudaban, y, sin reparar que estaba completamente desnuda, hizo un gran saludo a su doncella. Rezó en un instante su plegaria nocturna y se metió en seguida en el lecho. Al resplandor de la lamparilla vio que también en su alcoba había muebles dorados y uno de aquellos magníficos espejos que tanto la habían impresionado. En el entrepaño de encima había unos amorcillos esculpidos, que la parecían otros tantos genios tutelares invitándola a mirarse. Se prometió no desobedecerlos y, arrullada por los más dulces sueños, se durmió con delicia.

Como en el campo se madruga mucho, nuestra gentil camarada se despertó con los pájaros. Se incorporó en el lecho, y, al apercibir en el espejo su linda cabecita despeinada, se sonrió y se hizo a sí misma una graciosa reverencia. Pronto reapareció la doncella para preguntar respetuosamente si la señorita quería bañarse ya. Al mismo tiempo la echó por los hombros una túnica de franela escarlata, que pareció a Margot una púrpura real.

El cuarto de baño de la señora Doradour era un recinto más mundano de lo que correspondía a un baño casto. Fue construido en tiempos de Luis XV. Elevada la bañera sobre un amplio estrado, un alto friso de estuco orlado con rosas de oro la rodeaba, y los inevitables amorcillos remataban los entrepaños. En el lienzo opuesto al estrado había una copia de "Las Bañistas", de Boucher, acaso hecha por Boucher mismo. Una guirnalda de flores ornaba el artesonado; una muelle alfombra cubría el parqué, y una cortina de seda, recogida con gran elegancia, dejaba penetrar a través de la persiana una misteriosa media luz. No hay que decir que todo aquel lujo aparecía un poco marchito por el tiempo, y que los dorados estaban descoloridos; pero por esto mismo, la estancia allí se hacía más agradable, al percibir como un antiguo aroma de aquellos sesenta años de galantería que reinó el bien amado.

A solas Margot en aquel aposento, se acercó tímidamente al estrado y examinó los dos grifos dorados colocados a ambos lados de la bañera. No se atrevía a meterse en el agua, que la parecía debía ser cuando menos agua de rosas. Poco a poco, metió primero una pierna y luego la otra, y ya de pies en el baño, se quedó extasiada contemplando el cuadro. En pintura era completamente ignorante. Las ninfas de Boucher la parecieron diosas. Imposible imaginarse que semejantes mujeres pudieran existir, que pudieran comer con aquellas manos tan blancas, ni que pudieran andar con aquellos pies tan pequeños. ¡Qué no hubiera dado ella por tenerlos así, cuando estaba segura de que, a pesar de sus manos curtidas, valía más que aquellas monigotas!

Un ligero movimiento de la cortina la sacó de su distracción. Se estremeció a la idea de ser sorprendida de aquel modo, y se sumergió en el agua hasta el cuello. No tardó en apoderarse de ella una laxitud voluptuosa y una sensación de bienestar. Empezó a jugar con el agua, como los niños; se entretuvo luego en contar las flores y medallones de las paredes, y examinó detenidamente los amorcillos, cuyos redondos vientrecinos la disgustaban. Apoyó después la cabeza en el borde de la bañera, y miró por la entreabierta ventana.

El cuarto de baño estaba en la planta baja y su ventana daba al jardín. Este no era, como podrá creerse, un jardín a la inglesa, sino un antiguo jardín de estilo francés, que es mucho mejor. Hermosos paseos enarenados, entre recortados bojes; grandes parterres de tonos diversos y bien elegidos; lindas estatuas de trecho en trecho, y un espeso laberinto al fondo. Contemplando el laberinto, cuya sombría entrada la llenaba de curiosidad, se acordó del escondite, y pensó que entre las revueltas de los setos debía haber muy buenos rincones para esconderse.

En aquel momento, un joven, con uniforme de húsares, salió del laberinto y se dirigió a la casa. Después de atravesar el parterre, pasó tan cerca de la ventana, que con el codo conmovió la persiana. Margot no pudo contener un ligero grito. El joven se detuvo, abrió la persiana y asomó la cabeza. Margot enrojeció, y el húsar, aunque húsar, enrojeció también al ver a Margot en el baño, y se alejó.

Hay algo en el mundo que, si para todos resulta enojoso, mucho más lo es para las tiernas adolescentes, y consiste en que saber contenerse sea un trabajo, y en que para ser no más que razonable haya que torturarse demasiado, mientras que para cometer ligerezas no haya más que dejarse llevar. Homero nos dice que Sísifo era la prudencia misma, y, sin embargo, los poetas le condenan unánimemente a subir un enorme peñasco a la montaña, que, una vez arriba, vuelve a rodar al fondo, para que eternamente vuelva a subirle hasta la cima. En vano los comentadores se han esforzado en buscar la razón de tal suplicio. En cuanto a mí, no dudo de que en tan bella alegoría se quiso representar la prudencia. En efecto, la prudencia es una enorme piedra que vamos empujando sin desmayar, y que constantemente se nos cae en la cabeza. Y si alguna vez se nos escapa, de nada nos sirve haberla arrastrado durante muchos años; mientras que, por el contrario, si un imprudente o un loco realiza por casualidad un acto razonable, para siempre se le toma en cuenta. La temeridad, lejos de ser una piedra, es una pompa de jabón que vuela ante nosotros, tiñéndose, como el arco iris, de toda la gama de colores. Es cierto que, a veces, la pompa revienta y nos salpica a los ojos; pero, aún así, sus gotas se convierten de nuevo en otras tantas pompas, y nos basta soplar para mantenerlas en el aire.

Quiero demostrar con estas reflexiones filosóficas que no es extraño que Margot estuviese un poco enamorada del joven húsar que la sorprendió en el baño, y quiero decir también que no por eso se debe formar mala opinión de ella. Cuando el amor se mezcla en nuestros asuntos, no es necesario ayudarle, y ya se sabe que cerrarle la puerta no es el modo de impedirle la entrada. Pero en este caso entró por la ventana; ya verás cómo:

El joven con uniforme de húsares no era otro que Gastón, el hijo de la señora Doradour, que no sin trabajo había conseguido escapar de sus amoríos de guarnición y que acababa de llegar a casa de su madre. El cielo quiso que el aposente de Margot formase ángulo con el de Gastón, de tal modo, que las ventanas estuviesen muy próximas y casi frente a frente. Margot comía con la señora Doradour y se pasaba con ella hasta la hora de cenar; pero desde las siete de la mañana hasta el mediodía, se quedaban en su cuarto. Ahora bien; como la mayor parte de los días Gastón estaba también en el suyo durante aquellas horas, Margot no encontraba nada mejor que ponerse a coser junto a la ventana para ver a su vecino.

La vecindad ha sido siempre causa de grandes desdichas. Nada tan peligroso como una linda vecina, y hasta siendo fea debemos desconfiar, pues a fuerza de verla a todas horas, tarde o temprano, llega un día en que acabamos por encontrarla bonita. Como todos los jóvenes, Gastón tenía un pequeño espejo colgado en la vidriera, ante el cual se afeitaba, se peinaba y se ponía la corbata. Margot observó que Gastón tenía el pelo rubio y rizado, lo que la dio motivo a comprarse inmediatamente un frasco de violeta y a llevar bien alisadas y brillantes las dos pequeñas ondas negras que la asomaban por debajo de la capota. Se fijó en su variada colección de corbatas, y se procuró los doce pañuelos de seda más lindos que encontró en todo Marais. Además, Gastón tenía aquella costumbre que tanto indignaba al filósofo de Ginebra y que le indispuso con su amigo Grimm; se hacía las uñas, como decía Rousseau, con un instrumento a propósito. Pero Margot, que no era un filósofo tan grande como Rousseau, en vez de indignarse, adquirió un cepillito, y para tapar sus manos, un poco curtidas, como ya he dicho, se puso unos mitones negros que no dejaban ver mas que las puntas de los dedos. Aún tenía Gastón otras muchas cosas en las que Margot no podía imitarle; por ejemplo, un pantalón rojo y una guerrera azul celeste con trencillas negras. Es verdad que Margot poseía una bata de franela escarlata, pero ¿qué oponer a la guerrera azul? Entonces se la ocurrió que, como según ella, tenía las orejas feas, lo mejor sería hacerse un gorrito de mañana con lazos de terciopelo azul. Porque Gastón tenía un retrato de Napoleón a la cabecera de su cama, ella puso en la suya el de la Emperatriz Josefina. Y, en fin, cierto día que Gastón, en la mesa, dijo que le gustaba mucho la tortilla, Margot venció su timidez, y con gran valor declaró que nadie en el mundo sabía hacer la tortilla como ella, pues en su casa la comían todos los días, y que deseaba que su madrina la probase.

De este modo, la pobre niña daba a entender su cariño. Pero Gastón no reparaba en ello. ¿Cómo fijarse en cosas tan infantiles un joven audaz, corrido y ducho en los escandalosos placeres de los cuerpos de guardia? Las grisetas de Estrasburgo, cuando se encaprichan con alguien, proceden de otra manera. Gastón, ¿después de cenar con su madre, salía para volver muy tarde; y como Margot no podía dormirse hasta que él volvía, le esperaba protegida por la cortina. Más de una vez el joven, viendo luz en el cuarto de Margot, se preguntó al cruzar el pasillo. —¿Cómo no se habrá acostado esta chiquilla?—. Y también sucedió que, al arreglarse ante el espejo, mirase a Margot sin darse cuenta, llegándola al corazón; pero ella volvía la cabeza apresuradamente, y hubiera preferido morir a sostener aquella mirada. Hay que decir también que en el salón Margot no era la misma. Sentada junto a su madrina, soportaba dócilmente su charla, esforzándose en aparecer seria y reservada; y si Gastón la dirigía la palabra, le respondía amablemente, eso sí; pero, lo que parecerá más extraño, sin la menor emoción. Explique quien pueda lo que se oculta en una cabecita de quince años. El amor de Margot estaba, por decirlo así, encerrado en su aposento, donde le encontraba al entrar y donde le dejaba al salir, pero escondiendo la llave de la puerta, para que nadie, en su ausencia, pudiera profanar su pequeño santuario.

Por lo demás, como es fácil suponer, la presencia de la señora Doradour la obligaba a reflexionar y a ser circunspecta, pues la recordaba constantemente la distancia que le separaba de Gastón. Otra que Margot se hubiera desesperado por esto o se hubiera curado de su pasión al comprender sus peligros; pero Margot jamás se preguntó a sí misma, ni en lo más profundo de su corazón, de qué la servía su amor. Y, en efecto: ¿hay pregunta más vacía de sentido que la que eternamente se hace a los enamorados?

—¿Para qué os sirve vuestro amor?

—¡Oh, pobres hombres! ¡Nos sirve para querer!

En cuanto se despertaba, Margot se tiraba del lecho y corría descalza y en camisón para ver, entre las cortinas, si Gastón había abierto ya las maderas. Si estaban cerradas aún, se volvía corriendo a la cama, saboreando el momento de oír ruido de las fallebas. Llegado el cual, se ponía las zapatillas y la bata y abría a su vez la ventana, mirando a todas partes, como adormilada, para ver el tiempo que hacía. Colocaba después las dos hojas de modo que solo Gastón pudiera verla, y poniendo su espejo sobre una manta, comenzaba a peinar sus hermosas cabellos. Ignoraba la verdadera coquetería, que consiste en mostrarse después de ataviada, pero en no dejarse ver cuando se está ante el tocador; como Gastón se peinaba ante ella, ella se peinaba ante Gastón. Tapándose con el espejo, arriesgaba tímidas miradas, pronta a bajar los ojos si Gastón, por casualidad, la miraba. Una vez peinado y recogido el pelo, se ponía su antiguo gorrito aldeano, bordado en tul, que no había querido abandonar, y que en su siempre inmaculada blancura y con su forma de mística toca, la daba un gracioso aspecto monjil. Con los brazos desnudos y en ropas interiores, esperaba que la sirvieran el café. Pronto aparecía Pelagia, la doncella, bandeja en mano, y escoltada por el gato, mueble indispensable en las casas de Marais, que no se olvidaba una mañana de ofrecer sus respetos a Margot y que gozaba el privilegio de acomodarse en una butaca frente a ella y compartir el desayuno de su ama. Lo cual no era para ésta, como se comprenderá, más que otro motivo de coquetería. El gato, viejo y marrullero, se hacía un ovillo en la butaca, y recibía con gran solemnidad los besos que no iban dirigidos a él. Margot le colmaba de mimos; le cogía en brazos, le echaba en su cama, y tan pronto le acariciaba como le enfurecía… En los diez años que el animal llevaba en la casa, jamás había recibido fiestas semejantes, y ahora no le satisfacían mucho; peco como en el fondo era de buen natural y sentía gran cariño hacia Margot, lo soportaba todo con paciencia. Acabado el desayuno, Margot se asomaba nuevamente a la ventana para examinar el cielo otra vez, y entornaba las persianas, sin juntarlas demasiado. Para quien tuviera instintos de cazador, aquel era el momento de acechar. Margot continuaba su tocado, y ¿puedo decir que se dejaba ver? No. Se moría de miedo, y a la vez sentía grandes deseos de que la viesen. ¿Y era Margarita una joven pudorosa? Sí; pudorosa, honesta e inocente. ¿Y qué es lo que hacía? Calzarse, ponerse las enaguas y el traje, y, de vez en cuando, alargar el brazo hasta la mesa para coger un alfiler, lo que se podía ver muy bien por la rendija de la persiana. ¿Y qué habría hecho si se hubiera visto sorprendida? Cerrar la persiana inmediatamente. Entonces, ¿a qué dejarla entreabierta? Preguntádselo a ella; yo no lo sé.

Así las cosas, un día la señora Doradour y su hijo tuvieron a solas una larga conferencia. Desde aquel instante hubo algún misterio entre los dos, y empezaron a hablarse con frases encubiertas. Poco después, la señora Doradour dijo a Margot:

—Hija mía, vas a ver a tu madre. He decidido que pasemos el otoño en La Houville.

<h3 style="text-align:center">V</h3>

La morada de La Houville estaba a una legua de Chartres y a legua y media, próximamente, de la granja en que vivían los padres de Margot. No era, en realidad, un castillo, pero sí una casa hermosísima con un extenso parque. La señora Doradour no solía venir a ella, y desde hacía muchos años solo la visitaba el administrador. Aquel precipitado viaje y las conferencias reservadas entre el joven y su anciana madre sorprendían e inquietaban a Margot.

No hacía más que dos días que llegara la señora Doradour, y aún no habían tenido tiempo de desempaquetar todo el equipaje, cuando, por la llanura, se vio avanzar a diez colosos con el orden más riguroso. Era la familia de Piédelen, que venía a ofrecer sus respetos. La madre traía un cesto de fruta; cada hijo, un tiesto de alelíes, y el padre, muy ufano, unas alforjas con los dos melones más hermosos, escogidos por sí mismo en su melonar. La señora Doradour acogió los presentes con su acostumbrada bondad, y como ya había previsto aquella visita, sacó inmediatamente del armario ocho chalecos de seda rameada para los hijos de Piédelen, una mantilla para la mujer de Piédelen y un hermoso sombrero de fieltro, con amplias alas, cuya cinta se recogía en un lazo por una hebilla de oro, para el propio y bueno de Piédelen. Cambiados los saludos, Margot compareció ante su familia, radiante de alegría y de salud. Después que fue abrazada por todos, su madrina hizo su elogio en voz muy alta, alabó su dulzura, su inteligencia y su simpatía, y las mejillas de la joven, bermejas aún por los besos que recibiera, acabaron de teñirse con una púrpura más viva. La mujer de Piédelen, al ver cómo iba vestida Margot, comprendió su felicidad, y no pudo por menos de decirla, como madre bondadosa, que nunca la había encontrado tan bonita.

—A fe mía, que es verdad —dijo el bueno de Piédelen.

—Sí que lo es —repitió una voz, que estremeció a Margarita y la llegó al corazón: era Gastón, que acababa de entrar.

Como en aquel momento la puerta se quedase abierta, se pudo ver en la antesala al pequeño guardador de pavos, Periquillo, que tanto lloró cuando partió Margarita.

Había seguido a sus amos a distancia, y, sin atreverse a entrar al salón, saludó de lejos tímidamente.

—¿Quién es ese pequeño? —dijo la señora Doradour—. Acércate, hombre, ven a saludarnos.

Periquillo saludó nuevamente; pero por nada del mundo se decidió a entrar; enrojeció como una amapola y escapó a todo correr.

—¿Será cierto que me encuentra bonita? —se repetía Margot en voz baja, paseándose a solas por el parque cuando se fue su familia—. ¡Pero qué atrevimiento el de estos jóvenes para decir semejante cosa ante todo el mundo! ¿Cómo es posible que me diga así, descaradamente, lo que yo, que no me atrevo a mirarle frente a frente, no puedo oírle sin enrojecer? Indudablemente, entre ellos esto es una costumbre habitual, o lo ven con cierta indiferencia, pues decir a una joven que es muy bonita no es poca cosa y bien se parece a una declaración de amor.

Ante aquella idea, Margot se detuvo para preguntarse qué era, exactamente, una declaración de amor. Había oído hablar mucho de ello, pero no se daba clara cuenta de en qué consistía. "¿Cómo se dice que se ama?", se preguntaba, sin poder imaginarse que bastase únicamente decir: —Os amo. La parecía que se debía decir de muy otra manera y que debía haber para ello alguna fórmula secreta, algún lenguaje excepcional, algún misterio encantador y lleno de peligros. No había leído más que una novela, cuyo título ignoro, viejo volumen incompleto, hallado en el granero de su casa, en el que un bandolero siciliano raptaba a una religiosa y donde encontró ciertas frases, para ella ininteligibles, que supuso deberían ser frases de amor. Pero como había oído decir al cura que todas las novelas no eran mas que tonterías, el amor era para Margot la única verdad que deseaba conocer ardientemente; pero ¿a quién atreverse a preguntarlo?

La habitación de Gastón, en La Houville, no estaba tan cerca de la de Margot como en París. Se acabaron las miradas furtivas y los ruidos de las fallebas. Todas las mañanas, a las cinco, sonaba dulcemente la campana del jardín, que estaba próxima a la ventana de Gastón. Era el criado, que le despertaba para la partida de caza. Gastón se levantaba y se iba.

Escondida tras de su persiana, Margot le veía montar a caballo y perderse entre la bruma matinal que cubría los campos, dispuesta la escopeta y rodeado de sus perros. Le seguía con los ojos con la misma emoción que si fuese una castellana cautiva cuyo amante partiese para Palestina. Muchas veces Gastón, al salir, en vez de abrir el postigo del seto, obligaba al caballo a saltarlo, y Margot, al verlo, daba secretos suspiros, dulcísimos y crueles a la vez. Se figuraba que en la caza se corrían los más grandes peligros, y cuando Gastón regresaba a la noche, cubierto de polvo, le examinaba de pies a cabeza para asegurarse de que no estaba herido, como si volviera de un combate; pero cuando le veía sacar del morral una liebre o una pareja de perdices y depositarlas sobre la mesa, la parecía tener ante sí un guerrero vencedor cargado con los despojos del enemigo.

Lo que tanto temía sucedió al fin. Un día Gastón, al saltar a caballo un seto, cayó entre las zarzas, y fue sacado de ellas con unos cuantos arañazos. ¡Oh, de qué punzantes emociones fue causa aquel ligero accidente! La prudencia estuvo a punto de abandonar a Margot, que a poco se desmaya. Juntó las manos en actitud de súplica y rezó en voz baja. ¡Qué no hubiese dado porque la permitiesen enjugar la sangre que manaba de las manos del joven! Se guardó en el bolsillo el más lindo de sus pañuelos, único que tenía bordado, y esperó impacientemente la ocasión de sacarle, como distraída, para que Gastón liase su mano en él; pero ni siquiera tuvo este consuelo. Como, al sentarse a cenar, brotasen algunas gotas de sangre de su mano, el muy cruel se enrolló la servilleta a la muñeca, sin reparar para nada en el pañuelo de Margot, la cual sintió tan amarga desilusión, que se la llenaron de lágrimas los ojos.

No podía, sin embargo, pensar que Gastón la despreciaba, pero sí que ignoraba su amor. ¿Qué hacer entonces? Tan pronto se resignaba como se impacientaba. Las cosas más insignificantes con igual facilidad la causaban alegría que dolor. Una frase cumplida, una mirada de Gastón la hacían feliz para todo un día; pero si atravesaba el salón sin reparar en ella; si se iba a acostar sin dirigirla el breve saludo que acostumbraba, se pasaba la noche pensando en qué habría podido enojarle. Si se sentaba, por casualidad, junto a ella, y la elogiaba lo que estaba bordando, se ponía radiante de gozo y de agradecimiento; pero si en la mesa se negaba a comer lo que ella le ofrecía, se imaginaba que no la quería.

Algunos días sentía, por decirlo así, lástima de sí misma, y más de una noche llegó a dudar de su belleza y a considerarse realmente fea. Pero en otros momentos, el orgullo femenino se rebelaba, y muchas veces, ante el espejo, se encogía de hombros con desprecio por la indiferencia de Gastón. Un movimiento de cólera y de rabia la hacían estrujar y chafar su pañoleta y encasquetarse la capota hasta los ojos; mas un impulso de amor propio reavivaba de nuevo su coquetería, y se presentaba de pronto, en pleno mediodía, vestida con sus mejores galas y en traje de domingo, como para protestar con todas sus fuerzas contra la injusticia del destino.

Margot, en su nueva condición, había conservado las aficiones de su niñez. Mientras Gastón estaba de caza, ella solía pasarse la mañana en la huerta; pues sabía manejar muy bien la podadera, el rastrillo y la regadera, y más de una vez se permitió dar un buen consejo al jardinero. La huerta, que se extendía ante la casa, servía a la vez de parterre; allí, las flores, los frutos y las legumbres se hacían compañía. Margot gustaba, sobre todo, de un gran espaldar cubierto de hermosos melocotones. Lo prodigaba sus mayores cuidados, y ella era la que todos los días elegía con gran cariño la fruta para el postre. En el espaldar había, sobre todo, un melocotón mucho más hermoso que los demás. Margot no se decidía a cortarle. Era tan aterciopelado y tenía un color de púrpura tan vivo, que la daba pena arrancarle del árbol, como si comérsele fuera un verdadero crimen. No pasaba ante él sin admirarle, y había encargado al jardinero que tuviese buen cuidado de no tocarle, so pena de incurrir en su cólera y de ganarse una reprimenda de su madrina. Una tarde, al ponerse el sol, Gastón, que volvía de caza, atravesó el huerto, y, al pasar junto a la espaldera, la casualidad quiso que tendiese la mano hacia el fruto favorito de Margot y mordiese en él, sin el menor respeto, para calmar su sed. Ella, que estaba unos pasos más allá regando un tablar de legumbres, corrió inmediatamente hacia él, pero Gastón no la vio y siguió su camino; y después de haber mordido el melocotón dos o tres veces, le tiró al suelo, y entró en la casa. A la primera ojeada, Margot había visto que perdía su caro melocotón. La brusca determinación de Gastón y la indiferencia con que arrojó la fruta al suelo habían producido a Margot un efecto inesperado y extraño. Desolada y satisfecha a la vez, pensaba que Gastón debía traer mucha sed, después de un día de sol tan ardiente, y que su fruta favorita se la había calmado. Cogió del suelo el melocotón, y después de soplarle bien para quitarle el polvo, miró si alguien podía verla, y lo besó furtivamente; pero, al mismo tiempo, no pudo contenerse, y le dió un pequeño mordisco para probarle. No sé qué extraña idea la dió de pronto, y pensando quizás en el fruto, quizás en sí misma, murmuró:

—¡Oh, ingrato, cómo lo desperdicia todo!

Pido gracia al lector por las niñerías que le relato; pero, ¿cómo contarle otras cosas siendo mi heroína una niña? La señora Doradour fue invitada a comer en un castillo vecino. Se hizo acompañar por Gastón y Margot, y al regreso emprendieron el camino de su casa ya completamente de noche. Margot y su madrina ocupaban el fondo de la berlina. Gastón, sentado en el asiento delantero, como no tenía nadie al lado, se recostó cómodamente en el almohadón, de modo que iba casi tendido. Hacía una luna muy clara, pero el interior del coche estaba en completa penumbra. Solo de vez en cuando penetraba algún fugaz rayo de luna. La conversación languidecía. Una buena comida, un poco de cansancio, la oscuridad, el muelle balanceo de la berlina, todo, en fin, invitaba a nuestros viajeros al sueño. La señora Doradour fue la primera en dormirse, y para ello apoyó un pie en el asiento de Gastón, sin cuidar si le molestaba. Hacía airecillo fresco. Una gruesa manta, echada sobre las rodillas, envolvía a la vez a la madrina y la ahijada. Margot, acurrucada en su rincón, no se movía, aunque estaba despierta, pero quería saber si Gastón dormía. La parecía que, teniendo ella los ojos abiertos, abiertos debía tenerlos también él, y como le miraba, sin conseguir verle, se preguntaba si a él le pasaría lo mismo. En cuanto la más leve claridad penetraba en el coche, Margot se arriesgaba a toser ligeramente; pero el joven permanecía inmóvil, y la tímida doncella no se atrevía a hablar por miedo a interrumpir el sueño de su madrina. Asomó la cabeza por la ventanilla. La idea de un largo viaje tiene tanta semejanza con la de un largo amor, que al ver los campos a la luz de la luna, Margot olvidó de pronto que iban camino de La Houville. Entornó los párpados, y viendo desfilar las sombras de los árboles, se imaginó que partía para Suiza o Italia con la señora Doradour y su hijo. Aquel sueño, como puede suponerse, le llevó de unos en otros, tan dulces todos, que fácilmente se entregó a ellos por entero. Se veía yendo a correr mundo con Gastón, no como su mujer, sino como su prometida, amada por él, con derecho a quererle, y como final de aquel viaje, la felicidad que los esperaba; la felicidad, palabra encantada que se repetía sin cesar y que, afortunadamente para ella, la era tan poco comprendida. Para soñar mejor acabó de cerrar los ojos, y un poco adormecida, hizo, involuntariamente, lo que la señora Doradour: apoyar el pie en el asiento de enfrente. La casualidad quiso que pusiese el pie —lindo y menudo, deliciosamente calzado por cierto— precisamente sobre la mano de Gastón. Gastón pareció no sentir nada; pero Margot se despertó sobresaltada, y en vez de retirar de pronto el pie, no hizo más que apartarlo un poco con la mayor suavidad. Tan profundamente acariciaba su sueño, que ni al despertarse salió de él; y, ¿no podía poner el pie en el asiento donde dormía su amado, yendo con él hacia Suiza? Pero toda ilusión se desvanece al fin, aunque sea poco a poco. Margot comenzó a pensar en su desvarío. "¿Se habrá dado cuenta?", se preguntó. "¿Duerme, o hace que duerme? Si lo ha notado, ¿cómo no ha quitado la mano? Y si duerme, en efecto, ¿cómo no se ha despertado? Acaso es tanto su desprecio que ni siquiera se digna mostrar que ha sentido mi pie en su mano; acaso le agrade y haya fingido no sentirlo, en espera de que yo lo repita; acaso crea que yo también duermo. En verdad, no es agradable tener en la mano el pie de nadie, a no ser el de una persona amada. Debo haberle manchado el guante, pues tengo los zapatos sucios de tanto andar. Quién sabe si no ha querido tampoco dar importancia a esto. ¿Qué diría si lo hiciese otra vez? Pero bien sabe que nunca me atrevería. Quizás adivina mi incertidumbre y se goza en atormentarme". Así reflexionando, Margot, con toda la precaución posible, retiró suavemente el pie, que temblaba como una hoja. Pero al tantear en la oscuridad, de nuevo rozó sin querer los dedos de Gastón, aunque tan ligeramente, que apenas si ella misma lo notó. Nunca latió su corazón como al darse cuenta de ello. Se creyó perdida y se imaginó que había cometido una imprudencia irreparable. "¿Qué pensará?", se decía. "¿Qué opinión formará de mi? ¡En qué situación me he puesto! ¡Ya no me atreveré nunca a mirarle cara a cara! ¡Malo fue que lo hiciese la primera vez, pero ahora mucho peor! ¿Cómo probarle que no lo hice con intención? Los hombres no lo creen nunca. Se burlará de mí, se lo contará a todo el mundo, hasta puede que a mi misma madrina, y mi madrina se lo dirá a mi padre, y ya no podré jamás volver a mi pueblo. ¿Y adónde ir? ¿Qué va a ser de mí? En vano será que me defienda, pues lo cierto es que le he tropezado dos veces y que una mujer decente jamás hace cosa semejante. Después de lo que ha sucedido, lo menos que puede pasarme es que me echen de la casa". Margot tembló a semejante idea. Largo rato estuvo pensando un modo de justificarse, hasta que, al fin, concibió el proyecto de escribir al día siguiente una larga carta a Gastón, que le haría entregar en secreto, en la que le explicase que, si le bahía tropezado la mano con el pie, había sido por descuido, por lo que le pedía perdón y le suplicaba lo olvidase. "Pero ¿y si no está dormido?", pensó después. "¿Y si aún duda que le quiero? ¿Y si lo ha comprendido todo? ¿Y si mañana fuese él el primero que viniese a hablarme de esto? ¿Y si me dijese que también me quiere? Y si me hiciese una declaración ?…" En aquel momento, el coche se detuvo. Gastón, que dormía a conciencia, se despertó y se estiró sin ninguna ceremonia, y necesitó algún tiempo para recordar dónde estaba. A tan triste descubrimiento, los sueños de Margot se desvanecieron, y cuando el joven la ofreció, para bajar del coche, aquella mano que el pie de Margot rozara levemente, vio bien claro Margot que era como si hubiese viajado completamente sola.

VI

Dos acontecimientos imprevistos, uno ridículo y otro serio, coincidieron casi a la vez. Cierta mañana, estando Gastón probando un caballo que acababa de comprar en la avenida que conducía a la casa, un mozalbete, cubierto de andrajos y medio desnudo, se dirigió hacia él resueltamente y se paró delante del caballo. Era Periquillo, el guardador de pavos. Gastón no le reconoció, y creyendo que le pedía una limosna, le arrojó algunas monedas. Periquillo se guardó el dinero en el bolsillo; pero, en vez de irse, corrió en pos del jinete hasta volver a plantarse de nuevo ante el caballo. Gastón le gritó dos o tres veces que se apartase, mas fue en vano: Periquillo le seguía y le paraba a cada paso.

—¿Qué es lo que quieres, bribón? —le preguntó airado el caballero—. ¿Te has propuesto que te aplaste?

—Señor —respondió Periquillo, sin arredrarse—, yo quisiera ser criado vuestro.

—¿De quién?

—De vos, señor.

—¿De mí? ¿Y por qué?

—Por ser criado vuestro, señor.

—Pero si yo no necesito ningún criado. ¿Quién te lo ha dicho?

—Nadie, señor.

—Entonces, ¿por qué has venido?

—Por pediros, señor, entrar de criado vuestro.

—¿Pero estás loco o te quieres burlar de mí?

—No, señor.

—Quita, déjame en paz.

Gastón le arrojó de nuevo algunas monedas, y, volviendo su caballo, siguió su camino. Periquillo se sentó a un lado del paseo, y como al poco rato Margot pasase por allí, le encontró llorando desconsoladamente.

Corrió hacia él y le preguntó:

—¿Qué tienes, mi pobre Periquillo? ¿Qué te pasa?

Periquillo, por lo pronto, no quiso responder; pero, al fin, acabó diciendo, entre sollozos:

—Yo quería ser criado del señor, pero el señor no quiere.

No sin trabajo, Margot consiguió que se explicase. Pronto comprendió de qué se trataba. Desde que ella había salido de la granja, Periquillo la echaba de menos, y no podía vivir sin ella. Medio llorando y medio avergonzado, la contó sus penas, y Margot no pudo por menos de reírse y de sentir al mismo tiempo lástima de él. El pobre niño, para expresar su desgracia, hablaba a la vez de su amistad por Margot, de sus zuecos, que ya estaban viejos; de su triste soledad en el campo, y de uno de sus pavos que se había muerto; todo aquello se mezclaba en su mente. Hasta que, al fin, no pudiendo soportar más su tristeza, había decidido venirse a La Houville y ofrecerse a Gastón como criado o como espolique. Tal determinación le había costado ocho días de reflexiones, y, como se ha visto, sin obtener el menor éxito. De este modo, acabó asegurando que antes morir que volver a la granja.

—Puesto que el señor no quiere atenderme —dijo—, y puesto que yo no puedo estar junto a él, como vos junto a la señora Doradour, me dejaré morir de hambre.

No necesito decir que estas palabras fueron acompañadas de un nuevo raudal de lágrimas.

Margot le consoló lo mejor que pudo, y, cogiéndole de la mano, le condujo a la casa. Ya en ella, mientras llegaba el día de morirse de hambre, le hizo pasar a la cocina y le dio medio pan, un gran trozo de jamón y un puñado de fruta. Periquillo, con los ojos inundados de lágrimas y muy abiertos, se dio a comer apetitosamente, mirando estupefacto a Margot. La cual, con la mayor facilidad, le hizo comprender que para entrar al servicio de alguien era preciso esperar a que hubiese plaza vacante, y le prometió estar al cuidado y aprovechar la primera ocasión para satisfacer su deseo. Le dio las gracias por su afecto, le aseguró que también ella le quería, enjugó sus lágrimas, le besó en la frente con cierta protección maternal y le decidió, por fin, a volverse a la granja. Periquillo, convencido, se atiborró los bolsillos con las viandas que le sobraban, a lo que añadió un escudo que le dio Margot para que se comprase una zamarra y unos zuecos, y, consolado así, cogió la mano de su protectora, la cubrió de besos y la dijo con voz conmovida:

—¡Adiós, se... ño... rita!

Y se fue.

Mientras iba alejándose, muy despacio, Margot reparó en que el niño había crecido y era ya un mozalbete. Se hizo la reflexión de que Periquillo no tenía más que un año menos que ella, y se prometió no apresurarse otra vez a besarle.

Al día siguiente observó que Gastón, contra su costumbre, no salía de caza y que se había aseado con más escrupulosidad que nunca. Después de comer, es decir, hacia las cuatro, el hijo ofreció el brazo a su madre y los dos se dirigieron hacia la avenida. Hablaban en voz baja y parecían inquietos. Margot, que se había quedado sola en el salón, los observaba con ansiedad, por la ventana, cuando una silla de postas entró en el patio. Gastón corrió a abrir la portezuela. Primero bajó una anciana, y después una joven de unos diez y nueve años, elegantemente vestida y bella como la aurora. Por la acogida que rindieron a las dos forasteras, Margot juzgó que no solo debía tratarse de personas distinguidas, sino emparentadas con su madrina, pues además las habían preparado los dos mejores aposentos de la casa. Cuando las recién llegadas penetraron en el salón, la señora Doradour hizo una seña a Margot y la dijo en voz muy baja que se retirara. Margot se retiró muy contrariada, sospechando que la presencia de aquellas dos damas linajudas no prometía nada agradable para ella.

Estaba dudando, a la mañana siguiente, si bajar a desayunar, cuando su madrina vino en su busca para presentarla a la señora y a la señorita de Vercelles, que así se llamaban las forasteras. Al entrar en el comedor vio que en su sitio de costumbre, que era inmediato al de Gastón, habían puesto servilleta limpia. No sin tristeza, se sentó en otro sitio, pues el suyo lo había ocupado la señorita de Vercelles, a quien, no fue difícil observarlo, Gastón miraba demasiado. Margot permaneció en silencio. Una de las veces en que la tocó servirse, al ofrecer a Gastón, éste ni siquiera se fijó en ello. Desde la mesa salieron al parque a pasear. Poco después la señora Doradour se cogió al brazo de la anciana huésped, y Gastón ofreció el suyo a la linda joven. Margot, a quien nadie hacía caso ni dirigía la palabra, los seguía sola y a distancia, hasta que se detuvo y se volvió a la casa. En la comida, la señora Doradour hizo descorchar una botella de Frontiñán, y como conservaba en todo sus antiguas costumbres, antes de beber alzó su copa para chocarla con las de los demás. Todos imitaron su ejemplo, excepto Margot, que no sabía qué hacer. No obstante, alzó tímidamente la suya en espera de que alguien correspondiese a su acobardado intento. Pero nadie reparó en ello ni brindó con ella, y Margot volvió a dejar su copa en la mesa sin probar su contenido.

—Es lástima que no seamos cinco —dijo la señorita de Vercelles cuando acabaron de comer— para juzgar una bouillotte —que estaba entonces de moda.

Margot, sentada en un rincón, se guardó muy bien de decir que ella sabía jugar, y su madrina propuso una partida de whist. Llegada la cena, a los postres suplicaron a la señorita de Vercelles que cantase. Se hizo rogar largo rato, hasta que, al fin, con voz clara y ligera entonó una cancioncilla muy graciosa. Margot, al escucharla, no pudo contener un suspiro, pensando en el hogar paternal, donde ella era la que cantaba después de la cena. A la hora de acostarse, cuando entró en su aposento, se encontró con que se habían llevado sus dos muebles preferidos: una preciosa poltrona y una mesita de marquetería, en la que ponía su espejo para peinarse. Entreabrió, temblando, las maderas para ver por un instante la luz que ordinariamente brillaba tras los visillos de Gastón; era su adiós de todas las noches. Pero aquella Gastón había cerrado herméticamente su ventana y no se veía ni un rayo de luz. Con el corazón atravesado se metió en su lecho, y no pudo dormir en toda la noche.

¿A qué vendrían las dos forasteras y hasta cuándo estarían allí? Esto era lo que no podía saber Margot; pero bien claro estaba que su presencia se relacionaba con las conferencias reservadas de la señora Doradour y de su hijo. En todo aquello había un misterio imposible de adivinar, y fuese lo que fuese, Margot comprendía que había de destruir su felicidad. Supuso, primero, si las dos huéspedas serían familia de la señora Doradour; pero se las prodigaba demasiadow cumplidos y demostraciones de amistad para que así fuese. Durante el paseo, la señora Doradour había tenido gran cuidado en señalar bien a la madre hasta dónde se extendían los muros del parque, y la había hablado al oído del producto y valor de la finca. ¿Se trataría de vender a La Houville? Y en este caso, ¿qué sería de la familia de Margot? ¿Conservaría la nueva propietaria los mismos colonos de tantos años? Pero, por o parte, ¿qué motivos podía tener la señora Doradour para vender la finca donde nació y de la que su hijo parecía gustoso, teniendo la fortuna que tenía? Las dos damas venían de París, del que hablaban constantemente, y por su carácter no parecían aficionadas al campo. La señorita de Vercelles había dejado entender, durante la cena, que se trataba mucho con la Emperatriz, que solía acompañarla a la Malmaison, y que la manifestaba una decidida simpatía. Quizá se tratase de ascender a Gastón, y entonces le parecía muy natural colmar de agasajos a una dama de tanta influencia. Tales eran las conjeturas de Margot; pero por más esfuerzos que hizo, no se quedó satisfecha, aunque su corazón, engañado, no se detuviese en la única suposición verosímil, que hubiese sido también la única verdadera.

Dos criados habían llevado, con gran trabajo, al aposento que ocupaba la señorita de Vercelles, una gran caja de madera. En el momento en que Margot salió de su cuarto oyó el sonido de un piano. Era la primera vez en su vida que semejantes acordes llegaban a su oído. En materia de música no conocía más que danzas de su aldea. Se detuvo con gran admiración. La señorita de Vercelles tocaba un vals. De pronto, se detuvo para cantar. Margot, para oír bien lo que decía, se acercó sigilosamente a la puerta. Era una canción italiana. La dulzura de aquel lenguaje, para ella desconocido, le pareció más extraordinario aún que el sonido armonioso del instrumento. ¿Quién era aquella hermosa criatura que así pronunciaba tan misteriosas palabras entre una tan extraña melodía? Margot, vencida por la curiosidad, se inclinó, e enjugó los ojos, de donde brotaban dos lágrimas, y miró por el ojo de la cerradura. La señorita Vercelles, sentada al piano, como al saltar del lecho, mostraba desnudos los brazos, el cabello en desorden, los labios entreabiertos y los ojos, bellísimos, elevados al cielo. Margot creyó ver un ángel. Nada tan encantador se ofreció jamás a su vista. Se alejó lentamente, deslumbrada y consternada a un tiempo, y sin poder comprender lo que pasaba en ella. Pero mientras bajaba la escalera se repitió varias veces con temblorosa voz:

—¡Virgen santa! ¡Qué divina beldad!.

VII

Es cosa singular que, en la vida, los que más se engañan son precisamente los más interesados. Por la conducta de Gastón en presencia de la señorita de Vercelles, el testigo más indiferente hubiera comprendido que el joven estaba enamorado. Y, sin embargo, Margot no lo veía, o, mejor dicho, no quería verlo. Pese al dolor que ello le causaba, un sentimiento inexplicable, y que a muchas gentes parecerá imposible, la impidió durante algún tiempo discernir la verdad. Me refiero a la admiración que la señorita de Vercelles había inspirado a Margot.

La señorita de Vercelles era alta, rubia, muy agradable. Hacía algo mejor que gustar; era, si se puede expresar así, una belleza de consuelo. Su mirada y su voz tenían, en efecto, una serenidad tan extraña y tan dulce, que era imposible resistirse a su dulce influencia. A los pocos días manifestó una tierna amistad hacia Margot. Ella misma fue la primera en insinuarse. La enseñó algunos primores de cañamazo y de bordado; la cogió del brazo durante el paseo y la hizo cantar algunos aires de su país, acompañándola al piano. Margot agradeció doblemente aquellas muestras de afecto, porque tenía el corazón desgarrado. Cerca de tres días hacía que vivía en el más cruel abandono, cuando la joven parisina se acercó a ella y la dirigió la palabra por vez primera. Margot se estremeció de alegría, de temor y de sorpresa. Sufría mucho al verse completamente olvidada por Gastón, y se suponía la causa. Por eso, en aquella acción de su rival encontró no sé qué raro encanto con mezcla de amargura. De momento, sintió el gozo de verse salir de aquel aislamiento en que había caído de pronto. Al mismo tiempo se sintió halagada por la distinción con que la honraba persona de tan gran hermosura. Hermosura que, no debiéndola causar mas que celos, la encantó desde las primeras palabras. Llegadas poco a poco a familiarizarse, Margot se apasionó por la señorita de Vercelles. Después de admirar su belleza fue admirando sus maneras, su exquisita sencillez, sus movimientos, sus gestos y, en fin, hasta el más pequeño lazo que llevase. La escuchaba con una extrema atención y apenas la quitaba ojo. Cuando la señorita de Vercelles se sentaba al piano, Margot, con los ojos brillantes de placer, parecía decir a todo el mundo: "Atención, que va a tocar mi buena amiga", pues así la llamaba, no sin experimentar interiormente una cierta vanidad. Cuando atravesaban juntas el pueblo, los aldeanos se volvían a mirarlas. La señorita de Vercelles no se cuidaba de ello; pero Margot enrojecía de placer. Casi todas las mañanas, antes de desayunar, hacía una visita a su buena amiga. La ayudaba a vestirse, la contemplaba extasiada cómo se lavaba las manos, bellísimas y blancas, y la oía cantar en la dulce lengua italiana. Y orgullosa de retener algunas notas del aria última, que canturreaba por la escalera, bajaba con su amiga al salón.

En medio de todo esto, la devoraba la pena, y en cuanto se quedaba sola, rompía a llorar.

La señora Doradour era demasiado ligera para apreciar el cambio de su ahijada.

—Me parece que estás pálida —la decía algunas veces—. ¿No has dormido bien?

Y sin esperar respuesta, pasaba a ocuparse de otra cosa. Gastón era más clarividente, y cuando se tomaba el trabajo de pensar en ello no se equivocaba en cuanto a la tristeza de Margot; pero la consideraba como un simple capricho de niña, como un poco de contrariedad celosa, natural en toda mujer, que pasaría con el tiempo. Hay que hacer constar que Margot había evitado siempre toda ocasión de quedarse a solas con Gastón. La idea de un frente a frente la hacía temblar, y, por lejos que le viese venir cuando se paseaba sola, siempre cambiaba de camino, de modo que las precauciones que tomaba para ocultar su amor parecían al joven efecto de un carácter salvaje. "¡Extraña criatura!", se decía con frecuencia Gastón, al verla huír en cuanto hacía intención de acercarse a ella; y algunas veces, para divertirse con su turbación, la abordaba a su pesar. Margot entonces bajaba los ojos, no respondía más que con monosílabos y se replegaba en sí misma, por así decirlo, como una sensitiva.

Los días se sucedían con una monotonía extrema. Gastón no volvió a ir de caza, y raramente salían de paseo. No hacían más que hablar, y todos los días, dos o tres veces, la señora Doradour tenía que advertir a Margot que se retirase, porque su presencia resultaba indiscreta. La pobre niña no hacía mas que subir y bajar a su aposento. Si entraba en el salón inoportunamente, las dos madres se hacían una seña y todos callaban. Cuando la llamaban, después de una larga conversación reservada, se sentaba sin mirar a nadie y sentía una inquietud como cuando, en el mar, la tormenta, que se anunció lejana, va avanzando lentamente en medio de un cielo en calma.

Una mañana, al pasar por la puerta de la señorita de Vercelles, ésta la llamó. Después de algunas palabras indiferentes, Margot se fijó en una linda sortija que llevaba su buena amiga.

—Probáosla —dijo la señorita de Vercelles— a ver si os está bien.

—¡Oh, señorita, mis manos son muy feas para una joya así!

—Dejaos de eso. ¡Os está maravillosamente! El día de mi boda os la regalaré.

—¿Es que vais a casaros? —preguntó Margot temblando.

—¿Quién sabe? —respondió riéndose la señorita de Vercelles—. Nosotras, las jóvenes, estamos expuestas a ello cualquier día.

Pensad en qué angustia dejaron a Margot aquellas palabras. Cien veces cada día se las repitió maquinalmente y sin atreverse a explicárselas. Sin embargo, a los pocos días, como después de comer, al servir el café, Gastón la ofreciese una taza, ella la rechazó suavemente y le dijo:

—Prefiero que me la ofrezcáis el día de vuestra boda.

El joven, un poco sorprendido, sonrió y nada dijo; pero la señora Doradour frunció el entrecejo y prohibió a Margot, malhumorada, que se mezclase en sus asuntos.

Margot estuvo segura de ello. Lo que tanto deseaba y temía saber quedó probado por aquella circunstancia. Corrió a encerrarse en su cuarto, y con la frente entre las manos, lloró amargamente. Al volver en sí cerró cuidadosamente las persianas, para que nadie pudiera ser testigo de su dolor. Así, encerrada, se sintió más libre y se entregó a desenredar la maraña de su pobre alma enamorada.

A pesar de su edad y del amor que la enloquecía, Margot tenía un gran sentido de las cosas. Lo primero que sintió fue la imposibilidad en que se hallaba de luchar con los acontecimientos. Comprendió que Gastón amaba a la señorita de Vercelles, que las dos familias estaban de acuerdo y que la boda era cosa decidida. Acaso ya estaría fijada la fecha. Recordaba haber visto en la biblioteca un hombre enlutado llenando pliegos de papel sellado; probablemente sería el notario, que extendía el contrato matrimonial. La señorita de Vercelles era rica. Gastón había de serlo a la muerte de su madre. y ¿qué podía hacer ella contra lo que era tan justo y tan natural? Se aferró a esta idea, y cuanto más insistía en ella, más invencible encontraba el obstáculo. No pudiendo impedir aquel matrimonio, juzgó que lo más que podía hacer era no asistir a él. Sacó un baulito que tenía debajo de la cama y le colocó en medio de la estancia, para meter sus ropas, resuelta a regresar a casa de sus padres; pero la faltó valor, y en vez de abrir el cofre, se sentó en él y volvió a llorar. Cerca de una hora permaneció así, en un estado verdaderamente lastimoso. Todos sus razonamientos se confundían en su espíritu; las lágrimas la aturdían, y, como para librarse de aquella angustia, movía la cabeza en todos sentidos. Absorta en decidir qué partido había de tomar, no reparó en que la bujía se acababa. De pronto se halló en tinieblas. Se levantó y abrió la puerta para pedir una luz; pero ya todos se habían acostado. No obstante, no creyó que era tan tarde, y siguió andando a tientas.

Cuando vio que la escalera estaba a oscuras y que se encontraba, por decirlo así, sola en la casa, el miedo, natural a su edad, la sobrecogió. Había atravesado un largo corredor, que conducía a su aposento, y se detuvo allí, sin atreverse a volver sobre sus pasos. Con frecuencia sucede que una circunstancia sin importancia, en apariencia, cambie el curso de nuestros pensamientos; la oscuridad, más que nada, suele producir este efecto. La escalera de La Houville, como en la mayoría de los edificios antiguos, estaba construida ocupando por entero un pequeño torreón y formando espiral en torno a una columna de piedra. Margot, indecisa, se apoyó en la columna, cuya frialdad, unida al miedo y al dolor, heló la sangre en sus venas. Permaneció algún tiempo inmóvil. De pronto tuvo un pensamiento siniestro: la debilidad que experimentaba la dio la sensación de la muerte, y, cosa extraña, aquella idea, que no la duró más que un instante y que se desvaneció en seguida, la devolvió las fuerzas. Volvió a su cuarto y se encerró de nuevo, hasta el día siguiente.

En cuanto salió el sol bajó al jardín. Aquel año el otoño se ofrecía espléndido. Las hojas amarillas eran de oro. Ni una sola se había desprendido aún de las ramas, y el viento suave y tibio parecía respetar los árboles de La Houville. Acababa de entrar la estación en que los pájaros cantan sus últimos amores. El de la pobre Margot no era el último, y, al calor bienhechor del sol, la triste criatura sintió endulzarse su pena. Pensó en sus padres, en su familia, en su religión; volvió a su propósito primero, de alejarse y resignarse. Pero poco después, hasta este mismo proyecto no le pareció tan indispensable como la víspera. Se preguntó qué mal había cometido para merecer el destierro de aquellos lugares en que había pasado sus más felices días. Se dijo si no podría resistir allí, sufriendo, sí, pero siempre menos que si se iba. Se internó por los más sombríos parajes, lentamente a ratos, apresuradamente otros, hasta que al fin se detuvo reflexionando:

—Gran cosa es el amor, pero para amar se necesita un valor muy grande.

La palabra amar y la seguridad de que nadie en el mundo conocía su pasión la hacían esperar aún en algo; mas, ¿en qué? Por lo mismo que lo ignoraba, le era más fácil esperar. Su caro secreto le parecía un tesoro escondido en su corazón. No podía resolverse a arrancárselo, y se juraba conservarle eternamente, protegerle contra todo y conservarle consigo. Contra toda razón, la ilusión pudo más, y como Margot se había enamorado como una niña, también como una niña se había desesperado, y se consolaba en aquel momento. Recordó los rubios cabellos de Gastón y las ventanas de la calle de Perche, y quiso persuadirse de que la boda no se verificaría, y de que acaso se había engañado en sus suposiciones sobre las palabras de su madrina. Se tendió al pie de un árbol, y, rendida por el cansancio y la emoción, no tardó en quedarse dormida.

Ya era mediodía cuando se despertó. Miraba en derredor, sin acordarse apenas de su desgracia, cuando un ligero ruido, muy cercano, la hizo volver la cabeza. Eran Gastón y la señorita de Vercelles que se acercaban. Margot, oculta por el ramaje, no podía ser vista. Los dos enamorados estaban solos. A la mitad del paseo, la señorita de Vercelles se detuvo y se sentó en un banco. Gastón permaneció algún tiempo de pie ante ella, contemplándola con ternura. Después se inclinó hacia ella, la estrechó por la cintura y la dio un beso. Al ver aquello Margot, se levantó fuera de sí y, sin saber lo que hacía, huyó a campo traviesa, presa de un indecible dolor.

VIII

Desde que Periquillo quedó defraudado en su extraña resolución de querer entrar al servicio de Gastón se había ido entristeciendo de día en día. Los consuelos que Margot le prestara le dieron fuerzas por un momento; pero aquellas fuerzas no le duraron mucho más que las provisiones con que atiborrase sus bolsillos. Cuanto más pensaba en su adorada Margot, más se convencía de que le era imposible vivir lejos de ella, y, a decir verdad, su vida en la granja no era más a propósito para distraerle que los compañeros con quienes pasaba el tiempo.

El mismo día en que nuestra heroína huyó desesperada, Periquillo conducía, ensimismado, sus pavos por la orilla del río, cuando a unos cien pasos vio a una mujer que corría enloquecida y que, después de vagar indecisa de uno a otro lado, desapareció de pronto entre los sauces de la ribera. Inquieto y sorprendido, Periquillo corrió tras ella para darla alcance; pero al llegar al sitio en que desapareciera, en vano la buscó por las inmediaciones. Supuso que habría entrado en un molino inmediato, y regresó, siguiendo siempre por la orilla, con un presentimiento de mal augurio. El Eura llevaba gran crecida, por las lluvias abundantes de aquellos días, y Periquillo, que no estaba muy alegre, encontraba sus aguas más siniestras que de costumbre. Pronto le pareció apercibir un bulto blanco que se movía entre los juncos. Se acercó al agua y, tumbado boca abajo en la arena, lo atrajo hacia sí. Aquel bulto era el cadáver de la propia Margot. La desgraciada criatura no daba señales de vida. Estaba rígida, fría como el mármol, con los ojos abiertos e inmóviles.

Al verla, Periquillo comenzó a dar gritos tales, que acudió la gente del molino. Su dolor fue tan vivo, que al pronto tuvo pensamiento de arrojarse también al río y morir junto al único ser a quien quería. Recordó, sin embargo, que había oído decir que los ahogados pueden volver a la vida si son auxiliados a tiempo, y aunque, en verdad, los campesinos afirmaron que Margot estaba muerta sin remedio, no quiso creerlos ni accedió a depositar el cadáver en el molino. Se lo echó a hombros y, tan de prisa como pudo, se lo llevó a su cabaña.

Quiso el cielo que en el camino se encontrase con el médico de la aldea, que hacía a caballo sus visitas por los alrededores. Le detuvo y le obligó a pasar para ver si aún quedaba alguna esperanza.

El médico fue de la misma opinión que los campesinos. Apenas hubo visto el cadáver exclamó:

—Está bien muerta, y no se puede hacer más que enterrarla. Por, su aspecto debe haber estado más de un cuarto de hora bajo el agua.

Dicho lo cual, el doctor salió de la choza y se dispuso a montar de nuevo a caballo, añadiendo que era preciso dar parte al juez.

Periquillo, además de querer apasionadamente a Margot, era muy testarudo. Sabía muy bien que su amada no había podido estar un cuarto de hora bajo el agua, puesto que la había visto tirarse, y corrió en pos del médico para suplicarle, en nombre del cielo, que no se fuese sin estar bien seguro de que sus socorros eran inútiles.

—¿Y qué quieres que haga ? —exclamó el médico visiblemente malhumorado—. No tengo aquí los instrumentos que necesitaría.

—Yo iré a buscarlos a vuestra casa, señor—respondió Periquillo—. Decidme solo cuáles son y esperadme aquí. Al instante estoy de vuelta.

El médico, al verse retenido allí, se mordió los labios por la necedad que acababa de cometer al hablar de sus instrumentos. Aunque convencido de que Margot estaba realmente muerta, comprendió que no podía negarse a un último intento, so pena de que la gente lo tomase a mal y de comprometer su reputación.

—Ve, pues, y date prisa —dijo a Periquillo—. Tráeme una caja niquelada que mi ama de llaves te dará. Aquí te espero. Mientras vuelves la envolveré en una manta y la daré unas fricciones. Procúrate a la vez un poco de ceniza que conserve el calor. Aunque todo ello no servirá más que para perder el tiempo —añadió, encogiéndose de hombros y golpeando el suelo con el pie—. ¡Vamos! ¿Oyes lo que te digo?

—Sí, señor —dijo Paquillo—; y para volver antes, si os parece, me llevaré vuestro caballo.

Y sin aguardar el permiso del doctor, saltó sobre el caballo y desapareció. Un cuarto de hora después regresaba, al galope, con dos grandes sacos de ceniza, uno delante y otro detrás.

—Ya veis que no he perdido el tiempo —dijo, mostrando el caballo jadeante—. No he hablado con nadie. Vuestra ama de llaves había salido, y yo mismo lo he cogido todo.

—¡Que el diablo te lleve! —pensó el doctor—. ¡Bueno me ha dejado el caballo para todo el día!

Y sin dejar de murmurar, se puso a soplar, por medio de una ampolla, en la boca de la pobre Margot, mientras Periquillo la frotaba los brazos. Avivaron el fuego, y cuando la ceniza se hubo calentado bien, la extendieron sobre el lecho de tal modo que el cuerpo de Margot quedó completamente cubierto por ella. El médico vertió entonces unas gotas en los labios de Margot, y meneando después la cabeza impacientemente, miró su reloj.

—Lo siento mucho —dijo condolido—; pero no es justo que los muertos perjudiquen a los enfermos. Tengo uno muy lejos, que me estará esperando, y me voy.

—Si el señor quisiera esperar solo media hora —dijo Periquillo—, yo le daría un escudo.

—No, hijo mío; ni es posible ni quiero tu dinero.

—Aquí tenéis un escudo —respondió Periquillo, poniéndoselo al médico en la mano y como si no le hubiera oído.

Aquella era toda la fortuna del pobre, que acababa de sacar sus economías de entre las pajas de su lecho, y que el doctor, naturalmente, aceptó.

—Sea —dijo—, media hora; pero nada más. Pasado este tiempo me iré irremisiblemente, pues ya ves que todo es inútil.

Al cabo de media hora, Margot, siempre rígida y fría, no había dado la menor señal de volver a la vida. El médico la tomó el pulso, y, decidido a terminar de una vez, cogió su bastón y su sombrero y se dirigió hacia el caballo. Periquillo, sin un céntimo más, y viendo que sus ruegos de nada servían, salió tras el médico y se plantó ante el caballo con aquel mismo aire decidido y tranquilo que el día en que detuvo a Gastón en la avenida.

—¿Qué quiere decir esto? —preguntó el doctor—. ¿Es que pretendes hacerme dormir aquí?

—No; no, señor —respondió Periquillo—; pero es preciso que esperéis otra media hora. Así descansará vuestro jaco.

Y diciendo así, blandía un bieldo formidable y le miraba de reojo al médico con tan extraña mirada, que por tercera vez éste volvió a entrar en la choza, aunque exclamando ya, sin poder contenerse:

—Maldito testarudo! ¡Este bribón me hará perder un luis por sus seis francos!

—Pero, señor —replicó Periquillo—, si hay quien dice que hasta pasadas seis horas pueden volver en sí.

—¡Nunca! ¿Dónde has oído eso? ¡No faltaría más que me pasase seis horas en este cuchitril!

—Y aquí os las pasaréis, seis horitas —prosiguió Periquillo—, a no ser que me dejéis la caja de instrumentos, los tubos y todo lo demás, y me enseñéis a manipular siquiera un par de horas para saber utilizarlos por mí mismo.

El médico se puso furioso, pero de buena o mala gana tuvo que acceder a ello y permanecer allí dos horas justas. Expirado este plazo, Periquillo, que empezaba también a desesperar, dejó salir a su prisionero y se quedó solo, arrodillado a la cabecera del lecho, inmóvil y en un sombrío abatimiento. Así se pasó el resto del día, con los ojos fijos en la pobre Margot. Al llegar la noche, se levantó pensando que ya era tiempo de ir a prevenir al bueno de Piédelen de la muerte de su hija. Al salir de la cabaña cerró la puerta, pero al mismo tiempo le pareció oír una voz muy débil que le llamaba. Se estremeció y corrió al lecho; ni un pliegue se había movido. Comprendió su engaño, pero aquel momento de esperanza fue suficiente para no decidirse a partir.

—Lo mismo da que vaya mañana —se dijo, y se volvió a sentar en su cuchitril.

Contemplando atentamente a Margot creyó observar que de pronto cambiaba de color. Le pareció también que al salir la dejó con la boca cerrada, y que en aquel momento tenía los labios entreabiertos. Valiéndose del aparato del doctor, probó a soplar como él en la boca de Margot; pero no sabía cómo cogerlo, pues el tubo no se adaptaba bien a la ampolla. Periquillo soplaba y el aire se escapaba. Derramó algunas gotas de amoníaco en los labios de la joven, pero no llegaron a penetrar en su garganta. Recurrió nuevamente al tubo, y de nada sirvió.

—¡Qué trasto tan inútil! —exclamó, al fin, ya sin aliento—. ¡Esto no sirve para nada!

Y arrojando el aparato, se inclinó sobre Margot, puso sus labios en los suyos, y en un desesperado intento sopló con toda la fuerza de sus robustos pulmones e hizo penetrar el aire vital en el pecho de la joven. Al mismo tiempo, la ceniza se movió y dos brazos mortecinos se levantaron para volver a caer sobre el cuello de Periquillo. Margot exhaló un profundo suspiro y exclamó:

—¡Estoy helada!

—No, no estás helada —respondió Periquillo—; la ceniza te ha hecho entrar en calor.

—Es verdad. ¿Por qué me han traído aquí?

—Por nada, Margot; para que vuelvas en ti. ¿Qué tal te encuentras?

—No estoy mal, pero muy cansada. Ayúdame a incorporarme un poco.

El bueno de Piédelen y la señora Doradour, avisados por el médico, entraban en la cabaña mismo instante en que Margot, medio desnuda, reclinada con dulce abandono en los brazos de Periquillo, apuraba una cucharada de agua de cerezas.

—¡Ah! ¿Era esto lo que habéis ido a decirme? —gritó el buen Piédelen—. ¡Venir a contarle a uno que su hija ha muerto! ¡Eso no se puede hacer! ¡Mil truenos! ¡Otra vez no os lo perdonaría como ahora!

Y se arrojó en brazos de su hija, que le dijo sonriendo:

—Tened cuidado, padre mío, no me apretéis demasiado. Aún no hace mucho que he resucitado.

No necesito pintar la sorpresa y la alegría de la señora Doradour y de todos los parientes de Margot, que fueron llegando poco a poco.

También Gastón y la señorita de Vercelles vinieron a verla, y, en un aparte que tuvo con el bueno de Piédelen, la señora Doradour comenzó a comprender lo sucedido, hasta que posteriores conjeturas acabaron de explicarlo todo. Cuando el padre supo que el amor era la causa de la desesperación de su hija, y que ésta había querido pagar con su vida su estancia en casa de su madrina, dijo bruscamente a la señora Doradour, paseándose de arriba abajo por la estancia:

—Estamos en paz. Mucho os debía y con mucho os he pagado.

Y tomando a su hija de una mano la llevó a un rincón de la cabaña, donde la dijo, mostrándola un lienzo para servirla de sudario:

—Toma, desgraciada, toma esto, y si eres como debes, guárdalo para mí y no vuelvas nunca a pensar en matarte.

Y acercándose en seguida a Periquillo, le dijo, dándole un cariñoso espaldarazo:

—Decid, caballero que tan maravillosamente sabéis soplar en la boca a las mocitas: ¿no quieres que se os entregue el escudo que disteis al doctor?

—Señor —respondió Periquillo—, si os place, dadme mi escudo, pero ni un céntimo más; ¿comprendéis? No es por orgullo, pero cuando no se es nada en el mundo…

—¡Quita de ahí, zoquete! —replicó el buen hombre, dándole una segunda palmada en el hombro—. ¡Ve a cuidar un poco a tu enfermita! ¡Este perillán la ha soplado en la boca, pero ni siquiera me la ha dado un beso!

IX

Habían pasado diez años. Los victoriosos desastres de 1814 cubrían de soldados toda Francia. Envuelto por Europa entera, el Emperador acababa sus días como los empezó, y en vano buscaba, al término de su imperio, la inspiración que le guiara en las campañas de Italia. Las divisiones rusas, en marcha sobre París por la orilla del Sena, acababan de ser derrotadas en el combate de Nangis, donde habían sucumbido diez mil extranjeros. Un oficial, gravemente herido, procedente del cuerpo de ejército que mandaba el general Gérard, ganaba por Etampes la carretera de la Beauce. Apenas podía sostenerse a caballo. Extenuado de fatiga, al llegar la noche llamó a la puerta de una hermosa granja, pidiendo albergue hasta que amaneciera. Después de darle una buena cena, el granjero, que no contaba más de veinticinco años, le presentó a su mujer, joven y linda lugareña de su misma edad, aproximadamente, y madre de cinco niños. Al verla entrar, el oficial no pudo reprimir un grito de sorpresa, al que la linda aldeana respondió con una sonrisa.

—¿No me engañaré? —dijo el oficial—. ¿No habéis sido señorita de compañía de la señora Doradour, y no os llamáis Margarita?

—Para serviros —respondió ella—. ¿Y es al coronel conde Gastón de La Houville a quien tengo el honor de hablar, si la memoria no me engaña? Os presento a Pedro Blanchar, mi marido, a quien debo el estar todavía en el mundo. Besad a mis niños, señor conde. Es todo lo que queda de una familia que tanto tiempo y tan fielmente sirvió a la vuestra.

—¿Es posible? —respondió el oficial—. ¿Qué ha sido entonces de vuestros hermanos?

—Se quedaron en Champaubert y en Montmirail —dijo el granjero con voz conmovida—. Hacía seis años que los esperaba su padre en los cielos.

—También yo he perdido a mi madre —prosiguió el oficial—, y con su muerte perdí tanto como vos.

Y al decir estas palabras se enjugó una lágrima.

—Vamos, Periquillo —añadió alegremente Margot, dirigiéndose a su marido y levantando su vaso—. ¡Bebamos a la memoria de los muertos, amigo mío, y a la salud de tus hijos! En la vida hay momentos muy duros; lo importante es saberlos pasar.

Al día siguiente, al dejar la granja, el oficial dio las gracias a sus huéspedes, y en el momento de montar a caballo no pudo por menos de preguntar a Margot:

—Y vuestro antiguo amor, Margot, ¿lo recordáis todavía?

—A fe mía, señor conde —respondió Margot—, que se quedó en el río.

—Y con licencia os diré, señor —añadió Pedro—, que yo no iría allí a pescarle.

THÉOPHILE GAUTIER[2]

[2] Nacimiento: Tarbes, Altos Pirineos, Francia — 30 de agosto de 1811 Muerte: Neuilly-sur-Seine, Francia — 23 de octubre de 1872. Obras más importantes: El pie de la momia, La muerta enamorada, Avatar, El capitán Fracasse, Esmaltes y camafeos (poesía) Y Arria Marcella.

EL PIE DE LA MOMIA

Había entrado, por aburrimiento, en el establecimiento de uno de esos vendedores de curiosidades llamados marchands de bric-à-brac en el argot parisino, tan completamente ininteligible para el resto de Francia. Sin duda ha echado usted una ojeada, a través del escaparate, a alguna de esas tiendas que tanto han proliferado desde que se ha puesto de moda adquirir muebles antiguos y de que el menor agente de cambio se siente obligado a poseer un dormitorio medieval. Es algo que participa a la vez de la tienda de un chatarrero, del almacén de un tapicero, del laboratorio de un alquimista y del taller de un pintor; en esos antros misteriosos en lo que los postigos filtran una prudente penumbra, lo que hay más destacadamente antiguo es el polvo; las telarañas son allí más auténticas que las blondas y el viejo peral más antiguo que la caoba llegada ayer mismo de América.

La tienda de mi vendedor de bric-à-brac era un auténtico Cafarnaún; todos los siglos y todos los países parecían haberse dado cita allí; una lámpara etrusca de terracota roja descansaba sobre un armario de Boulle, con paneles de ébano severamente rayado por filamentos de cobre; una duquesa de tiempos de Luis XV alargaba negligentemente sus pies de cierva bajo una robusta mesa Luis XIII, con pesadas espirales de madera de encina, y esculturas mezcladas con follajes y quimeras. Una armadura damasquinada de Milán hacía espejear en un rincón el vientre de acero de su coraza; amorcillos y ninfas de biscuit, figuras de porcelana de China, cucuruchos de celadón y grietoso, tazas de Sajonia y antiguos Sèvres llenaban las estanterías y las rinconeras. Sobre los anaqueles denticulados de los chineros resplandecían inmensos platos del Japón, con dibujos rojos y azules, realzados con sombreados de oro, junto a esmaltes de Bernard Palissy, que representaban culebras, ranas y lagartos en relieve. De los armarios repletos desbordaban cascadas de telas de seda satinada de plata, oleadas de brocatel salpicado de puntos luminosos por un oblicuo rayo de sol; retratos de todas las épocas sonreían a través de su barniz amarillo en marcos más o menos deteriorados.

El vendedor me seguía con precaución por el tortuoso pasillo abierto entre dos pilas de muebles, bajando con la mano el arriesgado impulso de los faldones de mi levita, vigilando mis codos con la inquieta atención del anticuario y del usurero. Este vendedor tenía una figura singular: un cráneo inmenso, pulido como una rodilla, rodeado de una escasa aureola de canas que hacía resaltar más intensamente el tono salmón claro de la piel y le daba el falso aspecto de bonhomía patriarcal, corregida, por otra parte, por el destello de dos ojillos amarillos que temblequeaban en sus órbitas como dos luises de oro sobre azogue. La curvatura de la nariz tenía una silueta aquilina que recordaba el tipo oriental o judío. Sus manos, delgadas, finas, venosas, llenas de nervios sobresalientes como las cuerdas de un mástil de violín, provistas de uñas curvadas semejantes a las que terminan las alas membranosas de los murciélagos, tenían un movimiento de oscilación senil, inquietante para la vista; pero esas manos agitadas por tics febriles se hacían más firmes que tenazas de acero o que las pinzas de un cangrejo cuando agarraban algún objeto precioso, una copa de ónice, un vaso de Venecia o una bandeja de cristal de Bohemia; aquel viejo singular tenía un aspecto tan profundamente rabínico y cabalístico que, por su cara, habría sido quemado en la hoguera hace tres siglos.

—¿No va a comprarme nada hoy, señor? Aquí tiene un kris malayo cuya hoja se ondula como una llama; mire estas ranuras para conducir la sangre, estas molduras practicadas en sentido contrario para arrancar las entrañas al retirar el puñal; es un arma feroz, de bello aspecto, que quedaría muy bien en su armería; este mandoble es muy hermoso, es de Josepe de la Hera y esta cochelimarde de cazoleta calada ¡qué excelente trabajo!

—No, tengo ya suficientes armas e instrumentos de carnicería; busco una figurilla, un objeto cualquiera que pudiera servirme de pisapapeles, pues no soporto esos bronces de pacotilla que venden en las papelerías y que se encuentran invariablemente sobre todos los escritorios.

El viejo gnomo, husmeando entre sus antiguallas, me mostró bronces antiguos o supuestamente tales, trozos de malaquita, pequeños ídolos hindúes o chinos, especie de siempretiesos de jade, encarnación de Brahma o de Visnú, maravillosamente apropiados para el uso, bastante poco divino, de sujetar periódicos y cartas.

Dudaba entre un dragón de porcelana completamente salpicado de verrugas, con las fauces adornadas de colmillos y espinas, y un pequeño fetiche mexicano abominable que representaba al dios Vitziliputzili, cuando vi un pie encantador que, en un primer momento, tomé por un trozo de una venus antigua. Tenía las bellas tonalidades amarillas y rojizas que dan al bronce florentino ese aspecto cálido y vivaz, tan preferible al tono cubierto de cardenillo de los bronces ordinarios que se tomarían fácilmente por estatuas en putrefacción: reflejos satinados temblaban sobre sus formas redondas y pulidas por los besos amorosos de veinte siglos, pues debía tratarse de un bronce de Corinto, un trabajo de la mejor época, tal vez una obra de Lisipo.

—Este pie me servirá, —dije al vendedor, que me miraba con aire irónico y solapado tendiéndome el objeto solicitado para que pudiera examinarlo con más detenimiento.

Su levedad me sorprendió; no era un pie de metal, sino un pie de carne, un pie embalsamado, un pie de momia: contemplándolo de cerca se podía distinguir el relieve de la piel y el gofrado casi imperceptible impreso por la trama de los vendajes. Los dedos eran finos, delicados, terminados por uñas perfectas, puras y transparentes como ágatas; el dedo gordo, algo separado, contrariaba agradablemente el plano de los demás a la manera antigua, y le daba aspecto despejado, una esbeltez de pie de pájaro; la planta, rayada apenas por algunas sombras invisibles, evidenciaba que no había tocado el suelo jamás y que sólo había estado en contacto con las más finas esteras de juncos del Nilo y con las más mullidas alfombras de piel de pantera.

—¡Ah! ¡ah! quiere usted el pie de la princesa Hermonthis, —dijo el vendedor con una extraña risa irónica, clavando en mí sus ojos de búho— ¡ah! ¡ah! ¡ah! ¡para servir de pisapapeles! Una idea original, una idea de artista; si le hubieran dicho al viejo faraón que el pie de su adorada hija serviría de pisapapeles se habría sorprendido mucho cuando mandaba perforar una montaña de granito para introducir en ella el triple sepulcro pintado y dorado, completamente cubierto de jeroglíficos con hermosas representaciones del juicio de las almas —añadió a media voz el singular vendedor como si hablara consigo mismo.

—¿Por cuánto me venderá este trozo de momia?

—¡Ah! Lo más caro que pueda, pues es un trozo magnífico; si tuviera la pareja, no lo conseguiría usted por menos de quinientos francos: la hija de un faraón, ¡no hay nada más exótico!

—Verdaderamente, no es muy común; pero, en fin, ¿cuánto quiere usted? Le advierto una cosa, y es que no poseo más tesoro que cinco luises; compraré algo que cueste cinco luises y nada más. Por más que escrutara el fondo de los bolsillos de mis chalecos, y mis cajones más recónditos, no encontraría en ellos ni un miserable tigre de cinco zarpas.

—Cinco luises por el pie de la princesa Hermonthis, es poco, muy poco en realidad, pues se trata de un pie auténtico, —dijo el vendedor moviendo la cabeza e imprimiéndole movimiento a sus pupilas—. Está bien, lléveselo, y además se lo envuelvo —añadió envolviéndolo en un viejo trozo de damasco— en un damasco auténtico, de las Indias, que no ha vuelto a ser teñido; es muy resistente, muy mullido, —susurraba deslizando sus dedos por el tejido razado, por una reminiscencia comercial que le hacía ensalzar un objeto de tan escaso valor que él mismo consideraba digno de ser dado.

Introdujo las monedas de oro en una especie de faltriquera medieval que colgaba de su cinturón, repitiendo:

—¡El pie de la princesa Hermonthis sirviendo de pisapapeles!

Luego, fijando en mí sus pupilas fosfóricas, me dijo con una voz estridente similar al maullido de un gato que acaba de tragarse una espina:

—El viejo faraón no va a sentirse feliz, pues amaba mucho a su hija, el pobre hombre.

—Habla usted de él como si fuera su contemporáneo; aunque anciano, usted no se remonta a las pirámides de Egipto —le contesté riendo desde el umbral del bazar.

Volví a mi casa muy contento de mi adquisición. Para darle utilidad de inmediato, coloqué el pie de la divina princesa Hermonthis sobre un legajo de papeles, esbozos de versos, mosaico indescifrable de tachones, artículos comenzados, cartas olvidadas y echadas al correo en un cajón, error que ocurre con frecuencia a las personas distraídas; el efecto era encantador, extraño y romántico.

Satisfecho de este embellecimiento, bajé a la calle y me fui a pasear con la gravedad adecuada y el orgullo de un hombre que tiene sobre los demás transeúntes con los que se cruza, la ventaja inefable de poseer un trozo de la princesa Hermonthis, hija de un faraón. Encontré soberanamente ridículos a todos cuantos no poseían, como yo, un pisapapeles tan notablemente egipcio; considerando que el auténtico interés de un hombre sensato era tener el pie de una momia sobre su escritorio. Afortunadamente, el encuentro con algunos amigos vino a sacarme de mi excesiva admiración de reciente propietario; me fui a comer con ellos, pues me habría resultado difícil irme a comer conmigo mismo.

Cuando regresé a casa por la noche, con el cerebro jaspeado por algunas venas de gris de perle, una sutil bocanada de perfume oriental me cosquilleó delicadamente en el órgano olfativo; el calor de la habitación había atibiado el natrón, el betún y la mirra en los que los embalsamadores habían bañado el cuerpo de la princesa; era un perfume suave aunque penetrante, un perfume que cuatro mil años no habían logrado evaporar. El sueño de Egipto era la eternidad: sus olores tienen la solidez del granito y duran tanto como él.

Pronto bebí a grandes tragos en la copa negra del sueño; durante una hora o dos todo permaneció opaco, el olvido y la nada me inundaban con sus vagas sombras, pero pronto, mi oscuridad intelectual se iluminó y los sueños comenzaron a rozarme en su vuelo silencioso. Los ojos de mi alma se abrieron y vi mi habitación tal como era en realidad; habría podido creerme despierto, pero una vaga percepción me decía que estaba dormido y que algo extraño iba a suceder. El olor de la mirra había aumentado de intensidad, me notaba un ligero dolor de cabeza que atribuía, muy razonablemente, a algunos vasos de vino de Champaña que nos habíamos tomado brindando por los dioses desconocidos y por nuestros éxitos futuros.

Miraba mi habitación con una atención que nada justificaba; los muebles estaban perfectamente en su sitio, la lámpara ardía sobre la consola, suavemente atenuada por la blancura lechosa de su globo de cristal esmerilado; las acuarelas espejeaban bajo su cristal de Bohemia; las cortinas colgaban lánguidamente: todo tenía un aspecto adormecido y tranquilo. Sin embargo, al cabo de unos instantes, este interior tan apacible pareció turbarse, las maderas crujieron furtivamente; el tronco cubierto de ceniza lanzó de repente una llamarada de gas azul, y los discos de las páteras parecían ojos de metal pendientes, como yo, de todo cuanto iba a suceder.

Mi mirada se dirigió, por casualidad, hacia la mesa sobre la que había colocado el pie de la princesa Hermonthis. En lugar de permanecer inmóvil, como corresponde a un pie embalsamado desde hacía cuatro mil años, se movía, se contraía y saltaba sobre los papeles como una rana asustada: habríase dicho que estaba conectado a una pila voltaica; yo oía con toda nitidez el ruido seco que producía su pequeño talón, duro como la pezuña de una gacela. Estaba bastante descontento con mi adquisición, pues prefería los pisapapeles sedentarios, considerando poco natural el hecho de ver pies que se paseaban sin piernas, y empecé a sentir algo que se parecía mucho al espanto.

De pronto, vi removerse el pliegue de una de mis cortinas y oí los pasos de una persona que parecía saltar a la pata coja. Debo reconocer que sentí frío y calor alternativamente; que noté un viento desconocido soplar en mi espalda, y que mis cabellos, al erizarse, hicieron que mi gorro de dormir saliera despedido hasta una distancia de dos o tres pasos.

Las cortinas se abrieron y vi avanzar la figura más extraña que pueda imaginarse. Era una joven, de color café con leche oscuro, como la bayadera de Amani, de una belleza perfecta y que recordaba al más puro tipo egipcio; tenía los ojos en forma de almendra con los rabillos hacia arriba y las cejas tan negras que parecían azules, su nariz tenía un corte delicado, casi griega por su finura, y se la habría podido tomar por una estatua de bronce de Corinto, si la prominencia de las mejillas y el tamaño algo africano de la boca no hubieran hecho reconocer, sin duda alguna, la raza jeroglífica de las orillas del Nilo.

Sus brazos delgados y torneados en huso, como los de las jovencitas, estaban rodeados por una especie de aro de metal y de pulseras de abalorios; sus cabellos estaban trenzados en cordones, y sobre su pecho colgaba un ídolo de pasta verde cuyo látigo de siete cuerdas hacía reconocer como Isis, la conductora de las almas; sobre su frente resplandecía una placa de oro, y bajo los tintes cobrizos de sus mejillas asomaban restos de maquillaje. Por lo que respecta a su vestido, era muy extraño. Imaginen un taparrabos de vendas estampadas de jeroglíficos negros y rojos, engrudado de betún y que parecía pertenecer a una momia recién desfajada.

Por uno de los saltos de pensamiento tan frecuentes en los sueños, escuché la voz falsa y ronca del vendedor del bazar que repetía, como un estribillo monótono, la frase que había pronunciado en su tienda con entonación tan enigmática:

—El viejo faraón no se va a poner muy contento, pues amaba mucho a su hija, el buen hombre.

Particularidad extraña y que no me tranquilizó en absoluto: la aparición sólo tenía un pie, la otra pierna terminaba en el tobillo. Se dirigió hacia la mesa donde el pie de la momia se movía y bullía redoblando su rapidez. Cuando llegó, se apoyó en el borde y vi que una lágrima se formaba y brillaba en sus ojos. Aunque no hablaba, comprendí su pensamiento; miraba el pie, que era sin duda el suyo, con una expresión de tristeza coqueta de una gracia infinita; pero el pie saltaba y corría de acá para allá como si estuviera provisto de resortes de acero. Dos o tres veces extendió la mano para atraparlo, pero no lo logró.

Entonces, entre la princesa Hermonthis y su pie, que parecía provisto de vida independiente, se estableció un diálogo extraño en un copto antiguo como el que podría hablarse hace una treintena de siglos en los syringes del país del Ser: afortunadamente aquella noche yo conocía el copto a la perfección.

La princesa Hermonthis decía con un tono suave y vibrante como una campanilla de cristal:

—¡Ah! mi pie querido, huisteis de mí pese a que yo os cuidaba bien. Os bañaba en agua perfumada en un recipiente de alabastro; pulía vuestro talón con piedra pómez impregnada de aceite de palma; vuestras uñas estaban cortadas con tijeras de oro y limadas con dientes de hipopótamo, me preocupaba de elegir para vos thabebs bordadas y pintadas con puntera curva, que eran la envidia de todas las jovencitas de Egipto; llevábais en vuestro dedo gordo joyas que representaban al sagrado escarabajo, y sosteníais uno de los cuerpos más ligeros que un pie perezoso pudiera desear.

El pie respondía con tono mohíno y apesadumbrado:

—Sabes bien que no me pertenezco, que he sido comprado y pagado; el viejo vendedor sabía lo que hacía, os detesta por haberos negado a contraer matrimonio con él: es su venganza. El árabe que profanó vuestro real sepulcro en el pozo subterráneo de la necrópolis de Tebas fue enviado por él, pues quería impedir que acudieras a la reunión de los pueblos tenebrosos, en las ciudades inferiores. ¿Tenéis cinco monedas de oro para rescatarme?

—Desgraciadamente, no. Mis piedras preciosas, mis anillos, mis bolsas de oro y plata, todo me lo han robado —respondió la princesa Hermonthis con un suspiro.

—Princesa —exclamé— yo no he retenido jamás de forma injusta el pie de nadie; aunque no dispongáis de los cinco luises que me ha costado, os lo devuelvo con mucho gusto; me sentiría desesperado por dejar coja a una persona tan amable como la princesa Hermonthis.

Solté la parrafada con un tono regencia y trovador que debió sorprender a la bella egipcia. Me dirigió una mirada cargada de reconocimiento, y sus ojos se iluminaron con resplandores azulados. Cogió su pie, que en esta ocasión se dejó atrapar, como una mujer que va a ponerse su borceguí y lo unió a su pierna con gran habilidad. Una vez concluida la operación, dio dos o tres pasos por la habitación como para asegurarse de que, realmente, había dejado de ser coja.

—¡Ah! ¡qué contento se va a poner mi padre, que tan desolado estaba por mi mutilación y que, desde el día que nací, había puesto a un pueblo entero a trabajar para excavarme una tumba tan profunda en la que pudiera conservarme intacta hasta el día supremo en que las almas serán pesadas en las balanzas de Amenthi. Venid conmigo a casa de mi padre, os recibirá bien puesto que me habéis devuelto mi pie.

Encontré esta proposición completamente natural; me puse mi salto de cama estampado con grandes ramos, que me proporcionaba un aspecto faraónico; me puse rápidamente mis babuchas turcas, y le dije a la princesa Hermonthis que estaba listo para seguirla.

Antes de marcharse, Hermonthis retiró de su cuello la figurilla de pasta verde y la colocó sobre las hojas dispersas que cubrían la mesa.

—Es justo —dijo sonriendo— que reemplace vuestro pisapapeles.

Me tendió la mano, que era suave y fría como una piel de culebra, y nos marchamos. Nos desplazamos durante un rato con la rapidez de una flecha, en un medio fluido y grisáceo, en el que distintas siluetas a medio esbozar pasaban a derecha e izquierda. Por un momento, sólo vimos el mar y el cielo. Minutos después, los obeliscos empezaron a apuntar, los pilones, las rampas flanqueadas de esfinges se dibujaron en el horizonte.

Habíamos llegado. Había corredores directamente tallados en la roca; los muros, cubiertos de paneles de jeroglíficos y de procesiones alegóricas, habían debido ocupar a miles de brazos durante miles de años; aquellos corredores, de longitud interminable, conducían a habitaciones cuadradas, en medio de las cuales habían perforado pozos a los que descendimos valiéndonos de grapones o de escaleras en espiral; esos pozos nos conducían a otras habitaciones de las que partían otros corredores igualmente decorados de gavilanes, de serpientes enrolladas, taus, pedum, bari místicos, prodigioso trabajo que ningún ojo humano vivo debía contemplar, interminables textos en granito que sólo los muertos tendrían tiempo de leer durante la eternidad.

Por fin, desembocamos en un salón tan amplio, tan enorme, tan desmesurado, que no podían verse sus límites; filas de columnas monstruosas se extendían hasta perderse de vista entre las que temblaban lívidas estrellas de luz amarilla: aquellos puntos brillantes revelaban profundidades incalculables. La princesa Hermonthis me conducía de la mano y saludaba graciosamente con la otra mano a las momias que conocía.

Mis ojos se habituaron a una semipenumbra crepuscular y empezaron a distinguir los objetos. Vi, sentados en sus tronos, a los reyes de las razas subterráneas; eran grandes ancianos delgados, arrugados, apergaminados, negros de nafta y de betún, cubiertos con tocado de oro, protegidos por pectorales y alzacuellos consteladas de pedrerías, con ojos fijos como los de las esfinges y con largas barbas blanqueadas por la nieve de los siglos: tras ellos, sus pueblos embalsamados se mantenían de pie en las poses rígidas y forzadas del arte egipcio, conservando eternamente la actitud prescrita por el código hierático; tras los pueblos, maullaban, batían sus alas y reían con risa burlona, los gatos, los ibis y los cocodrilos coetáneos, con aspecto más monstruoso aún por su fajamiento de vendas.

Todos los faraones se encontraban allí: Keops, Kefrén, Samético, Sesostris, Amenofis; todos los negros dominadores de las pirámides y de las syringes; sobre un estrado más alto reinaba el rey Cronos, Xixouthros, que fue contemporáneo del diluvio, y Tubal Caín, que le precedió. La barba del rey Xixouthros había crecido hasta tal punto que ya le daba siete veces la vuelta a la mesa de granito en la que se apoyaba soñador y adormecido. Más lejos, en un vapor polvoriento, a través de la bruma de la eternidad, distinguí vagamente a los setenta y dos reyes preadamistas, con sus setenta y dos pueblos desaparecidos para siempre.

Tras haberme dejado unos minutos para gozar de aquel vertiginoso espectáculo, la princesa Hermonthis me presentó al faraón, su padre, que me hizo con la cabeza un gesto muy majestuoso.

—¡He recuperado mi pie! ¡he recuperado mi pie! —gritaba la princesa mientras batía palmas con todas las manifestaciones de una alegría loca—, este es el señor que me lo ha devuelto.

Las razas de Kemé, las de Nahasi, todas las naciones negras, bronceadas o cobrizas repetían a coro: «¡La princesa Hermonthis ha recuperado su pie!»

Hasta el mismo Xixouthros se emocionó. Levantó sus párpados pesados, pasó sus dedos por el bigote y dejó caer sobre mí una mirada cargada de siglos.

—Por Oms, el perro de los infiernos, y por Tmeï, la hija del Sol y de la Verdad, he aquí un valiente y digno joven —dijo el faraón dirigiendo hacia mí su cetro terminado en una flor de loto—. ¿Qué deseas como recompensa?

Fortalecido por la audacia que conceden los sueños, en los que nada es imposible, le pedí la mano de Hermonthis: la mano a cambio del pie, me parecía una recompensa antitética de bastante buen gusto.

El faraón, sorprendido por mi osadía y mi petición, abrió por completo sus ojos de cristal:

—¿De qué país eres, y qué edad tienes?

—Soy francés, y tengo veintisiete años, venerable faraón.

—¡Veintisiete años, y quiere casarse con la princesa Hermonthis, que tiene treinta siglos! —exclamaron al unísono todos los tronos y todos los círculos de las naciones.

Sólo Hermonthis pareció no encontrar inconveniente mi propuesta.

—Si al menos tuvieras dos mil años —prosiguió el anciano rey— te concedería con mucho gusto la mano de la princesa; pero la desproporción es muy grande, y nuestras hijas necesitan esposos que duren, vosotros ya no sabéis conservaros; los últimos que trajeron hace apenas quince siglos, no son ya más que una pulgarada de ceniza; mira, mi carne es dura como el basalto, y mis huesos como barras de acero. Asistiré al fin del mundo con el cuerpo y la cara que tenía en vida; mi hija Hermonthis durará más que una estatua de bronce. Para entonces el viento habrá dispersado el último grano de tu polvo, y hasta Isis, que supo encontrar los trozos de Osiris, se las verá y deseará para recomponer tu ser. Comprueba hasta qué punto soy aún fuerte y cómo mis brazos funcionan aún —dijo estrechándome la mano a la inglesa con tal fuerza que estuvo a punto de cortarme los dedos con mis anillos. Me apretó con tanta fuerza que me desperté, y vi a mi amigo Alfred que me tiraba del brazo y me sacudía para que me levantara.

—¡Vamos!, redomado dormilón, ¿tendré que llevarte enmedio de la calle y lanzarte cohetes junto a los oídos? Son más de las doce, ¿no te acuerdas pues de que me habías prometido pasar a recogerme para ir a ver los cuadros españoles del señor Aguado?

—¡Dios Santo! Se me había olvidado —respondí mientras me vestía— vamos a ir: tengo el permiso aquí sobre mi escritorio.

Me acerqué para cogerlo; pero ¡imaginen mi sorpresa cuando en lugar del pie de momia que había adquirido la víspera, me encontré la figurilla de pasta verde depositada allí por la princesa Hermonthis!

EL CABALLERO DOBLE

¿Qué es, entonces, lo que pone tan triste a la rubia Edwige? ¿Por qué está sentada aparte, con el mentón apoyado en la mano y el codo en la rodilla, más melancólica que la desesperanza, más pálida que la estatua de alabastro que llora sobre una tumba?

Desde el borde de su párpado una gruesa lágrima se desliza por la pelusa de su mejilla; una sola, pero inagotable. Como la gota que rezuma de las bóvedas de roca y que, con el tiempo, desgasta el granito, esa única lágrima, al caer sin descanso desde sus ojos hasta su corazón, lo ha perforado y atravesado de parte a parte.

Edwige, rubia Edwige, ¿ya no crees en Jesucristo, el dulce Salvador? ¿Dudas de la misericordia de la Santísima Virgen María? ¿Por qué llevas sin cesar tus pequeñas manos diáfanas, delgadas y delicadas como las de los elfos y las willis, hacia el costado? Vas a ser madre; ese era tu deseo más ferviente. Tu noble esposo, el conde Lodbrog, ha prometido un altar de plata maciza y un cáliz de oro fino a la iglesia de Saint-Cuthbert si le dabas un hijo.

¡Ay, ay! La pobre Edwige tiene el corazón atravesado por los siete puñales del dolor; un terrible secreto pesa sobre su alma. Hace unos meses, un extranjero había llegado al castillo. Aquella noche hacía muy mal tiempo: las torres se estremecían, las veletas crujían, el fuego se arrastraba por la chimenea y el viento golpeaba los cristales como un intruso que intenta entrar.

El extranjero era hermoso como un ángel, pero como un ángel caído; sonreía con dulzura y miraba con suavidad; sin embargo, su mirada y su sonrisa helaban de terror e inspiraban el pavor que se siente al asomarse a un abismo. Una gracia perversa, una languidez peligrosa como la del tigre que acecha a su presa, acompañaban todos sus movimientos; fascinaba como la serpiente que hipnotiza al pájaro.

Aquel extranjero era maestro cantor; su tez oscura revelaba que había conocido otros cielos. Dijo venir del fondo de Bohemia y pidió hospitalidad solo por una noche. Permaneció esa noche y muchas más, pues la tormenta no amainaba y el viejo castillo se estremecía sobre sus cimientos como si el vendaval quisiera arrancarlo de raíz y arrojar su corona de almenas a las aguas furiosas del torrente.

Para conjurar el mal tiempo, cantaba extraños poemas que perturbaban el corazón y despertaban pensamientos inquietantes; y mientras cantaba, un cuervo brillante como el azabache, posado sobre su hombro, marcaba el ritmo con su pico de ébano y parecía aplaudir sacudiendo las alas. Edwige se ruborizaba, se ruborizaba como las rosas del amanecer, y se recostaba en su gran sillón, lánguida, medio desfallecida, embriagada como si hubiera aspirado el perfume mortal de flores venenosas.

Finalmente, el maestro cantor pudo marcharse, pues el cielo se despejó con una sonrisa azul. Desde ese día, Edwige, la rubia Edwige, no hace más que llorar junto a la ventana.

Edwige ha sido madre: tiene un hermoso niño, completamente blanco y bermejo. El viejo conde Lodbrog ha encargado al fundidor el altar de plata maciza y ha entregado mil monedas de oro al orfebre, en una bolsa de piel de reno, para que fabrique el cáliz; será amplio y pesado y contendrá gran cantidad de vino. El sacerdote que lo vacíe podrá decir que es un gran bebedor.

El niño es blanco y bermejo, pero tiene la mirada negra del extranjero; la madre lo ha notado bien. ¡Ah, pobre Edwige! ¿Por qué miraste tanto al extranjero del arpa y del cuervo?

El capellán bautiza al niño y le da el nombre de Oluf, hermoso nombre. El astrólogo sube a la torre más alta para trazar su carta astral. El tiempo está claro y frío: como la mandíbula de un lince de dientes agudos y blancos, una hendidura de montañas cubiertas de nieve muerde el borde inferior del cielo; las estrellas, grandes y pálidas, brillan en el azul áspero de la noche como soles de plata.

El astrólogo anota la altitud, el año, el día y el minuto; realiza largos cálculos con tinta roja sobre un pergamino cubierto de signos cabalísticos; vuelve a su gabinete y regresa a la plataforma. No se ha equivocado. El pequeño conde Oluf tiene una doble estrella: una verde y otra roja; verde como la esperanza, roja como el infierno; una favorable y otra funesta. ¿Se ha visto alguna vez un niño con dos estrellas?

Con gesto grave, el astrólogo entra en la habitación de la madre reciente y dice, mientras pasa su mano huesuda por su gran barba:

—Condesa Edwige, conde Lodbrog: dos influencias han marcado el nacimiento de Oluf, su hijo: una buena y otra mala. Por eso tiene una estrella verde y una roja. Está sometido a un doble influjo: será muy feliz o muy desgraciado; quizá ambas cosas.

El conde Lodbrog respondió:

—Prevalecerá la estrella verde.

Pero Edwige temía en su corazón que fuera la roja. Volvió a apoyar el mentón en la mano, el codo en la rodilla, y volvió a llorar junto a la ventana. Después de amamantar a su hijo, su única ocupación era mirar, a través del cristal, cómo caía la nieve en grandes copos, como si allá arriba desplumaran las alas blancas de todos los ángeles y querubines.

De vez en cuando, un cuervo pasaba frente a la ventana, graznando y sacudiendo el polvo plateado. Le recordaba a Edwige el cuervo que siempre se posaba sobre el hombro del extranjero de mirada felina y sonrisa venenosa. Y sus lágrimas caían con mayor rapidez desde sus ojos hasta su corazón, su corazón herido de parte a parte.

El joven Oluf es un niño extraño: parece que dentro de su piel blanca y bermeja habitan dos niños de carácter opuesto; un día es bueno como un ángel, otro cruel como un demonio. Muerde el pecho de su madre y araña el rostro de su nodriza.

El anciano conde Lodbrog, riendo entre dientes, dice que Oluf tiene un carácter combativo y será un buen soldado. En realidad, Oluf es un pequeño bribón insoportable: tan pronto llora como ríe; es caprichoso como la luna, inconstante como el viento; va y viene, se detiene sin motivo, abandona lo que empieza y pasa de la agitación más inquieta a la inmovilidad más absoluta. Incluso cuando está solo, parece hablar con alguien invisible. Cuando se le pregunta por esas rarezas, responde que lo atormenta la estrella roja.

Oluf está por cumplir quince años. Su carácter se vuelve cada vez más incomprensible; su rostro, aunque hermoso, tiene una expresión inquietante. Es rubio como su madre, con todos los rasgos del Norte; pero bajo su frente blanca, intacta como la nieve virgen de su linaje, brillan unos ojos negros, de largas pestañas, encendidos por una pasión oscura y extranjera: una mirada suave y cruel, como la del maestro cantor de Bohemia.

¡Qué rápido pasan los meses y, más aún, los años! Edwige descansa ya bajo los arcos sombríos del panteón de los Lodbrog, junto al viejo conde, sonriente en su ataúd al saber que su apellido no se extinguirá. Estaba tan pálida que la muerte apenas la cambió. Sobre su tumba hay una escultura yacente, con las manos juntas y los pies apoyados sobre un galgo de mármol. Lo que Edwige dijo al sacerdote que la confesó nadie lo sabe, pero él salió más pálido que la moribunda.

Oluf, el hijo rubio y moreno de la desdichada Edwige, tiene ahora veinte años. Es hábil en todos los ejercicios: nadie dispara mejor el arco; parte la flecha aún temblorosa en el centro del blanco; sin freno ni espuela doma los caballos más salvajes.

Nunca ha mirado a una mujer sin consecuencias, pero ninguna de las que lo amaron fue feliz. El desequilibrio de su carácter impide toda felicidad duradera. Una mitad siente pasión; la otra, odio. A veces domina la estrella verde, otras la roja. Un día exalta la pureza helada del Norte; otro, el fuego dorado de Italia. Y lo más triste es que es sincero en ambas exaltaciones.

Si fuéramos al cementerio, entre verbascos, asfódelos y ortigas, hallaríamos más de una tumba olvidada donde solo el rocío derrama lágrimas. Mina, Dora, Tecla: ¿pesa mucho la tierra sobre sus cuerpos delicados?

Un día Oluf llama a Dietrich, su fiel escudero, y le ordena que ensille su caballo.

—Señor, mire cómo cae la nieve, cómo sopla el viento y hace inclinarse hasta el suelo la copa de los abetos; ¿no escucha a lo lejos aullar a los lobos hambrientos y bramar a los renos agonizantes como almas en pena?

—Dietrich, mi fiel escudero, me sacudiré la nieve como se sacude la pelusa que se adhiere a una capa; pasaré bajo el arco de los abetos inclinando un poco el penacho de mi casco. En cuanto a los lobos, sus zarpas se embotarán contra esta buena armadura y, excavando la nieve con la punta de mi espada, descubriré para el pobre reno que gime y llora a lágrima viva el musgo florido que no puede encontrar.

El conde Oluf de Lodbrog —ese es su título tras la muerte del viejo conde— avanza sobre su buen caballo acompañado de sus dos perros gigantes, Murg y Fenris. El joven señor, de párpados anaranjados, tiene una cita y quizá ya, desde lo alto de la pequeña torrecilla en forma de garita, la joven inquieta se asoma a su balcón esculpido, pese al frío y al viento, tratando de distinguir entre la blancura de la llanura el penacho del caballero.

Sobre su gran caballo de formas pesadas, cuyos flancos hiere a golpes de espuela, Oluf avanza por el campo; atraviesa el lago que el frío ha convertido en un bloque de hielo, donde los peces permanecen incrustados con las aletas extendidas como petrificaciones en la masa del mármol. Las cuatro herraduras del caballo, provistas de clavos, muerden con firmeza la superficie dura; un vaho, producido por su sudor y su respiración, lo envuelve y lo sigue: parece galopar dentro de una nube. Los dos perros, Murg y Fenris, a ambos lados de su dueño, lanzan por sus fosas nasales ensangrentadas largos chorros de vapor, como animales mitológicos.

Llega al bosque de abetos; semejantes a espectros, los árboles extienden sus brazos cargados de paños blancos; el peso de la nieve curva a los más jóvenes y flexibles: parece una sucesión de arcos de plata. El terror habita en ese bosque donde las rocas adoptan formas monstruosas y donde cada árbol, con sus raíces al descubierto, parece incubar a sus pies un nido de dragones entumecidos. Pero Oluf no conoce el miedo. El sendero se estrecha cada vez más; los abetos entrecruzan sus ramas de manera inextricable; solo algunos claros permiten ver la cadena de colinas nevadas que se recorta en ondulaciones blancas sobre el cielo oscuro y apagado.

Por fortuna, Mopse es un corcel vigoroso, capaz de llevar sin flaquear al gigantesco Odín; no hay obstáculo que lo detenga. Salta rocas, salva barrancos y, de vez en cuando, arranca de las piedras que golpea con el casco sobre la nieve un chorro de chispas que se apagan al instante.

—Vamos, Mopse, ánimo. Solo tienes que cruzar la pequeña llanura y el bosque de abedules; una mano hermosa acariciará tu cuello brillante y en una cuadra caliente comerás toda la cebada y la avena que quieras.

¡Qué espectáculo ofrece el bosque de abedules! Todas las ramas están cubiertas por una capa de escarcha; las ramitas más finas se dibujan en blanco sobre la oscuridad del aire: parece una inmensa filigrana, un coral de plata, una gruta llena de estalactitas. Las formas y flores caprichosas que la helada graba sobre los cristales no ofrecen diseños más variados ni más extraños.

—Señor Oluf, cuánto ha tardado. Temía que el oso de la montaña le hubiera cerrado el paso o que los elfos lo hubieran invitado a bailar —dijo la joven castellana, invitándolo a sentarse en el sillón de roble junto a la chimenea—. Pero ¿por qué ha venido a una cita de amor acompañado? ¿Tenía miedo de cruzar solo el bosque?

—¿De qué compañero habla, flor de mi alma? —preguntó Oluf, sorprendido.

—Del caballero de la estrella roja que siempre lleva consigo. El que nació de la mirada del cantor de Bohemia, el espíritu funesto que lo posee. Deshágase de él o no escucharé nunca sus palabras de amor: no puedo ser la mujer de dos hombres a la vez.

Nada de lo que dijo o hizo Oluf sirvió de algo; ni siquiera pudo besar el pequeño dedo rosado de la mano de Brenda. Se marchó irritado y decidido a enfrentarse al caballero de la estrella roja si llegaba a encontrarlo.

A pesar de la dura acogida de Brenda, Oluf retomó al día siguiente el camino del castillo de las torres en forma de garita; los enamorados no se rinden con facilidad. Mientras avanzaba pensaba: «Brenda está loca; ¿qué quiere decir con ese caballero de la estrella roja?».

La tormenta era violentísima; la nieve giraba en remolinos y apenas permitía distinguir la tierra del cielo. Un torbellino de cuervos, pese a los ladridos de Fenris y Murg, que saltaban para atraparlos, giraba siniestramente sobre el penacho de Oluf. Al frente de ellos estaba el cuervo brillante como el azabache, el mismo que marcaba el ritmo sobre el hombro del cantor de Bohemia.

Fenris y Murg se detuvieron de pronto: sus hocicos olfateaban el aire con inquietud. No era un lobo ni un zorro; esos serían presa fácil. Se oyó el ruido de unos pasos y pronto apareció, en un recodo del camino, un caballero montado en un caballo alto, seguido de dos enormes perros. Podría haberse confundido con Oluf. Iba armado exactamente igual, con la misma coraza y el mismo blasón, salvo por una pluma roja en el casco en lugar de una verde. El sendero era tan estrecho que uno de los dos debía retroceder.

—Señor Oluf, retroceda para que yo pase —dijo el caballero con la visera baja—. Estoy de viaje; me esperan.

—Por los bigotes de mi padre, será usted quien retroceda. Voy a una cita de amor y los enamorados no esperan —respondió Oluf, llevando la mano a la empuñadura de su espada.

El desconocido desenvainó la suya y el combate comenzó. Las espadas, al chocar contra las mallas de acero, lanzaban chispas brillantes; aunque eran de excelente temple, pronto quedaron melladas como sierras. Entre el vapor de los caballos y el aliento jadeante, los combatientes parecían dos herreros oscuros trabajando sobre un fuego encendido.

Los caballos, dominados por la furia de sus jinetes, se mordían los cuellos y se desgarraban el pecho; se encabritaban, golpeaban con los cascos como puños cerrados, mientras los caballeros se herían con golpes terribles. Los perros no eran sino mordidas y aullidos.

La sangre que brotaba entre las escamas de las armaduras caía tibia sobre la nieve, formando pequeños agujeros rosados. Al poco tiempo, el suelo parecía una criba.

Ambos caballeros estaban heridos. Oluf sentía los golpes que daba y los que recibía: un frío le atravesó el pecho, como si una espada buscara su corazón; sin embargo, su coraza estaba intacta y su única herida era un golpe en el brazo derecho. Era un duelo extraño, donde herir y ser herido resultaba indistinto.

Reuniendo todas sus fuerzas, Oluf lanzó un golpe que hizo volar el yelmo de su adversario. Entonces vio el horror: estaba luchando contra sí mismo. Ni un espejo habría sido más fiel. El espectro, el caballero de la estrella roja, lanzó un grito y desapareció.

El torbellino de cuervos se elevó en el cielo. Oluf continuó su camino y, al regresar esa noche a su castillo, llevaba a la grupa a la joven castellana, que esta vez había aceptado escucharlo. Al no estar ya presente el caballero de la estrella roja, ella se decidió a dejar caer sobre el corazón de Oluf la confesión que tanto cuesta al pudor.

La noche era clara y azul. Oluf alzó la vista para buscar su doble estrella y mostrársela a su prometida, pero solo brillaba la verde; la roja había desaparecido.

Al entrar, Brenda, feliz por el prodigio que atribuía al amor, le hizo notar que el negro de sus ojos se había vuelto azul, signo de reconciliación celestial. El viejo Lodbrog sonrió desde su tumba, bajo sus bigotes blancos, pues los ojos de Oluf siempre le habían provocado inquietud. La sombra de Edwige descansa al fin: su hijo ha vencido la influencia del cuervo negro, del ojo anaranjado y de la estrella roja. El hombre ha vencido al íncubo.

Esta historia muestra hasta qué punto un solo instante de descuido, incluso una mirada inocente, puede tener consecuencias. Mujeres jóvenes, no fijen sus ojos en los maestros cantores de Bohemia que recitan poemas embriagadores y diabólicos. Confíen solo en la estrella verde. Y quienes cargan con una doble naturaleza, luchen con valentía contra su enemigo interior, aunque deban herirse con su propia espada.

Si alguien se pregunta quién transmitió esta leyenda noruega, diremos que fue un cisne: un ave hermosa de pico amarillo que cruzó el fiordo nadando y volando a partes iguales.

CHARLES BAUDELAIRE[3]

<hr>

[3] Nacimiento: París, Francia — 9 de abril de 1821. Muerte: París, Francia — 31 de agosto de 1867. Obras más importantes: Las flores del mal, El spleen de París (Pequeños poemas en prosa), Los paraísos artificiales, El pintor de la vida moderna y Edgar Allan Poe: su vida y su obra (ensayo crítico).

DEL VINO Y DEL HACHÍS

I. EL VINO

Un hombre muy célebre, que era al mismo tiempo un gran tonto —cosas que se llevan bien, según parece, como tendré más de una vez, sin duda, el doloroso placer de demostrar— se ha atrevido, en un libro sobre la Mesa, compuesto desde el doble punto de vista del placer y la higiene, a escribir lo siguiente en el capítulo sobre el vino:

«El patriarca Noé pasa por ser el inventor del vino; es un licor que se hace con el fruto de la vid».

¿Y después? Después, nada. Será inútil que hojeéis el volumen, que lo recorráis en todos los sentidos, que lo leáis al derecho, al revés, de derecha a izquierda y de izquierda a derecha: nada más encontraréis sobre el vino en la Fisiología del gusto del muy ilustre y respetado Brillat-Savarin: «El patriarca Noé…» y «es un licor…».

Me imagino que un habitante de la Luna o de algún planeta lejano viaja por nuestro mundo y, cansado por sus largas etapas, desea refrescarse el paladar y calentarse el estómago. Tiene que ponerse al corriente de los placeres y costumbres de nuestra Tierra. Ha oído hablar vagamente de deliciosos licores con los que los ciudadanos de este globo se procuran, a voluntad, alegría y coraje. Para estar más seguro de su elección, el habitante de la Luna recurre al oráculo del buen gusto, el célebre e infalible Brillat-Savarin, y encuentra en el artículo del vino esta información preciosa: «El patriarca Noé…» y «este licor se hace…».

Es algo muy digestivo y muy explicativo. Después de haber leído esta frase, es imposible no tener una idea exacta y clara de todos los vinos, de sus diferentes cualidades, de sus inconvenientes y del efecto que ejercen en el estómago y el cerebro.

¡Oh, queridos amigos, no leáis a Brillat-Savarin! Dios evita a los que ama las lecturas inútiles. Tal es la primera máxima de un librito de Lavater, filósofo que amó a los hombres más que a todos los magistrados del mundo antiguo y moderno. No se ha bautizado postre alguno con el nombre de Lavater, pero el recuerdo de ese hombre angélico seguirá viviendo entre los cristianos cuando los buenos burgueses hayan olvidado ya al Brillat-Savarin, bizcocho insípido cuyo menor defecto consiste en servir de pretexto para un desembuchamiento de máximas totalmente pedantes tomadas de la famosa obra maestra.

Si una nueva edición de esa falsa obra maestra se atreve a afrontar la cordura de la humanidad moderna, bebedores melancólicos o bebedores alegres, los que buscáis en el vino el recuerdo o el olvido y, al no encontrarlo nunca lo suficientemente a vuestro gusto, no contempláis ya el cielo sino a través del fondo de la botella; bebedores olvidados y desconocidos, ¿compraréis un ejemplar de este libro y trocaréis el bien por el mal, el beneficio por la indiferencia?

Abro la Kreisleriana del divino Hoffmann y leo en ella una recomendación curiosa:

«El músico concienzudo debe emplear el vino de Champaña para componer una ópera cómica. En él encontrará la alegría espumante y liviana que el género reclama. La música religiosa exige vino del Rhin o del Jurançon. Como en el fondo de las ideas profundas, hay en ellos una amargura embriagadora; pero la música heroica no puede prescindir del vino de Borgoña: posee el ímpetu severo y la seducción del patriotismo».

Esto es mejor ciertamente, y además del sentimiento apasionado de un bebedor, encuentro en ello una imparcialidad que hace el mayor honor a un alemán. Hoffmann había armado un raro barómetro psicológico destinado a mostrarle las diferentes temperaturas y los fenómenos atmosféricos de su alma.

En él se encuentran divisiones tales como estas: «tendencia ligeramente irónica atemperada por la indulgencia; amor a la soledad con profunda satisfacción de mí mismo; júbilo musical, entusiasmo musical, tempestad musical, alegría sarcástica insoportable para mí mismo, aspiración a salir de mi yo, objetividad excesiva y fusión de mi ser con la naturaleza».

No es necesario decir que las divisiones del barómetro moral de Hoffmann se hallaban acotadas de acuerdo con el orden de su generación, como en los barómetros corrientes. Me parece que entre ese barómetro psicológico y la explicación de las cualidades musicales de los vinos existe una fraternidad evidente.

Hoffmann comenzaba a ganar dinero cuando se lo llevó la muerte. La fortuna le sonreía. Como nuestro querido y gran Balzac, sólo en los últimos tiempos vio brillar la aurora boreal de sus esperanzas más antiguas. En esa época, los editores, que se disputaban sus cuentos para los almanaques, tenían la costumbre, para obtener su favor, de acompañar sus envíos de dinero con un cajón de vinos franceses.

Profundos goces del vino, ¿quién no os ha conocido? Quienquiera que ha tenido que apaciguar un remordimiento, que evocar un recuerdo, que ahogar un sufrimiento, que hacer castillos en el aire; todos, en fin, te han invocado, Dios misterioso oculto en las fibras de la vid.

¡Qué grandes son los espectáculos del vino iluminados por el sol interior! ¡Qué auténtica y ardiente esa segunda juventud que el hombre extrae de sí mismo! Pero qué temibles también esas voluptuosidades fulminantes y sus encantamientos enervantes.

Sin embargo, decidme, en vuestra alma y conciencia, jueces, legisladores, hombres de mundo, todos aquellos a quienes la felicidad hace bondadosos, a quienes la fortuna hace fáciles la salud y las virtudes, decidme: ¿quién de vosotros tendrá el valor despiadado de condenar al hombre que bebe con inteligencia?

Por otra parte, el vino no siempre es el terrible combatiente seguro de su triunfo y, además, ha jurado no mostrar compasión ni misericordia. El vino es semejante al hombre: no sabe jamás hasta qué punto se lo puede estimar o despreciar, amar o aborrecer, ni de cuántos actos sublimes o delitos monstruosos es capaz.

Por consiguiente, no seamos más crueles con él que con nosotros mismos y tratémoslo como igual.

«Hombre, mi bien amado, quiero hacerte llegar, a pesar de mi cárcel de vidrio y mis cerrojos de corcho, un canto lleno de fraternidad, un canto lleno de alegría, de luz y de esperanza.

No soy ingrato y sé que te debo la vida. Sé que eso te ha costado trabajo y sol en los hombros. Tú me has dado la vida y te recompensaré. Te pagaré mi deuda con largueza, porque siento un júbilo extraordinario cuando caigo en el fondo de una garganta sedienta por el trabajo.

El pecho de un hombre honrado es una morada que me agrada mucho más que esos sótanos melancólicos e insensibles. Es una tumba alegre donde cumplo con entusiasmo mi destino. Armo un zafarrancho en el estómago del obrero y, desde allí, por escaleras invisibles, subo hasta su cerebro, donde ejecuto mi suprema danza.

¿Oyes cómo se agitan y resuenan en mí los poderosos estribillos de los tiempos antiguos, los cantos del amor y de la gloria? Yo soy el alma de la patria, galante a medias y a medias militar. Soy la esperanza de los días de fiesta, pues el trabajo hace los días prósperos y el vino hace los domingos dichosos.

Arremangado y con los codos apoyados en la mesa de la familia, me elogiarás con orgullo y te sentirás verdaderamente contento.

Encenderé los ojos de tu anciana esposa, la vieja compañera de tus pesadumbres cotidianas y de tus esperanzas más antiguas. Enterneceré su mirada y pondré en el fondo de su pupila el relámpago de la juventud.

Y a tu hijito querido, paliducho, ese pobre pollino uncido a la misma fatiga que el caballo de varas, le devolveré los bellos colores de su cuna; y seré para ese nuevo atleta de la vida el óleo que fortificaba los músculos de los antiguos luchadores.

Caeré en el fondo de tu pecho como una ambrosía vegetal. Seré la semilla que fertilice el surco dolorosamente abierto. Nuestro íntimo ayuntamiento creará la poesía. Entre ambos haremos un Dios y volaremos hacia el infinito como los pájaros, como las mariposas, los hilos de telaraña, los perfumes y todo aquello que posee alas».

Eso es lo que canta el vino en su lenguaje misterioso. ¡Ay de aquel cuyo corazón egoísta y cerrado a los dolores de sus hermanos nunca ha oído esa canción!

Con frecuencia he pensado que, si Jesucristo compareciera al presente en el banquillo de los acusados, encontraría algún acusador público que demostraría que la reincidencia empeora su caso. En cuanto al vino, reincide todos los días. Todos los días repite sus beneficios. Eso explica, sin duda, el ensañamiento de los moralistas contra el vino. Cuando digo moralistas, me refiero a los seudomoralistas fariseos.

Pero he aquí algo muy distinto. Descendamos un poco más abajo. Contemplemos a uno de esos seres misteriosos que viven, por decirlo así, de las deyecciones de las grandes ciudades; pues hay oficios extravagantes. Su número es inmenso. A veces he pensado aterrado en los oficios que no comportan alegría alguna, oficios desagradables, fatigas sin alivio, sufrimientos no compensados.

Me engañaba. He aquí un hombre encargado de recoger los restos de un día en la capital. Todo lo que la gran ciudad ha desechado, todo lo que ha perdido, todo lo que ha desdeñado, todo lo que ha roto, él lo cataloga y colecciona. Compulsa los archivos del libertinaje, el cajón de sastre de los desechos, hace una cribadura, una selección inteligente; recoge, como su tesoro un avaro, las basuras que, rumiadas por la divinidad de la industria, se convertirán en objetos de utilidad o de goce.

Ved cómo, a la claridad lóbrega de los faroles acosados por el viento nocturno, sube por una de esas largas callejuelas tortuosas pobladas por pequeños hogares de la montaña Sainte-Geneviève. Está cubierto con su capa de mimbre y su número siete. Llega sacudiendo la cabeza y tropezando con los adoquines, como los poetas jóvenes que pasan todos sus días vagando en busca de rimas.

Habla solo y derrama su alma en el aire frío y tenebroso de la noche. Es un monólogo magnífico que inspira la compasión por las tragedias más líricas.

«¡Adelante! ¡Marchen! ¡División, primera fila, ejército! ¡Exactamente como el Napoleón agonizante en Santa Helena!».

Parecería que el número siete se ha convertido en un cetro de hierro y la capa de mimbre en un manto imperial. Ahora felicita a su ejército. Se ha ganado la batalla, pero la jornada ha sido dura. Pasa a caballo bajo arcos de triunfo. Su corazón es dichoso. Escucha con delicia las aclamaciones de un mundo entusiasmado. Poco después dictará un código superior a todos los conocidos. Jura solemnemente que hará a sus pueblos felices. La miseria y el vicio han desaparecido en los seres humanos.

Y, sin embargo, tiene la espalda y los riñones desollados por el peso de su mochila. Le acosan los disgustos domésticos. Le han cansado cuarenta años de trabajo y de caminatas. La vejez le atormenta. Pero el vino, como un nuevo Pactolo, hace correr a través de la humanidad languideciente un oro intelectual. Como los buenos reyes, reina por sus servicios y canta sus proezas con la garganta de sus súbditos.

Hay en el globo terráqueo una multitud innumerable y sin nombre, cuyo sueño no adormecería bastante los sufrimientos. El vino compone para ella canciones y poemas.

Muchas personas me encontrarán, sin duda, demasiado indulgente. «Usted absuelve la borrachera e idealiza el vicio». Confieso que ante los beneficios carezco de coraje para contar los daños. Por lo demás, ya he dicho que al vino se lo puede asimilar con el hombre y he concedido que sus crímenes son tantos como sus virtudes. ¿Puedo hacer algo más?

Por otra parte, se me ocurre una idea. Si el vino desapareciera de la producción humana, creo que en la salud y el intelecto del planeta se produciría un vacío, una ausencia, una imperfección mucho más espantosa que todos los excesos y las desviaciones de que se hace responsable al vino.

¿No es razonable pensar que las personas que jamás beben vino, ingenuas o sistemáticas, son imbéciles o hipócritas? Imbéciles, es decir, hombres que no conocen la humanidad ni la naturaleza; artistas que rechazan los medios tradicionales del arte; obreros que blasfeman de la mecánica. Hipócritas, es decir, glotones vergonzantes, fanfarrones de la sobriedad que beben a escondidas y ocultan algún vino.

Un hombre que no bebe más que agua es porque tiene un secreto que oculta a sus semejantes.

Júzguese: hace algunos años, en una exposición de pintura, la multitud de los necios armó un gran escándalo ante un cuadro pulido, encerado y barnizado como un objeto industrial. Era la antítesis absoluta del arte; y con respecto a La cocina de Drolling, que es la locura respecto a la necedad, y los esbirros respecto al imitador.

En esa pintura microscópica se veían volar las moscas. Me sentí, como todos, atraído por aquel objeto monstruoso, pero me avergonzaba esa extraña debilidad, porque era la irresistible atracción de lo horrible. En fin, advertí que me arrastraba sin saberlo una curiosidad filosófica, el inmenso deseo de averiguar cuál podía ser la índole moral del hombre que había concebido extravagancia tan criminal.

Aposté conmigo mismo que tenía que ser fundamentalmente malo. Hice tomar informes y mi instinto tuvo el placer de ganar esa apuesta psicológica. Me enteré de que el monstruo se levantaba regularmente antes del alba, había arruinado a su sirvienta… ¡y sólo bebía leche!

Una o dos anécdotas más y dogmatizaremos.

Un día, en una acera, vi un gran grupo de gente; conseguí mirar por encima de los hombros de los pazguatos y observé lo siguiente: un hombre tendido en tierra, de espaldas y con los ojos abiertos, fijos en el cielo; y otro hombre de pie delante de él, hablándole solamente con gestos. El hombre tendido en tierra le respondía sólo con la mirada, y ambos parecían animados por una benevolencia prodigiosa.

Los gestos del hombre de pie decían a la inteligencia del hombre tendido: «Ven, ven de nuevo, la dicha está allí, a dos pasos. Ven hasta la esquina de la calle. No hemos perdido por completo de vista la costa de la aflicción, todavía no estamos en la alta mar del ensueño; vamos, valor, amigo, diles a tus piernas que satisfagan tu pensamiento».

Todo esto lleno de vacilaciones y de balanceos armoniosos. El otro estaba ya, sin duda, en alta mar (por lo demás, navegaba en el arroyo), pues su sonrisa beata respondía: «Deja en paz a tu amigo. La costa de la aflicción ha desaparecido ya lo suficiente detrás de las neblinas bienhechoras; no tengo nada más que pedir al cielo del ensueño».

Creo haber oído también una frase vaga, o más bien que se escapaba de su boca un suspiro vagamente formulado en palabras: «Hay que ser razonable». Esto es el colmo de lo sublime. Pero, como veréis, en la embriaguez existe lo hipersublime.

Siempre lleno de indulgencia, el amigo va solo a la taberna y vuelve con una cuerda en la mano. Sin duda, no podía soportar la idea de navegar solo y de correr a solas tras la dicha; por eso iba a buscar a su amigo en un coche. El coche era la cuerda, y le pasó ese coche por la cintura. El amigo tendido le sonríe; sin duda ha comprendido el maternal pensamiento. El otro hace un nudo en la cuerda y luego comienza a andar, como un caballo apacible y discreto, y acarrea a su amigo hasta la cita con la felicidad.

El hombre acarreado, o más bien arrastrado, y que pulimenta el pavimento con la espalda, continúa sonriendo con su sonrisa inefable. La gente está estupefacta, pues lo demasiado bello, lo que supera a las fuerzas poéticas del hombre, causa más asombro que enternecimiento.

Había un hombre, español, un guitarrista que viajó durante largo tiempo con Paganini; eso sucedió antes de la época gloriosa de Paganini. Ambos llevaban la gran vida vagabunda de los bohemios, de los músicos ambulantes, de las personas sin familia y sin patria. Ambos, violín y guitarra, daban conciertos en todas partes por donde pasaban. Erraron así durante mucho tiempo por diversos países.

Mi español poseía tal talento que podía decir como Orfeo: «Soy el dueño de la naturaleza». Por dondequiera que iba, rasgueando las cuerdas de su guitarra y haciéndolas vibrar armoniosamente bajo el pulgar, estaba seguro de que le seguiría una multitud. Con semejante secreto, nunca se muere de hambre. Le seguían como a Jesucristo. ¡No es posible negar comida y hospitalidad al hombre, al genio, al hechicero que hace cantar a vuestra alma sus canciones más bellas, las arias más secretas, las más desconocidas y las más misteriosas!

Me han asegurado que ese hombre, de un instrumento que solamente produce sonidos sucesivos, obtenía fácilmente sonidos continuados.

Paganini llevaba la bolsa y ejercía la gerencia de los fondos sociales, lo que no sorprenderá a nadie. La caja viajaba en la persona del administrador; tan pronto estaba arriba como abajo, hoy en las botas y mañana entre dos costuras del traje. Cuando el guitarrista, que era gran bebedor, preguntaba cuál era la situación financiera, Paganini respondía que ya no quedaba nada, o casi nada, pues era como los viejos, que tienen siempre el temor de carecer de lo necesario.

El español le creía o fingía creerle, y, con los ojos fijos en el horizonte del camino, pulsaba y atormentaba a su compañera inseparable. Paganini avanzaba por el otro lado de la ruta. Era un acuerdo mutuo para no molestarse. Y así los dos estudiaban y trabajaban mientras seguían caminando.

Luego, cuando llegaban a algún lugar que ofrecía probabilidades de ingresos, uno de ellos ejecutaba una de sus composiciones y el otro improvisaba a su lado una variación, un acompañamiento o un fondo. Nadie sabrá nunca cuántos goces y poesía contenía esa vida de trovadores. No sé por qué se separaron.

El español viajó solo. Una tarde llegó a una aldea del Jura. Hizo fijar carteles anunciando un concierto en una sala de la alcaldía. El concierto consistía en un solo de guitarra. Se había hecho conocer tocando en los cafetines, y su raro talento había llamado la atención de algunos músicos de la pequeña ciudad. En fin, acudió mucha gente a oírle.

Mi español había descubierto en un rincón de la aldea, al lado del cementerio, a otro español, un paisano. Era una especie de empresario de sepulturas, un marmolista fabricante de tumbas. Como todos los que ejercen oficios fúnebres, bebía en abundancia. De modo que la botella y la patria comunes los llevaron muy lejos, pues el músico no se separaba ya del marmolista.

El mismo día del concierto, cuando llegó la hora, estaban juntos. ¿Pero dónde? Era lo que había que averiguar. Lo buscaron en todos los cafés y tabernas del pueblo y, por fin, lo encontraron con su amigo en una zahúrda indescriptible, los dos completamente borrachos.

Siguieron escenas parecidas a las de Kean y Frederick. Por fin consintió en ir a tocar, pero de pronto se le ocurrió una idea:

«Tú tocarás conmigo» —le dijo a su compañero.

El otro se negó a hacerlo; tenía un violín, pero tocaba como el peor rascatripas.

«Tocarás, o no tocaré yo tampoco».

De nada valieron los sermones ni las buenas razones; hubo que consentirlo.

Ya estaban en el tablado, ante la mejor burguesía del lugar.

«Traigan vino», dijo el español.

El constructor de sepulturas, conocido por todos, aunque no como músico, estaba demasiado borracho para sentir vergüenza. Cuando llevaron el vino, no tuvieron paciencia ni siquiera para destapar las botellas, y los ruines bribones las guillotinaron a cuchillazos como las personas mal educadas. ¡Juzgad qué buen efecto produciría eso en los provincianos endomingados! Las damas se retiraron, y, ante aquellos borrachos que parecían medio locos, mucha gente se fue escandalizada.

Pero obtuvieron su recompensa aquellos en los que el pudor no apagó la curiosidad y tuvieron el valor de quedarse.

«Comienza», ordenó el guitarrista al marmolista. No es posible expresar qué clase de sonidos salieron de aquel violín borracho; parecía que Baco delirante cortaba piedras con una sierra. ¿Qué tocaba, o qué quería tocar? Era lo mismo: lo primero que se le ocurría.

De pronto, una melodía enérgica o suave, caprichosa y única al mismo tiempo, envolvía, extinguía, ahogaba y disimulaba la batahola chillona. La guitarra cantaba en un tono tan alto que ya no se oía el violín. Y, sin embargo, era la melodía, la melodía borracha que había iniciado el marmolista.

La guitarra se expresaba con enorme sonoridad; charlaba, cantaba, declamaba con una verbosidad aterradora y con una seguridad y una pureza de dicción inauditas. La guitarra improvisaba una variación sobre el tema del violín de ciego. Se dejaba guiar por él y vestía espléndida y maternalmente la tenue desnudez de sus sonidos.

Mi lector comprenderá que esto es indescriptible; me lo ha contado un testigo veraz y serio. Al terminar, el público estaba más borracho que él. El español fue aplaudido, saludado y felicitado con un entusiasmo inmenso.

Pero el carácter de la gente de la región no le agradó, sin duda, pues esa fue la única vez que consintió en tocar.

¿Dónde se hallará ahora? ¿Qué sol ha contemplado sus últimos ensueños? ¿Qué suelo ha recibido sus despojos cosmopolitas? ¿Qué zanja ha cobijado su agonía?

¿Dónde están los perfumes embriagadores de las flores ya desaparecidas? ¿Dónde están los colores mágicos de los antiguos ocasos?

Sin duda, no os he enseñado nada nuevo. Todos conocen el vino, es amado por todos. Cuando exista un verdadero médico filósofo —lo que apenas se vislumbra— podrá hacer un estudio interesante sobre el vino, una especie de doble psicología, cuyos dos términos serán el vino y el hombre.

Explicará cómo y por qué ciertas bebidas poseen la facultad de aumentar desmedidamente la personalidad del ser pensante, y de crear, por decirlo así, una tercera persona: operación mística en la que el hombre natural y el vino, el dios animal y el dios vegetal, desempeñen el papel del Padre y el Hijo en la Trinidad, y engendren al Espíritu Santo, que es el hombre superior, que proviene igualmente de ambos.

Hay personas a las que desentumece el vino tan fuertemente que sus piernas se hacen más firmes y su oído excesivamente fino. Conocí a un individuo cuya vista debilitada recuperaba, con la embriaguez, toda su penetrante fuerza primitiva. El vino transformaba al topo en águila.

Un viejo autor desconocido ha dicho: «Nada iguala el deleite del hombre que bebe, como no sea el del vino al ser bebido». En efecto, el vino desempeña un papel íntimo en la vida de la humanidad, un papel tan íntimo que no me sorprendería que, seducidos por una idea panteísta, algunos individuos razonables le atribuyesen una especie de personalidad.

El hombre y el vino me parecen dos luchadores amigos que combaten sin cesar y sin cesar se reconcilian. El vencido abraza siempre al vencedor.

Hay borrachos malvados; son personas naturalmente malas. El hombre malo llega a ser execrable, como el bueno llega a ser excelente.

II. EL HACHÍS

Voy a hablar enseguida de una droga que está en boga desde hace algunos años, una especie de droga deliciosa para cierta clase de aficionados y cuyos efectos son mucho más fulminantes y fuertes que los del vino.

Describiré con cuidado todas sus consecuencias, y luego, reanudando la pintura de las diferentes eficacias del vino, compararé esos dos medios artificiales con los cuales el hombre, exasperando su personalidad, crea en sí mismo, por así decirlo, una especie de dios.

Mostraré los inconvenientes del hachís, el menor de los cuales, a pesar de los tesoros de benevolencia ignorados que aparentemente hace germinar en el corazón —o más bien en el cerebro— del hombre, consiste en que es antisocial, mientras que el vino es hondamente humano, y casi me atrevería a llamarlo hombre de acción.

A veces, cuando se hace la cosecha de cáñamo, se producen fenómenos extraños en los cuerpos de los peones masculinos y femeninos. Se diría que de la siega se eleva no sé qué vertiginoso espíritu que circula alrededor de las piernas y asciende maliciosamente hasta el cerebro. La cabeza del segador se llena de torbellinos y otras veces se carga de fantasías. Los miembros se debilitan y se niegan a funcionar.

Por lo demás, cuando era niño experimenté fenómenos análogos mientras jugaba y me revolcaba en montones de alfalfa.

Se ha tratado de hacer hachís con cáñamo en Francia. Todos esos ensayos han fracasado hasta el presente, y los empecinados que desean a toda costa procurarse goces mágicos han seguido utilizando el hachís que ha cruzado el Mediterráneo, es decir, el que está hecho con cáñamo indio o egipcio. El hachís se compone de una cocción de cáñamo indio, manteca y una pequeña cantidad de opio.

He aquí un dulce verde, singularmente oloroso, tan oloroso que causa una especie de repulsión, como, por lo demás, la causaría cualquier aroma fino llevado a su máximo de potencia y, por decirlo así, de densidad.

Tomad una porción grande como una nuez, llenad con ella una cucharita y poseeréis la felicidad, la felicidad absoluta con todas sus embriagueces, con todas sus locuras juveniles y también con sus infinitas beatitudes.

La felicidad está allí, en la forma de un trocito de dulce; tomadla sin temor, porque no mata; no daña gravemente los órganos físicos. Tal vez vuestra voluntad quede disminuida, pero ése es otro asunto.

En general, para dar al hachís toda su fuerza y eficacia hay que diluirlo en café muy caliente y tomarlo en ayunas; la comida se demora hasta las diez o las doce de la noche, y sólo se puede ingerir una sopa liviana. La infracción a esta regla tan sencilla produciría vómitos, pues la comida es incompatible con la droga o con la eficacia del hachís. Muchos ignorantes o imbéciles que se conducen así acusan al hachís de ineficaz.

Apenas es absorbida la pequeña droga —operación que, por otra parte, requiere cierta resolución, pues, como he dicho, la mezcla es tan olorosa que causa a algunas personas síntomas de náuseas—, os sentiréis inmediatamente en un estado ansioso.

Habéis oído hablar vagamente de los efectos maravillosos del hachís, vuestra imaginación se ha hecho de él una idea particular, un ideal de embriaguez, y estáis impacientes por saber si, en realidad, el resultado estará en consonancia con esa idea preconcebida.

El tiempo que transcurre entre la absorción del brebaje y los primeros síntomas varía según los temperamentos y también de acuerdo con la costumbre. Las personas que poseen el conocimiento y la práctica del hachís sienten, a veces, al cabo de media hora, los primeros síntomas de sus efectos.

Me olvidé de decir que el hachís produce en el hombre una exasperación de su personalidad y, al mismo tiempo, una sensación muy viva de las circunstancias y el ambiente. Conviene no someterse a su acción sino en ambientes y circunstancias favorables. Así como todo júbilo y todo bienestar son excesivos, así también todo dolor y toda angustia son profundos.

No hagáis semejante experiencia si tenéis que realizar alguna tarea desagradable, si vuestro ánimo se siente inclinado al spleen, si tenéis que pagar una cuenta. Ya he dicho que el hachís es inadecuado para la acción. No consuela como el vino; hace desarrollar desmedidamente la personalidad humana en las circunstancias actuales en que se halla situada.

En la medida posible, es necesario un buen departamento o un hermoso paisaje, una mente libre y despreocupada y algunos cómplices cuya idiosincrasia intelectual se aproxime a la vuestra, y también un poco de música, si ello fuera posible.

La mayoría de las veces, los novatos se quejan, en su primera iniciación, de la lentitud de los efectos. Los esperan con ansiedad; como no se presentan con toda la rapidez que desearían, hacen fanfarronadas de incredulidad que regocijan mucho a los que conocen las cosas y la manera como el hachís actúa.

Es uno de los espectáculos menos cómicos ver cómo aparecen y se multiplican los primeros ataques en medio de esa misma incredulidad. Ante todo, se apodera de vosotros cierta hilaridad irresistible y ridícula. Las palabras más vulgares, las ideas más simples, adquieren un aspecto extravagante y nuevo. Esa alegría se os hace insoportable a vosotros mismos, pero es inútil que respinguéis contra ella.

Os ha invadido el demonio, y todos los esfuerzos que hagáis para resistirlo servirán solamente para acelerar el progreso del mal. Os reís de vuestra necedad y de vuestra locura; vuestros amigos se os ríen en la cara, pero no les guardáis rencor, pues la benevolencia comienza a manifestarse.

Esta alegría lánguida, este malestar en el júbilo, esta inseguridad e indecisión en la enfermedad duran generalmente poco tiempo. Sucede algunas veces que personas completamente inhábiles para los juegos de palabras improvisan interminables sartas de retruécanos, de asociaciones de ideas enteramente improbables, capaces de desconcertar a los maestros más grandes en ese arte ridículo.

Al cabo de unos minutos, las asociaciones de ideas se van haciendo tan vagas, los hilos que ligan vuestras concepciones son tan tenues, que sólo pueden comprenderos vuestros cómplices, vuestros correligionarios. Vuestro jugueteo, vuestras carcajadas, parecen el colmo de la tontería a todos los que no se hallan en el mismo estado que vosotros.

La sapiencia de ese desdichado os regocija desmedidamente; su serenidad os lleva a los últimos linderos de la ironía; os parece el más loco y ridículo de los hombres. En cuanto a vuestros compadres, os entendéis perfectamente con ellos. Pronto ya no os comunicáis sino con la mirada. Es una situación un tanto cómica la de los hombres que gozan de una alegría incomprensible para quien no está situado en el mismo mundo que ellos. Le compadecen profundamente.

Por lo tanto, la idea de superioridad despunta en el horizonte de vuestra inteligencia. Y pronto crecerá desmesuradamente.

En esa primera fase fui testigo de escenas muy grotescas. Un músico célebre que ignoraba las propiedades del hachís, y que tal vez nunca había oído hablar de esa droga, se encuentra en una reunión donde casi todos lo han tomado. Se esfuerzan por que comprenda sus efectos maravillosos. Él ríe con gracia, como quien por decoro desea adaptarse a la situación durante unos minutos, porque es muy bien educado.

Todos ríen mucho, pues el hombre que ha tomado el hachís está en la primera fase, dotado de un admirable sentido de lo cómico. Continúan las carcajadas, los disparates incomprensibles, los juegos de palabras inextricables, los gestos extravagantes.

El músico declara que esa broma de artistas es mala y además tiene que ser muy fatigosa para sus autores. El júbilo aumenta.

«Esta broma puede ser buena para ustedes, pero no para mí», dice.

«Basta que sea buena para nosotros», replica egoístamente uno de los enfermos.

Llenan la sala de carcajadas interminables. El músico se enoja y quiere irse. Alguien cierra la puerta y oculta la llave. Otro se arrodilla delante de él y declara llorando, en nombre de todos los presentes, que si bien su inferioridad les inspira la compasión más profunda, no por eso dejará de animarlos una eterna benevolencia.

Le suplican que toque música y accede. Pero apenas el violín se hace oír, los sonidos que se difunden por la sala emocionan a algunos de los enfermos. Y todo se convierte en suspiros profundos, sollozos, gemidos desgarradores y torrentes de lágrimas.

El músico, asustado, se interrumpe y se cree en un manicomio. Se acerca a aquel cuya bienaventuranza hace más alboroto y le pregunta si sufre mucho y qué podría hacer para aliviarlo. Un hombre práctico, que tampoco ha probado la droga beatífica, propone limonada y ácidos. El enfermo, con éxtasis en los ojos, le contempla con un desprecio indecible y solamente su orgullo le salva de las injurias más graves.

¿Qué puede exasperar más, en efecto, a un enfermo de júbilo que el deseo de curarlo?

He aquí, en mi opinión, un fenómeno extremadamente curioso: una criada encargada de llevar tabaco y refrescos a personas drogadas con el hachís, viéndose rodeada de cabezas extrañas, de ojos desmesuradamente agrandados y de una atmósfera malsana causada por aquella locura colectiva, lanza una carcajada insensata y deja caer la bandeja, que se rompe con todas las tazas y los vasos, y huye a todo correr aterrorizada.

Todos ríen, y al día siguiente la criada confiesa que había sentido algo muy raro durante muchas horas, que había estado muy graciosa, muy… yo no sé cómo. Sin embargo, no había tomado hachís.

LA SEGUNDA FASE

La segunda fase se anuncia con una sensación de frescura en las extremidades y un gran debilitamiento. Tenéis, como se dice vulgarmente, manos de manteca, pesadez de cabeza y una estupefacción generalizada en todo vuestro ser.

Vuestros ojos se agrandan, parecen atraídos en todas las direcciones por un arrobamiento implacable. Vuestra faz palidece y se pone lívida y verdosa. Los labios se fruncen, se contraen y parecen querer introducirse en la boca. Roncos y profundos suspiros se escapan de vuestro pecho, como si vuestra naturaleza anterior no pudiera soportar el peso de la nueva.

Los sentidos adquieren una finura y una agudeza extraordinarias. Los ojos perforan el infinito, los oídos perciben los sonidos más imperceptibles en medio de los ruidos más estruendosos.

Comienzan las alucinaciones. Los objetos exteriores adquieren apariencias monstruosas. Se os presentan en formas desconocidas hasta entonces. Luego se deforman, se transforman y, finalmente, penetran en vuestro ser o bien vosotros penetráis en ellos.

Tienen lugar los equívocos más extraños, las trasposiciones de ideas más inexplicables. Los sonidos tienen color y los colores música. Las notas musicales son números y resolvéis, con una rapidez espantosa, prodigiosos cálculos aritméticos a medida que la música penetra en vuestros oídos.

Estáis sentados y fumáis, pero creéis que estáis sentados en vuestra pipa y que es vuestra pipa la que os fuma; sois vosotros quienes os exhaláis en la forma de nubes azuladas.

Os sentís bien así, y solamente os preocupa y os inquieta una cosa: ¿cómo os arreglaréis para salir de vuestra pipa?

Esa imaginación dura una eternidad. Un intervalo de lucidez os permite consultar el reloj mediante un gran esfuerzo. La eternidad ha durado un minuto. Otra corriente de ideas os arrastra y os arrastrará durante otro minuto en su torbellino viviente, y ese minuto será también una eternidad.

Las proporciones del tiempo y la existencia son desbaratadas por la multitud innumerable y por la intensidad de las ideas y sensaciones. Se viven muchas vidas de hombre en el término de una hora. Ése es el tema de La piel de zapa. Ya no existe ecuación entre los órganos y los goces.

De vez en cuando, la personalidad desaparece. Esa característica de objetividad que ciertos poetas panteístas y los grandes actores han perseguido llega a ser tal, que os confundís con los seres exteriores.

Heos aquí convertidos en árboles que le braman al viento y cantan las melodías vegetales a la naturaleza.

Ahora os cernís en el azul del cielo inmensamente agrandado. Todo dolor ha desaparecido. Ya no lucháis, os llevan; ya no sois dueños de vosotros mismos y no os afligís por ello. La idea del tiempo desaparecerá por completo en seguida.

Un pequeño despertar se produce todavía de cuando en cuando. Os parece que salís de un mundo maravilloso y fantástico. Es cierto que conserváis la facultad de observaros y mañana guardaréis el recuerdo de algunas de vuestras sensaciones. Pero no podréis aplicar esa facultad psicológica. Os desafío a que afiléis una pluma o un lápiz; sería una tarea superior a vuestras fuerzas.

Otras veces la música os recita poemas infinitos, os convierte en dramas espantosos o mágicos. Se asocia con los objetos que tenéis a la vista. Las pinturas del techo, inclusive las mediocres o malas, adquieren una vida terrible. El agua límpida y seductora se desliza por el césped que tiembla. Las ninfas de carnes resplandecientes os miran con grandes ojos más límpidos que el agua y que el azul celeste.

Ocuparéis vuestro puesto y desempeñaréis vuestro papel en los peores cuadros, en los papeles pintados más vulgares que tapizan las paredes de las posadas.

He observado que el agua adquiría un encanto espantoso para todas las mentes algo artistas iluminadas por el hachís. Las aguas corrientes, los surtidores, las cascadas armoniosas, la inmensidad azul del mar, ruedan, duermen y cantan en el fondo de vuestra mente. Acaso no fuera conveniente dejar a un hombre en ese estado a la orilla de un agua límpida, pues, como el pescador de la balada, tal vez se dejaría arrastrar por la Ondina.

Hacia el final de la velada se puede comer algo, pero esa operación no se realiza sin alguna dificultad. Uno se siente tan por encima de las realidades materiales que, en verdad, preferiría permanecer acostado de espaldas en el fondo de ese paraíso intelectual. Algunas veces, no obstante, el apetito se despierta de una manera extraordinaria, pero hace falta mucho valor para mover una botella, un tenedor o un cuchillo.

LA TERCERA FASE

La tercera fase, separada de la segunda por un acrecentamiento de la crisis, por una embriaguez vertiginosa seguida por un malestar nuevo, es algo indescriptible. Es lo que los orientales denominan el kief, la bienaventuranza absoluta. Ya no se trata de algo remolinante y tumultuoso. Es una beatitud apacible e inmóvil.

Quedan resueltos todos los problemas filosóficos. Todas las cuestiones difíciles contra las cuales batallan los teólogos y que desesperan a la humanidad razonadora, son límpidas y claras. Todas las contradicciones se transforman en unidad. El hombre ha pasado a ser Dios.

En vosotros hay algo que dice:

«Eres superior a todos los demás hombres, nadie comprende lo que piensas ni lo que sientes ahora. Son incapaces de comprender, inclusive, el amor inmenso que experimentas por ellos. Mas no hay que odiarlos por eso; hay que compadecerlos. Una inmensidad de dicha y de virtud se abre ante ti. Nadie sabrá jamás a qué grado de inteligencia y de virtud has llegado. Vive en la soledad de tu pensamiento y procura no afligir a los hombres».

Uno de los efectos más grotescos del hachís es el temor, llevado hasta la locura más meticulosa, de afligir a quienquiera que sea. Inclusive disfrazaríais, si pudierais hacerlo, el estado extranatural en que os encontráis para no causar inquietud al más insignificante de los hombres.

En ese estado supremo, el amor, en los espíritus afectuosos y artísticos, toma las formas más raras y se presta a las combinaciones más extravagantes. Un libertinaje desenfrenado puede amalgamarse con un sentimiento de paternidad ardiente y cariñosa.

Mi última observación no será la menos interesante.

Cuando en la mañana del día siguiente veis la luz del sol instalada en vuestra habitación, vuestra primera sensación es de profundo asombro. El tiempo había desaparecido por completo. Poco antes era la noche y, al presente, es el día.

«¿He dormido o no he dormido? ¿Mi embriaguez ha durado toda la noche y, suprimida la noción del tiempo, la noche entera apenas ha tenido para mí el valor de un segundo? ¿O bien he estado amortajado en los velos de un sueño repleto de visiones?». No es posible saberlo.

Os parece que experimentáis un bienestar y una agilidad mental maravillosos, y ninguna fatiga. Pero apenas os levantáis, un resto de la embriaguez se pone de manifiesto. Vuestras débiles piernas os conducen con timidez; teméis romperos como un objeto frágil. Una gran languidez, que no carece de encanto, se apodera de vuestro ánimo. Sois incapaces de trabajar y os falta energía para la acción.

Es el castigo merecido por la prodigalidad impía con la que habéis hecho tan gran gasto de fluido nervioso. Habéis arrojado vuestra personalidad a los cuatro vientos del cielo, y ahora se os hace difícil recogerla y concentrarla.

Yo no digo que el hachís produzca en todos los hombres todos los efectos que acabo de describir. Me he referido, más o menos —salvo algunas variantes—, a los fenómenos que se producen generalmente en los espíritus artísticos y filosóficos.

Pero hay temperamentos en los que esta droga no origina sino una locura bulliciosa, una alegría violenta que se parece al vértigo, a las danzas, los saltos, los pataleos y las carcajadas.

Tienen, por así decirlo, un hachís muy material. No pueden soportarlos los espiritualistas, quienes sienten por ellos una gran compasión. Su ruin personalidad se pone de manifiesto. Yo vi en una ocasión a un magistrado respetable, un hombre honorable —como se llaman a sí mismas las personas distinguidas—, uno de esos hombres cuya gravedad artificial siempre se impone, en el momento en que el hachís comenzaba a ejercer sus efectos, ponerse bruscamente a bailar un cancán de los más indecentes. El monstruo interior y verídico se ponía de manifiesto. Aquel hombre que juzgaba las acciones de sus semejantes, aquel Togatus, había aprendido, en secreto, a bailar el cancán.

Así pues, puede afirmarse que esa impersonalidad, ese objetivismo del que he hablado, y que no es sino el desarrollo excesivo del espíritu poético, no se encontrará nunca en el hachís de esa gente.

El gobierno de Egipto prohíbe la venta y el comercio del hachís, en el interior del país por lo menos. Los desdichados apasionados por él acuden al farmacéutico, con el pretexto de comprar otra droga, para adquirir su pequeña dosis preparada de antemano.

El gobierno egipcio hace bien. Un estado razonable no podría subsistir si se emplease el hachís, que no crea guerreros ni ciudadanos. En efecto, al hombre le está prohibido, bajo pena de decadencia y de muerte intelectual, alterar las condiciones primordiales de su existencia y romper el equilibrio entre el medio y sus facultades. Si existiera un gobierno interesado en corromper a sus gobernados, le bastaría con alentar el empleo del hachís.

Se dice que esta sustancia no origina daño físico alguno. Eso es cierto, por lo menos hasta el presente. Pero yo no sé hasta qué punto se puede decir que un hombre que no hace más que soñar y es incapaz de actuar goza de buena salud, aunque todos sus miembros se hallen en buen estado. La víctima es la voluntad, que es el don más precioso.

Jamás un hombre que puede procurarse instantáneamente, con una cucharada de dulce, todos los bienes del cielo y de la tierra, adquirirá la milésima parte de ellos por medio del trabajo. Y, ante todo, es necesario vivir y trabajar.

Se me ha ocurrido la idea de hablar del vino y del hachís en el mismo artículo porque hay en ellos algo que les es común, efectivamente: el excesivo desarrollo poético del hombre. La afición frenética del hombre a todas las sustancias, sanas o peligrosas, que exaltan su personalidad, atestigua su grandeza. Aspira constantemente a reanimar sus esperanzas y elevarse hacia lo infinito. Pero es necesario ver las consecuencias.

He aquí un licor que activa la digestión, fortifica los músculos y enriquece la sangre. Aun tomado en gran cantidad, no causa sino desórdenes muy breves. He allí una sustancia que interrumpe la función digestiva, debilita los miembros y puede causar una embriaguez de veinticuatro horas.

El vino exalta la voluntad y el hachís la aniquila. El vino es un sostén físico, y el hachís un arma para el suicidio. El vino hace bueno y sociable, pero el hachís aísla. El uno es, por decirlo así, laborioso, y el otro esencialmente perezoso.

¿Para qué trabajar, labrar, escribir, fabricar lo que sea, cuando se puede obtener el paraíso de un golpe?

En conclusión, el vino es para aquellos que trabajan y merecen beberlo. El hachís pertenece a la clase de los placeres solitarios; está hecho para los ruines ociosos. El vino es útil, pues produce resultados fructíferos. El hachís es inútil y peligroso.

Pongo fin a este artículo con unas bellas palabras que no me pertenecen, pues son de un notable filósofo poco conocido, Barbereau, teórico musical y profesor del Conservatorio.

Me hallaba junto a él en una sociedad donde algunas personas habían tomado el dichoso veneno, y me dijo en tono de desprecio infinito:

«No comprendo por qué el hombre racional y espiritual utiliza medios artificiales para alcanzar la beatitud poética, pues el entusiasmo y la voluntad bastan para elevarlo a una existencia sobrenatural. Los grandes poetas, los filósofos, los profetas, son seres que, mediante el puro y libre ejercicio de la voluntad, llegan a un estado en el que son al mismo tiempo la causa y el efecto, el sujeto y el objeto, el hipnotizador y el sonámbulo».

Yo pienso exactamente lo mismo.

EL PINTOR DE LA VIDA MODERNA

I. BELLEZA, MODA Y FELICIDAD

Hay gente en este mundo, incluso en el mundo de los artistas, que va al Louvre, pasa velocemente ante una multitud de cuadros llenos de interés, aunque de orden inferior, sin mirarlos, y se planta en ensoñación ante un Tiziano o un Rafael, de esos popularizados por el arte del grabador; luego se va, satisfecho, más de uno diciendo: «Conozco mi Louvre», como hay otros que, una vez que han leído a Bossuet y a Racine, creen comprender la historia de la literatura.

Felizmente, los correctores de errores, los críticos, los aficionados, los curiosos, aparecen de vez en cuando para afirmar que Rafael no lo es todo, que Racine no lo es todo, que los poetas menores contienen cosas buenas, sólidas, placenteras; y, finalmente, que por mucho que admiremos la belleza en general, tal como la expresaron los poetas y artistas clásicos, no estamos menos equivocados al descuidar la belleza específica, la belleza de las circunstancias y el juego de costumbres.

Tengo que decir que, desde hace algunos años, el mundo se ha mostrado algo mejorado en este sentido. El valor que los coleccionistas aficionados atribuyen hoy en día a los agradables grabados coloreados del siglo pasado demuestra que se ha producido una reacción muy necesaria en el gusto del público; Debucourt, los hermanos Saint-Aubin y muchos otros han sido inscritos en el diccionario de artistas dignos de estudio. Sin embargo, representan el pasado; es a la pintura de las costumbres modernas a la que quiero dirigirme hoy. El pasado es interesante no solo por la belleza extraída de él por aquellos artistas para los que era su presente, sino también, al ser pasado, por su valor histórico. Lo mismo ocurre con el presente. El placer que obtenemos de la representación del presente se debe no solo a la belleza con la que se le puede investir, sino también a su cualidad esencial de estar presente.

Tengo ante mis ojos una serie de platos de moda, comenzando con la Revolución y terminando, más o menos, con el Consulado. Esos modos de vestir que parecen ridículos a las personas irreflexivas, a las personas serias sin verdadera seriedad, tienen un doble encanto, tanto artístico como histórico. A menudo son muy finos y ejecutados con espíritu, pero lo que para mí es igual de importante, y lo que me complace encontrar en todos o casi todos ellos, es la moralidad y la estética de su época. La idea de belleza que la humanidad crea para sí misma se imprime en todos sus atuendos, arruga o endurece sus vestidos, redondea o alinea sus gestos, e incluso, al final, penetra, sutilmente, en sus rasgos faciales. La humanidad termina por parecerse a lo que aspira a ser. Esas formas grabadas pueden ser vistas como obras de belleza o fealdad; de fealdad como caricaturas, de belleza como estatuas antiguas.

Las mujeres vestidas con esos trajes se parecían a uno u otro, en mayor o menor grado, según el grado de poesía o vulgaridad con que se las marcaba. La carne viva hace fluir lo que a nosotros nos parece demasiado rígido. La imaginación del espectador puede aún hoy impartir un revuelo o un crujido a esta túnica y a ese chal. Un día, tal vez, se represente una obra de teatro en la que veamos la resurrección de esos trajes, vestidos con los que nuestros antepasados se encontraron tan encantadores como nosotros mismos con nuestras pobres vestiduras (que poseen su propia gracia, en verdad, pero más bien de naturaleza moral y espiritual), y si luego son usadas y traídas a la vida por actores y actrices inteligentes, nos asombraremos de que se burlara de ellos tan tontamente. El pasado, sin perder un agradable aire de fantasía, recuperará la luz y el movimiento de la vida, y se convertirá en el presente.

Si una persona imparcial hojeara sucesivamente todos los modos de moda desde la primera época de Francia hasta nuestros días, no encontraría nada que escandalizara o sorprendiera. Las transiciones serían tan abundantemente evidentes como lo son en las filas del reino animal. Ni una sola brecha, por lo tanto, ni una sola sorpresa. Y si a la viñeta que representa cada época se añadiera el pensamiento filosófico del que más se ocupaba y por el que más se agitaba, cuyo recuerdo invoca inevitablemente el pensamiento, se vería que en todos los elementos de su historia reina una profunda armonía, y que aun en esos siglos que nos parecen los más monstruosos y dementes, el apetito eterno por la belleza siempre ha encontrado su satisfacción.

Esto nos brinda una buena oportunidad, de hecho, para establecer una teoría racional e históricamente fundamentada de la belleza, en oposición a la teoría de una belleza única y absoluta; demostrar que la belleza es siempre, inevitablemente, de una composición dual, aunque la impresión que produce esté unificada; porque la dificultad de discernir los diversos elementos de la belleza dentro de la unidad de impresión no obvia en modo alguno la necesidad de la variedad en su composición. La belleza está formada por un elemento eterno e invariable, que es extremadamente difícil de cuantificar, y un elemento relativo y circunstancial que encarnará, si se quiere, aspecto por aspecto o de una sola vez, la época, sus costumbres, su moralidad, su pasión. Sin este segundo elemento, que es como la guinda deliciosa, seductora y apetitosa del pastel divino, el primer elemento sería indigerible, más allá de nuestra apreciación, ni adaptado ni adecuado a la naturaleza humana. Desafío a cualquiera a revelar un solo ejemplo de belleza que no contenga estos dos elementos.

Escogeré, si lo desean, dos casos extremos de nuestra historia. En el arte hierático la dualidad es visible a primera vista; el elemento de la belleza eterna solo se revela con el permiso y bajo la regla de la religión a la que se adhiere el artista. En la obra más frívola de un artista refinado, perteneciente a una de esas épocas que denotamos, en nuestra inmensa vanidad, como civilizadas, la dualidad se revela igualmente; el elemento eterno de la belleza estará, al mismo tiempo, oculto y expresado, si no por la moda de la época, al menos por el temperamento particular del artista. La dualidad del arte es una consecuencia fatal de la dualidad de la humanidad. Considerad, si queréis, que el elemento eterno existe como el alma del arte, y el elemento variable como su cuerpo. Por eso Stendhal, un espíritu impertinente, burlón, incluso repugnante, pero cuyas impertinencias son un acicate útil para la reflexión, se acercó a la verdad más de cerca que muchos otros al decir: «La belleza no es más que la promesa de la felicidad». Sin duda, esa definición se pasa de la raya. Hace que la belleza esté excesivamente sujeta al ideal infinitamente variable de la felicidad. Despoja a la belleza con demasiada facilidad de su cualidad aristocrática; pero posee el gran mérito de separarse decisivamente de los errores de los académicos.

He explicado estas cosas más de una vez antes; estas líneas habrán dicho lo suficiente sobre el tema para aquellos que disfrutan de estas diversiones del pensamiento abstracto. Pero sé que mi público francés tiene, en su mayor parte, poco gusto por ellos, y yo mismo estoy impaciente por embarcarme en los elementos positivos y sustanciales de mi tema.

II. LA REPRESENTACIÓN DE LOS MODALES

Para la representación de las costumbres, la representación de la vida burguesa y el espectáculo de la moda, los medios más expeditivos y menos costosos son evidentemente los mejores. Cuanta más belleza infunda en ella el artista, más preciosa será su obra; pero hay en las trivialidades de la vida, en la metamorfosis cotidiana de las cosas externas, un movimiento rápido que exige del artista una velocidad de ejecución igual. Los grabados multicolores del siglo XVIII han vuelto a atraer la atención de la moda, como decía ahora; pasteles, aguafuertes, aguatintas han aportado, uno a uno, sus contingentes a ese inmenso diccionario de la vida moderna distribuido por las bibliotecas, entre las carteras de los coleccionistas y detrás de los escaparates de las tiendas más mezquinas. Y entonces apareció la litografía, que se mostró al instante como la más adecuada para esta enorme tarea, tan trivial a primera vista. Tenemos algunos verdaderos monumentos en este género. Las obras de Gavarni y Daumier han sido nombradas con razón como complementarias de la Comédie Humaine. Estoy más que convencido de que el propio Balzac no estaba lejos de adoptar esta idea, tanto más válida cuanto que el genio del pintor de costumbres es de naturaleza mixta, es decir, en el que entra un fuerte elemento del espíritu literario. Observador, flâneur (paseante), filósofo; llámese como quiera a éste, sin duda se verá inducido, al caracterizar a este artista, a emplear un epíteto que no aplicaría al pintor de temas eternos, o al menos más duraderos, los de naturaleza heroica o religiosa. A veces es poeta, más a menudo está más cerca de ser novelista o moralista; es el pintor de lo circunstancial y de todo lo que sugiere de lo eterno. Todos los países, para su deleite y gloria, han poseído tales artistas. A Daumier y Gavarni, en nuestra época actual, siendo los primeros nombres que vienen a la mente, se pueden añadir Devéria, Maurin y Numa, historiadores de los encantos más discutibles de la Restauración, Wattier, Tassaert y Eugène Lami, este último casi inglés en su amor a la elegancia aristocrática, e incluso Trimolet y Traviès, esos cronistas de la pobreza y de la vida humilde.

III. EL ARTISTA: UN HABITANTE DEL MUNDO, UN HABITANTE DE LA MULTITUD, PERO UN NIÑO

Hoy quisiera hablar al público de un hombre singular, de una originalidad tan decidida y poderosa que se basta a sí misma y no requiere aprobación. Ninguno de sus dibujos está firmado, si por firma se entiende las pocas letras, fácilmente imitadas, que deletrean un nombre, y que tantos otros artistas añaden, ostentosamente, a la base de sus bocetos más triviales. Pero todas sus obras están firmadas con su espíritu brillante, y los coleccionistas, despúes de haberlas visto y apreciado, las reconocen fácilmente por la descripción que voy a dar. Gran amante de las multitudes y de los incógnitos, monsieur C. G. (Constantin Guys) lleva la originalidad hasta el extremo de la modestia. Mr. Thackeray, que, como es sabido, está profundamente interesado en las obras de arte y que él mismo diseña las ilustraciones de sus novelas, mencionó a monsieur G. un día en un periódico londinense menos conocido. Esto lo enfureció, como si fuera un ataque a su virtud. Más recientemente, cuando se enteró de que yo tenía la intención de escribir un aprecio por su espíritu y talento, me rogó, de la manera más imperiosa, que suprimiera su nombre y que hablara de sus obras como si vinieran de una mano anónima. Me inclinaré humildemente ante esta extraña petición. Fingiremos creer, el lector y yo, que monsieur G. no existe, y nos ocuparemos de sus dibujos y acuarelas, por los que profesa un desdén patricio, como lo hacen los eruditos que juzgan documentos históricos raros, conservados por casualidad, cuyos autores permanecen eternamente desconocidos. Incluso supondremos, para satisfacer completamente mi conciencia, que todo lo que tengo que decir acerca de su naturaleza, tan extraña y misteriosamente brillante, está más o menos genuinamente sugerido por las obras en cuestión; pura hipótesis poética, conjeturas, obra de mi imaginación.

Monsieur G. es viejo. Se dice que Rousseau comenzó a escribir a los cuarenta y dos años de edad. Fue tal vez a esa edad cuando monsieur G., obsesionado con todas las imágenes que se agolpaban en su cerebro, tuvo la audacia de arrojar tinta y color sobre una hoja de papel en blanco. A decir verdad, dibujaba como un bárbaro, como un niño impaciente por la torpeza de sus dedos y la desobediencia de su instrumento. He visto un gran número de estos primitivos y bárbaros garabatos, y declaro que la mayoría de los que entienden, o pretenden entender el arte, son irreprochables por no haber adivinado el genio latente que habita en esos sombríos preliminares. Hoy, el señor G., que ha descubierto, por sus propios esfuerzos, todos los pequeños trucos de su oficio, y que ha emprendido, sin guía, su propia educación, se ha convertido en un poderoso maestro, a su manera, y ha conservado de su propia ingenuidad inicial solo lo que se necesitaba para añadir un condimento inesperado a sus ricos dones. Cuando se encuentra con uno de estos intentos juveniles suyos, lo hace pedazos o lo quema, con una muestra de vergüenza muy asumida.

Durante diez años quise conocer a monsieur G., que es, por naturaleza, un gran viajero y cosmopolita. Sabía que había sido empleado durante mucho tiempo por una revista ilustrada inglesa, y que había publicado en ella grabados de sus bocetos de viaje (hechos en España, Turquía, Crimea). Desde entonces he visto una cantidad considerable de tales dibujos, improvisados en esos mismos lugares, y así he podido leer un relato minuciosamente detallado de la campaña de Crimea, preferible a cualquier otro. La misma revista también publicó numerosas composiciones de la misma mano, siempre sin firmar, que representaban nuevos ballets y óperas. Cuando, por fin, lo conocí, comprendí de inmediato que no se trataba exactamente de un artista, sino de un habitante del mundo. Entiendan aquí, les ruego, el término artista en un sentido muy restringido, y el término habitante del mundo en un sentido muy amplio. Habitante del mundo, es decir, habitante del mundo entero, que comprende el mundo y las razones misteriosas y legítimas de sus múltiples comportamientos; artista, es decir, especialista, un hombre apegado a su paleta como un siervo a la tierra. A monsieur G. no le gusta que le llamen artista. ¿No tiene razón, en cierto sentido? Está interesado en el mundo entero; desea saber, comprender, apreciar todo lo que ocurre en la superficie de nuestro globo. El artista vive poco de su vida en el mundo de la política y la moral. Quien vive en el barrio de Breda ignora lo que sucede en el Faubourg Saint-Germain. Salvo dos o tres excepciones, que no vale el sentido de nombrar, la mayoría de los artistas son, hay que decirlo, brutos altamente calificados, simples artesanos, intelectos de aldea con cerebros de campesinos. Su conversación, necesariamente limitada a un círculo muy pequeño, se muestra rápidamente insoportable para el habitante del mundo; en espíritu, un ciudadano del universo.

Así, para comprender a monsieur G., adviértase de inmediato esto: que la curiosidad puede considerarse el punto de partida de su genio.

¿Recuerdas un cuadro (¡es un cuadro, en verdad!), dibujado por la pluma más poderosa de esta época (la de Edgar Allan Poe), que lleva por título El hombre de la multitud? Detrás de la ventana de un café, un convaleciente, contemplando a la multitud con placer, se mezcla, en sus pensamientos, con todos los pensamientos que se agitan a su alrededor. Recién regresado de la sombra de la muerte, respira, con deleite, todas las esencias y olores de la vida; desde que ha estado al borde del olvido total, recuerda y desea, ardientemente, recordarlo todo. Finalmente, se lanza a la multitud, en busca de un desconocido, cuya fisonomía, vislumbrada en un abrir y cerrar de ojos, lo ha hechizado. ¡La curiosidad se ha convertido en una pasión fatal e irresistible!

Imagínense a un artista que siempre estuvo, espiritualmente, en ese estado de convalecencia, y tendrán la clave del carácter de monsieur G.

Ahora, la convalecencia es como un regreso a la infancia. El convaleciente, como el niño, goza, en el más alto grado, de la capacidad de interesarse vivamente en las cosas, incluso en las que parecen más triviales. Volvamos, si es posible, por medio de un esfuerzo retrospectivo de la imaginación, a nuestras impresiones más tempranas y juveniles, y recordaremos que tenían una relación singular con esas impresiones, tan vívidamente coloreadas, que recibimos más tarde después de una enfermedad física, siempre que la enfermedad dejara nuestras facultades mentales puras e intactas. El niño ve todo como novedad; está intoxicado para siempre. Nada se parece más a lo que llamamos inspiración que la alegría con la que un niño absorbe la forma y el color. Me atrevo a ir más allá: afirmo que la inspiración es algo parecido a la convulsión, y que todo pensamiento sublime va acompañado de una conmoción nerviosa, de naturaleza más o menos violenta, que golpea la parte más profunda del cerebro. El hombre de genio tiene nervios fuertes; los del niño son débiles. En el primero, la razón ocupa un lugar significativo; en este último, la sensibilidad ocupa casi todo el ser. Pero el genio no es más que una infancia recuperada a voluntad, una infancia ya dotada de aptitudes maduras y de un espíritu analítico que le permiten poner en orden la masa de materia prima que ha acumulado involuntariamente. A esta curiosidad profunda y gozosa hay que atribuir la mirada fija y animalmente extática de los niños ante lo nuevo, sea lo que sea: un rostro o un paisaje, la luz, el dorado, el color, los materiales lustrosos o el encanto de la belleza realzada por los cosméticos. Uno de mis amigos me contó que, cuando era pequeño, a menudo estaba presente cuando su padre se vestía, y que, con una mezcla de asombro y deleite, contemplaba los brazos musculosos, las transiciones de color en los tintes rosados y amarillos de la piel y la red azulada de las venas. El cuadro de la vida externa ya lo había llenado de asombro y se había apoderado de su cerebro. Ya, la forma lo obsesionó y lo poseyó. El destino ya había revelado, precozmente, la punta de su nariz. Su condenación era segura. ¿Es necesario añadir que el niño es hoy un célebre pintor?

Le rogué hace un momento que considerara a monsieur G. como un eterno convaleciente; para completar tu concepto de él, considéralo también como un hombre-niño, un hombre poseído a cada instante con el genio de la infancia, es decir, un genio para quien ningún aspecto de la vida se ha vuelto aburrido.

Ya he dicho que me resistía a llamarlo simplemente artista, y que él mismo rechazó ese título, con una modestia tocada por la reserva aristocrática. De buena gana lo llamaría dandy, y admito varias buenas razones para ello; ya que la palabra dandy implica una quintaesencia del carácter y una comprensión sutil de todo el mecanismo moral de este mundo; pero, por otra parte, el dandy aspira a la insensibilidad, y es en esto en lo que monsieur G. se dominó a sí mismo por una pasión insaciable, la de ver y sentir, que se separa, con fuerza, del dandismo.

"Amabam amare: amo amar", decía san Agustín. «Amo la pasión, apasionadamente», podría decir monsieur G. El dandy es indiferente, o pretende serlo, por razones de política y casta. Monsieur G. tiene horror a la gente indiferente. Es un maestro en el arte más difícil (los espíritus refinados me comprenderán): el de ser sincero sin parecer ridículo. Le concedería gustosamente el título de filósofo, al que tiene más de un derecho, si su excesivo amor por las cosas visibles, tangibles, condensadas en su estado plástico, no le inspirara cierta repugnancia a todo lo que forma el reino impalpable del metafísico. Contentémonos con considerarlo, pues, como un moralista puramente pictórico, semejante a La Bruyère.

IV. LA MODERNIDAD

La muchedumbre es su dominio, como el aire lo es para los pájaros y el agua para los peces. Su pasión, y su profesión, es abrazar a la multitud. Para el flâneur perfecto, para el observador apasionado, es una inmensa alegría habitar entre la multitud, en medio de la ondulación, el movimiento, lo fugitivo, lo infinito. Estar ausente de casa y, sin embargo, sentirse en todas partes como en casa; ver el mundo, estar en el corazón del mundo y, no obstante, permanecer oculto al mundo, son algunos de los placeres menores de esos espíritus independientes, apasionados e imparciales que el lenguaje solo puede definir de manera inadecuada. El espectador es un príncipe que se regocija en todas partes de incógnito. El amante de la vida hace del mundo su familia, como el amante del bello sexo que convierte en familia a todas las bellezas encontradas, o por encontrar; o, como el amante de los cuadros, vive en la compañía encantada de los sueños pintados en el lienzo. Así, el amante de la vida universal entra en la multitud como en una inmensa reserva de energía eléctrica. Se le podría comparar también con un espejo, inmenso como aquella multitud; o con un caleidoscopio dotado de conciencia, que con cada uno de sus movimientos refleja la multiplicidad de la vida y la gracia en movimiento de cada uno de sus elementos. Es un yo insaciable en su apetito por el no-yo, que en cada instante lo traduce y lo expresa en imágenes más vibrantes que la vida misma, siempre inestable y fugitiva.

«Cualquier hombre —dijo un día monsieur G., en medio de una de esas conversaciones que ilumina con una mirada intensa y un gesto sugestivo—, cualquier hombre que no esté aplastado por una de esas penas tan grandes que le arrebatan todas sus facultades, que pueda aburrirse en el corazón de una multitud, es un idiota. ¡Un idiota! ¡Y lo desprecio!»

Cuando monsieur G., al despertar, abre los ojos y ve que el sol hace su asalto golpeando el cristal de su ventana, exclama con remordimiento y pesar: «¡Qué mandato tan imperioso! ¡Qué fanfarria de luz! ¡Varias horas de luz, por todas partes, ya se han ido! ¡Luz, perdida en mi sueño! ¡Cuántas cosas brillantemente iluminadas podría haber visto y no vi!» ¡Y sale! Y observa el río de la vida en su fluir, tan majestuoso, tan brillante. Admira la belleza eterna y la asombrosa armonía de la vida en las capitales, una armonía tan providencialmente mantenida en medio del tumulto de la libertad humana. Contempla los paisajes de la gran metrópoli, paisajes de piedra acariciados por la niebla o golpeados por ráfagas de sol. Se deleita en los hermosos carruajes, los caballos orgullosos, la deslumbrante elegancia de los mozos de cuadra, la destreza de los lacayos, el movimiento fluido de las mujeres, los niños hermosos, felices de estar vivos y bien vestidos; en una palabra, en la vida universal.

Si una moda, el corte de una prenda, ha sido ligeramente alterado; si una cinta en los lazos, si los rizos han sido desplazados por escarapelas; si el bavolet (el cuello que cuelga en la parte posterior de un bonete) se ha agrandado; si el moño (un mechón de cabello en la nuca) está una fracción más bajo; si se ha elevado la cintura o se ha llenado la falda, él cree que su ojo de águila ya lo habrá adivinado desde muy lejos. Pasa un regimiento, camino tal vez a los confines del mundo, lanzando por los bulevares sus fanfarrias, tan ligeras y vivas como la esperanza; y he aquí que el ojo de monsieur G. ya ha inspeccionado las armas, el porte, la fisonomía de esa tropa. Arneses relucientes, miradas decididas, bigotes solemnes y pesados: todo esto penetra en él, en desorden, y en pocos instantes el poema resultante está virtualmente compuesto. ¡Miren cómo su alma vibra con el alma de ese regimiento que marcha como una sola criatura, imagen orgullosa del gozo en la obediencia!

Pero ya ha caído la noche. Es esa hora extraña e incierta en que se corren las cortinas del cielo y se encienden las ciudades. La luz de gas tiñe el púrpura del atardecer. Honestos o deshonestos, racionales o locos, todos se dicen: «¡Por fin, el día ha terminado!» Los malvados y los sabios piensan en el placer, y cada cual se apresura a su lugar elegido para beber la copa del olvido. Monsieur G. será el último en quedarse, allí donde haya un destello de luz, un eco de poesía, un temblor de vida, una vibración de música; allí donde una pasión se le presente a los ojos, donde lo natural y lo convencional se revelen en una belleza peculiar, donde el sol ilumine las breves alegrías de la criatura depravada. «¡He aquí un día bien empleado!», se dice cierto lector a quien todos conocemos. «Cada uno de nosotros tiene suficiente genio para llenar su día de la misma manera». ¡No! Pocos están dotados con la capacidad de ver; menos aún poseen el poder de expresión. Ahora, en un momento en que otros duermen, él se inclina sobre su mesa, dirigiendo la misma mirada a una hoja de papel que momentos antes dirigía al mundo externo, esbozando con su crayón, su pluma, su pincel; salpica su vaso de agua hacia el techo, limpia su pluma en la camisa, urgente, violento, activo, como si temiera que las imágenes se le escaparan. Contencioso aunque solo, se empuja a sí mismo. Y esas cosas externas renacen sobre el papel, vivas y más que realistas, bellas y más que bellas, singulares y dotadas de la vivacidad del alma de su creador. La fantasmagoría ha sido extraída de la naturaleza. Todo el material con el que se ha cargado la memoria está clasificado, ordenado, armonizado y sometido a esa idealización impuesta que es el resultado de una percepción infantil, es decir, de una percepción intensa y mágica nacida de la inocencia.

Y así se lanza, con prisa, en busca. ¿Qué busca? Seguramente, este hombre, tal como lo he descrito, dotado de una imaginación activa y en constante travesía por el vasto desierto de la humanidad, tiene una meta más elevada que la del mero flâneur, un propósito más general que los placeres efímeros del momento. Busca algo que podemos permitirnos llamar modernidad, ya que no parece haber mejor palabra para expresar esta idea. Se esfuerza, por su parte, en extraer de lo que está de moda todo lo que pueda contener de poético dentro de lo histórico; en sacar lo eterno de lo transitorio.

Si echamos un vistazo a nuestras exposiciones de arte contemporáneo, notamos una tendencia general entre los artistas a vestir todos sus temas con trajes del pasado. Casi todos utilizan las modas y los decorados del Renacimiento, como David usó los de la antigua Roma. Pero hay una diferencia: David, al elegir temas específicamente griegos o romanos, no podía hacer otra cosa que vestirlos a la antigua; mientras que los pintores actuales, eligiendo temas de carácter general, aplicables a todas las épocas, insisten en vestirlos con trajes de la Edad Media, del Renacimiento o del Oriente.

Esto es, evidentemente, signo de gran pereza, pues es más fácil decretar, desde el inicio, que todo en la moda de una época es feo, que esforzarse por extraer de ella la belleza misteriosa que tal vez contenga, aunque sea mínima. La modernidad es lo transitorio, lo fugitivo, lo contingente, esa mitad del arte cuya otra mitad es lo eterno e inmutable. Cada maestro antiguo poseía su propia modernidad; la gran mayoría de los cuadros admirables que nos han legado generaciones pasadas están vestidos con los trajes de su época. Son perfectamente armónicos, porque el vestuario, los peinados e incluso los gestos, miradas y sonrisas (cada época tiene su porte, su mirada y su sonrisa) forman un conjunto lleno de vitalidad.

Este elemento transitorio y fugitivo, cuyas metamorfosis son tan frecuentes, no debe ser despreciado ni ignorado. Al suprimirlo, uno cae inevitablemente en las profundidades de una belleza abstracta e indefinible, como la de la única mujer antes de la caída original. Si se sustituye el traje que requiere la época por otro, se crea un sinsentido, solo excusable en caso de una mascarada dictada por la moda. Así, las diosas, ninfas y sultanas del siglo XVIII siguen siendo retratos convincentes, moralmente hablando.

Sin duda es excelente estudiar a los antiguos maestros para comprender el arte de la pintura, pero no es más que un ejercicio superfluo si el objetivo es entender la naturaleza de la belleza contemporánea. Los ropajes de Rubens o de Veronés no te enseñarán a representar el moire antique, el satén à la reine u otra tela de nuestra época, sostenida y equilibrada sobre crinolinas o enaguas de muselina almidonada. La textura y el tejido no son los mismos que los de la antigua Venecia ni los de la corte de Catalina. Además, el corte de la falda y del corsé es completamente distinto, los pliegues se disponen de forma diferente, y, finalmente, el gesto y el porte de una mujer actual confieren a su vestido una vida y una apariencia muy distintas de las de una mujer del pasado.

En resumen: para que una modernidad sea digna de convertirse en antigüedad, es necesario extraer la belleza misteriosa que la vida humana ha depositado allí por accidente. A esta tarea, en particular, se entrega monsieur G.

He dicho que cada época tiene su propio porte, su mirada y su gesto. Esta afirmación puede verificarse fácilmente, sobre todo, en una vasta galería de pinturas (como la de Versalles, por ejemplo). Pero el principio puede extenderse aún más. Dentro de la entidad que llamamos nación, las profesiones, las clases y los siglos introducen variaciones no solo en los gestos y modales, sino también en la forma misma del rostro. Ciertos tipos de nariz, boca, frente, representan épocas específicas que no pretendo determinar aquí, pero que podrían ciertamente ser objeto de cálculo. Tales consideraciones no son lo suficientemente familiares para nuestros retratistas; y el gran defecto de Monsieur Ingres, en particular, es que intenta imponer a todo tipo que se presenta ante sus ojos una perfección, más o menos despótica, derivada del repertorio de las ideas clásicas.

En una materia de este tipo, sería fácil —e incluso legítimo— argumentar a priori. La correlación perpetua entre lo que llamamos alma y lo que llamamos cuerpo explica con claridad cómo todo lo material, o lo que emana del espíritu, representa, y siempre representará, el espíritu del cual procede. Si un pintor paciente y escrupuloso, pero de imaginación limitada, al tener que pintar a una cortesana contemporánea se inspira (tal es el término consagrado) en una cortesana de Tiziano o Rafael, es muy probable que produzca una obra falsa, ambigua, confusa. Estudiando una obra maestra de aquel período y género, no aprenderá ni la actitud, ni la mirada, ni la sonrisa, ni el aspecto vital de aquellas criaturas que el diccionario de la moda ha clasificado sucesivamente bajo los títulos crudos o juguetones de impuras, mantenidas, lorettes o biches.

La misma crítica puede aplicarse rigurosamente al estudio del soldado, del dandy, e incluso de los animales, perros o caballos, es decir, a todo lo que compone la vida exterior de una época. ¡Ay de aquel que estudia lo antiguo por algo distinto del arte en sí mismo, su lógica, su método general! Al sumergirse demasiado en ello, pierde toda memoria del presente y renuncia a los derechos y privilegios que ofrece la circunstancia, ya que casi toda nuestra originalidad proviene del sello que la época imprime sobre nuestras sensaciones. El lector comprenderá que podría probar fácilmente estas afirmaciones con muchos otros ejemplos que no sean las mujeres. ¿Qué dirían, por ejemplo, de un pintor de marinas (llevo la hipótesis al extremo) al que se le encarga reproducir la sobria y elegante belleza de un buque moderno, y que fatiga sus ojos estudiando las formas recargadas, el monumental espejo de popa de los navíos antiguos y el complejo aparejo del siglo XVI? ¿O qué pensarían de un artista encargado de pintar un pura sangre célebre en los sagrados anales del turf, si se limitara a observar caballos en los museos, si se contentara con ver al animal en las galerías del pasado, en Van Dyck, Bourguignon o Van der Meulen?

Monsieur G., guiado por la naturaleza y tiranizado por la circunstancia, ha seguido un camino completamente diferente. Comenzó contemplando la vida misma y solo después se preocupó por adquirir los medios para expresarla. Esto ha dado como resultado una originalidad impactante, en la cual lo que queda de bárbaro o ingenuo aparece como una nueva prueba de su fidelidad a la impresión, como un elogio halagador a la verdad. Para la mayoría de nosotros, especialmente aquellos involucrados en los negocios —para quienes la naturaleza no existe si no es útil para sus fines—, la maravillosa realidad de la vida se diluye singularmente. Monsieur G. la absorbe sin cesar; con ella se llenan su memoria y su mirada.

V. EL ARTE DE LA MEMORIA

La palabra "bárbaro", que tal vez ha surgido con demasiada frecuencia de mi pluma, podría llevar a algunos a creer que nos ocupamos aquí de dibujos inacabados que solo la imaginación del espectador puede transformar en cosas perfectas. Eso sería malinterpretarme. Hablo de una barbarie inevitable, de una síntesis infantil que suele verse en el arte perfecto (como el de México, Egipto o Nínive), y que proviene de la necesidad de ver las cosas de manera global y de considerarlas, sobre todo, en su efecto conjunto.

No es superfluo observar aquí que todos aquellos artistas cuya visión sintetiza abreviando han sido acusados de bárbaros. Por ejemplo, Monsieur Corot, quien comienza por trazar las líneas principales de un paisaje, su esqueleto, su fisonomía. Así también, Monsieur G. transmite fielmente sus impresiones reales, marcando con energía instintiva los rasgos salientes o luminosos de un objeto (salientes o luminosos tal vez desde el punto de vista dramático), o sus características principales, a veces incluso con un grado de exageración que ayuda a la memoria humana; y la imaginación del espectador, sometiéndose a este dispositivo mnemónico tan despótico, ve con gran claridad la impresión que los objetos externos produjeron en la mente de Monsieur G. El espectador es aquí el traductor de una traducción que es siempre clara y embriagadora.

Hay una circunstancia que aumenta notablemente la fuerza vital de esta traducción legendaria de la vida exterior. Me refiero al método de dibujo de Monsieur G. Él dibuja de memoria, y no del modelo, salvo en aquellos casos (como sus dibujos de la Guerra de Crimea) en los que necesita con urgencia tomar nota inmediata y apresurada de las líneas principales del sujeto para capturarlas. En efecto, todos los artistas buenos y verdaderos dibujan a partir de la imagen grabada en su mente, y no directamente de la naturaleza. Si se nos presentan los admirables bocetos de Rafael, Watteau y muchos otros como contraejemplos, responderíamos que se trata de apuntes, muy detallados, es cierto, pero simples notas. Cuando el verdadero artista se embarca en la ejecución definitiva de una obra, el modelo sería más un estorbo que una ayuda. Incluso es posible que artistas como Daumier y Monsieur G., habituados a ejercitar la memoria y llenarla de imágenes, se sientan aturdidos y paralizados frente al modelo y su multiplicidad de detalles.

Así se entabla un duelo entre el deseo de captar cada detalle, de no olvidar nada, y la facultad de la memoria que ha adquirido el hábito de absorber con viveza el color general y el contorno, la arabesca de las formas. Los artistas que poseen un perfecto sentido de la forma, pero que están habituados sobre todo a ejercitar la memoria y la imaginación, se ven asaltados por un tumulto de detalles, todos clamando justicia con la furia de una multitud enamorada de la igualdad absoluta. La justicia es pisoteada; toda armonía queda destruida, sacrificada; muchas trivialidades se convierten en enormidades; muchas bagatelas, en usurpadoras. Cuanto más piensa el artista en tratar los detalles con imparcialidad, mayor es la anarquía. Ya sea miope o hipermétrope, desaparece todo sentido de jerarquía o subordinación. Este resultado aparece con frecuencia en las obras de uno de nuestros pintores más de moda, cuyas faltas, además, se ajustan tan bien a las del público, que han servido singularmente a su fama.

Puede encontrarse una analogía en el arte de la actuación, un arte tan misterioso y profundo, y que hoy ha caído en un lodazal de confusión. Monsieur Frédérick-Lemaitre construye un papel con la amplitud y el aliento del genio. Por luminosos que sean los detalles de su interpretación, siempre mantiene una forma escultórica, una obra de síntesis. Mientras que Monsieur Bouffé construye sus personajes con una precisión miope y burocrática. Con él todo es destello, pero nada se hace visible, nada permanece en la memoria.

Así, dos elementos se revelan en la ejecución de las obras de Monsieur G.: el primero, un esfuerzo intenso de la memoria que resucita y evoca —una memoria que dice a cada cosa: "¡Lázaro, levántate!"—; el segundo, un fuego, una embriaguez del lápiz o del pincel, que raya en el frenesí. Es el temor de no trabajar con suficiente rapidez, de dejar escapar el fantasma antes de que la síntesis haya podido ser extraída y capturada; el espanto que embarga a todos los grandes artistas, y que los lleva a apropiarse con pasión de todos los medios de expresión, para que las órdenes del pensamiento no se vean jamás traicionadas por las vacilaciones de la mano, y para que la ejecución —la ejecución ideal— de la obra sea tan inconsciente y espontánea como lo es el proceso de digestión para el espíritu de un hombre sano que ha comido bien.

Monsieur G. comienza con algunas indicaciones ligeras a lápiz, que no hacen más que marcar la posición que los objetos deben ocupar en el espacio. Luego indica los planos principales con aguadas de color, masas vagas, ligeramente teñidas al principio, pero revisitadas más tarde y cargadas repetidamente con colores más intensos. En el último momento, los contornos de los objetos se perfilan de manera definitiva con tinta. Sin verlos, uno no podría imaginar los sorprendentes efectos que alcanza mediante este método, tan simple y casi elemental. Posee esta ventaja incomparable: que, sin importar en qué etapa de ejecución se encuentre, cada diseño tiene un aire suficientemente acabado; llámese estudio, si se quiere, pero es un estudio perfecto. Todos los valores están en completa armonía, y si desea desarrollarlos más, avanzarán en conjunto hacia el grado de perfección deseado.

Prepara, así, veinte dibujos a la vez, con una impaciencia y una alegría encantadora, que a veces lo divierten a él mismo. Los bocetos se amontonan por decenas, cientos, miles. De vez en cuando los revisa, hojeándolos, examinándolos, y luego selecciona algunos cuya intensidad decide aumentar, profundizando las sombras y realzando progresivamente las luces.

Concede una enorme importancia a los fondos, que, vigorosos o ligeros, están siempre en sintonía con las figuras. La escala tonal y la armonía general se observan estrictamente, con un genio que proviene más del instinto que del estudio. Porque Monsieur G. posee, por naturaleza, ese talento misterioso del colorista, un verdadero don que el estudio puede reforzar, pero que, por sí solo, creo, no puede crear.

Para decirlo en una sola palabra: nuestro singular artista expresa de una sola vez los gestos y actitudes, solemnes o grotescos, de los seres vivos, con su luminosa explosión en el espacio.

VI. LOS ANALES DE LA GUERRA

Bulgaria, Turquía, Crimea y España han proporcionado un grandioso festín para los ojos de Monsieur G., o mejor dicho, de ese artista imaginario que hemos convenido en llamar Monsieur G. Porque, de cuando en cuando, me recuerdo que me he prometido mantener —para preservar mejor su modestia— la ficción de que no existe. He examinado atentamente sus archivos de la Guerra de Oriente (campos de batalla sembrados de restos fúnebres, trenes de bagajes, convoyes de ganado y caballos), asombrosos cuadros vivientes trazados a partir de la vida misma, elementos preciosos, pintorescos por naturaleza, que muchos pintores renombrados, en las mismas circunstancias, habrían descuidadamente ignorado; aunque, en este aspecto, haría gustosamente una excepción con Monsieur Horace Vernet, en verdad más un reportero que un pintor en esencia, con quien Monsieur G., artista más sutil, guarda afinidades manifiestas, si se elige considerarlo simplemente como un archivista de la vida. Puedo afirmar que ningún periódico, ningún relato escrito, ningún libro ha expresado con tanta precisión y en todo su detalle doloroso y cruda totalidad, esta gran epopeya militar de Crimea. La mirada recorre, sucesivamente, desde las orillas del Danubio hasta las del Bósforo; hasta el cabo de Quersoneso; sobre la llanura de Balaclava; los campos de Inkerman; por los campamentos ingleses, franceses, turcos y piamonteses; por las calles de Constantinopla; entre las salas de los hospitales y en medio de toda ceremonia religiosa o militar.

Una de estas composiciones, profundamente grabada en mi memoria, representa: La consagración de un cementerio en Scutari por el obispo de Gibraltar. El carácter pintoresco de la escena, que reside en el contraste entre el entorno oriental y las actitudes y uniformes occidentales de los participantes, se realiza de manera llamativa, evocadora, cargada de ensoñación. Los soldados y oficiales ostentan ese aire imborrable de caballeros, resueltos y al mismo tiempo contenidos, que llevan consigo hasta los confines del mundo, desde las guarniciones del Cabo hasta los cantones de la India. Los clérigos anglicanos dan la vaga impresión de ser ujieres o cambistas disfrazados con togas y birretes.

He aquí que estamos en Schumla, con Omar Pachá: hospitalidad turca, pipas y café; los invitados dispuestos en divanes, sosteniendo pipas tan largas como tubos de voz, cuyos hornillos descansan en el suelo a sus pies, mientras las boquillas se apoyan en sus labios. Allí vemos a los kurdos en Scutari, tropas de aspecto extraño, que hacen pensar en hordas bárbaras invasoras; también están los bashi-bazouks, no menos singulares, con sus oficiales europeos —húngaros o polacos— cuyas fisonomías acicaladas contrastan extrañamente con el carácter barroco oriental de sus tropas.

Recuerdo un diseño magnífico, que muestra una figura solitaria de pie, un hombre corpulento y robusto, con un aire a la vez pensativo, despreocupado y audaz; con botas altas que sobrepasan las rodillas; su uniforme oculto bajo un gran abrigo pesado, abotonado hasta el cuello. A través del humo de su cigarro, contempla el horizonte brumoso y amenazante; un brazo, herido, está en cabestrillo. A sus pies leo estas palabras, en inglés, escritas a lápiz: Canrobert en el campo de batalla de Inkerman. Tomado en el lugar.

¿Y quién es este jinete de bigotes blancos, cuyo gesto tan vívidamente representado, con la cabeza erguida, parece saborear toda la poesía terrible del campo de batalla, mientras su caballo, con la cabeza baja, olfatea el suelo entre cadáveres de rostros contraídos, amontonados, con los pies en alto, en actitudes extrañas? Al pie de este dibujo, en una esquina, se lee otra nota en inglés: Yo mismo en Inkerman.

Veo a Monsieur Baraguay d'Hilliers, junto al seraskier, inspeccionando la artillería en Beshiktash. Rara vez he visto un retrato militar más vívido, grabado por una pluma más valiente y expresiva.

Un nombre, de siniestra reputación desde los desastres en Siria, se ofrece a mi vista: Ahmed Pachá, general en jefe del Califato, en pie, con miembros de su estado mayor, frente a su tienda, recibiendo a dos oficiales europeos. A pesar de la amplitud de su panza turca, Ahmed Pachá muestra en su rostro y actitud el gran aire aristocrático que suele pertenecer a las razas dominantes.

La Batalla de Balaclava está representada varias veces en esta fascinante colección, y bajo aspectos diversos. Una de las más notables muestra aquella histórica carga de caballería celebrada por la trompeta heroica de Alfred Tennyson, el poeta laureado inglés: una horda de jinetes galopando a velocidad prodigiosa hacia el horizonte, entre densas nubes de humo de artillería. En el fondo, el paisaje se cierra con una línea de colinas verdes.

De vez en cuando, escenas religiosas alivian la mirada entristecida por todo este caos de pólvora y matanza. En medio de un grupo diverso de soldados ingleses, entre los cuales los vistosos uniformes de los escoceses con falda destacan especialmente, un sacerdote anglicano oficia el servicio dominical; tres tambores, uno apoyado sobre los otros dos, le sirven de púlpito.

En verdad, es difícil, simplemente con una pluma, traducir este poema hecho de mil bocetos, poema tan vasto y complejo, o expresar la embriaguez provocada por todos estos detalles pintorescos, a menudo melancólicos pero nunca sentimentales, reunidos en varios cientos de páginas, cuyas manchas y desgarrones revelan, a su manera, la confusión y el tumulto en los cuales el artista depositó allí sus recuerdos del día. Cada noche, el correo transportaba las notas y dibujos de Monsieur G. a Londres, y a menudo confiaba al correo más de diez bocetos dibujados en los papeles más finos, que los grabadores y los suscriptores del periódico esperaban con impaciencia.

Aparecen ahora ambulancias, en bocetos donde la atmósfera misma parece enferma, triste y pesada; cada camilla parece una cama de dolor; después, el hospital de Pera, donde, en conversación con dos monjas altas, pálidas y erguidas como figuras de Le Sueur, veo a un visitante de ropa informal, identificado por esta curiosa leyenda en inglés: My humble self (Mi humilde persona). Y más allá, por senderos tortuosos y ásperos, sembrados de restos de una batalla ya lejana, pasan lentamente bestias de carga —mulas, burros, caballos— que transportan en sus lomos, en pares de sillas rudimentarias, a los heridos pálidos e inertes. En medio del desierto nevado, camellos de porte majestuoso, con las cabezas en alto, guiados por tártaros, cargan provisiones o municiones de todo tipo: es todo un mundo de guerra, vivo, ocupado, silencioso; un mundo de campamentos, de bazares que muestran muestras de toda clase de mercancía, como ciudades bárbaras improvisadas para la ocasión. Entre esos barracones, por esos senderos pedregosos o nevados, por esas gargantas, circulan los uniformes de varias naciones, más o menos dañados por la batalla o transformados por la adición de grandes abrigos y botas pesadas.

Es una lástima que este álbum, hoy disperso en varios lugares, cuyas páginas más preciosas han sido retenidas por los grabadores encargados de reproducirlas o por los editores del Illustrated London News, no haya pasado ante los ojos del Emperador. Estoy seguro de que habría sentido placer —y no sin emoción— al ver las gestas y asuntos de sus soldados, minuciosamente representados, día tras día, desde las acciones militares más deslumbrantes hasta las ocupaciones más triviales de la vida, por la mano firme e inteligente de este artista militar.

VII. POMPA Y CIRCUNSTANCIA

Turquía también proporcionó a nuestro querido Monsieur G. algunos motivos admirables para componer: las fiestas del Bayram, fastos sombríos empapados por la lluvia, en medio de los cuales, como un sol pálido, surgía el tedio permanente del difunto sultán; a la izquierda del sultán, todos los oficiales del servicio civil; a la derecha, todos los del servicio militar, cuyo comandante era Said Pachá, sultán de Egipto, presente en ese momento en Constantinopla; solemnes cabalgatas y procesiones que avanzaban hacia la pequeña mezquita vecina al palacio, y, entre las multitudes, funcionarios turcos, verdaderas caricaturas de la decadencia, abrumando a sus magníficos corceles con el peso de sus cuerpos fantásticos; grandes carruajes pesados, como coches de Luis XIV, dorados y adornados con capricho oriental, de los cuales brotan, de vez en cuando, miradas de curiosidad femenina, por la estrecha abertura que las bandas de muselina permiten a los ojos.

Danzas frenéticas de acróbatas del tercer sexo (nunca la divertida expresión de Balzac ha sido más aplicable que en este caso, pues bajo las palpitaciones de luz temblorosa, bajo la agitación de sus vestiduras amplias, bajo los ardientes cosméticos que delinean mejillas, ojos y párpados, en esos gestos histéricos y convulsivos, en esas cabelleras flotantes hasta la cintura, resultaría difícil, por no decir imposible, adivinar los signos de la virilidad); y, finalmente, las femmes galantes (si se puede emplear siquiera la palabra galantería en relación con Oriente), generalmente compuestas por húngaras, valacas, judías, polacas, griegas y armenias; pues, bajo un gobierno despótico, son las razas oprimidas —y, entre ellas, las que más sufren— las que proporcionan la mayoría de las mujeres sometidas a la prostitución. Algunas de estas mujeres conservan su traje nacional: chaquetillas bordadas de mangas cortas, cinturones flotantes, pantalones amplios, babuchas vueltas, muselinas rayadas o con lentejuelas, y todo el oropel de su tierra natal; otras, y son las más numerosas, han adoptado el principal distintivo de la civilización que, para una mujer, es invariablemente la crinolina, aunque conservando siempre, en algún rincón de su atuendo, un pequeño recuerdo característico del Oriente, de modo que parecen damas parisinas disfrazadas con trajes de fantasía.

VIII. EL HOMBRE MILITAR

Para definir, una vez más, el tipo de temas preferidos por nuestro artista, podríamos decir que se trata del boato de la vida, tal como se ofrece a la mirada en las capitales del mundo civilizado: la pompa de la vida militar, la vida mundana, la vida galante. Nuestro observador siempre se encuentra en su puesto, allí donde fluyen los deseos hondos e impetuosos, esos Orinocos del corazón humano: la guerra, el amor, el juego; allí donde se celebran las fiestas y ficciones que representan esos grandes elementos de la felicidad o la desgracia. Sin embargo, muestra una marcada predilección por el hombre de armas, el soldado, y creo que este afecto proviene no solo de las cualidades y virtudes que inevitablemente pasan del alma guerrera a su fisonomía y porte, sino también del esplendor exterior con que su profesión lo reviste. Monsieur Paul de Molènes ha escrito unas cuantas páginas, tan sensatas como encantadoras, sobre la coquetería militar y el significado moral de esos trajes relucientes con los que todos los gobiernos se complacen en vestir a sus tropas. Monsieur G. firmaría gustosamente esas líneas.

Ya hemos hablado de la belleza idiomática propia de cada época, y hemos observado que cada siglo posee, por así decirlo, su gracia particular. La misma observación se aplica a las distintas profesiones; cada una deriva su belleza externa de las leyes morales a las que se encuentra sujeta. En unas, esa belleza estará marcada por la energía; en otras, llevará los signos visibles de la ociosidad. Parece un emblema del carácter; es el sello del destino. El militar, tomado como clase, tiene su belleza, así como el dandi y la cortesana tienen la suya, aunque de un matiz esencialmente distinto. Notarás que omito, naturalmente, aquellas profesiones en las que el ejercicio exclusivo y violento deforma los músculos y afea el rostro con signos de esclavitud. Acostumbrado a ser sorprendido por los acontecimientos, el militar es difícil de desconcertar.

El rasgo característico de belleza aquí será, entonces, una despreocupación marcial, una singular mezcla de calma y audacia; es una belleza que proviene de la necesidad de estar preparado para la muerte en cualquier momento. Y el rostro del soldado llevará necesariamente una gran sencillez; pues viviendo una vida comunal, como los monjes o los escolares, y habituado a delegar las preocupaciones diarias en una paternidad abstracta, el soldado es, en muchos sentidos, tan simple como un niño; y como los niños, una vez cumplidas sus tareas, se entretiene con facilidad y es propenso a diversiones bulliciosas. No exagero, creo, al afirmar que todas estas consideraciones morales fluyen con facilidad de los dibujos y acuarelas de Monsieur G. No falta tipo militar alguno, y todos son captados con una especie de gozosa exaltación: el viejo oficial de caballería, serio y triste, que aplasta con su corpulencia a su caballo; el apuesto oficial de estado mayor, ceñido de cintura, que arquea los hombros y se inclina sin pudor sobre los respaldos de las sillas de las damas, y que, visto de espaldas, recuerda al más esbelto y elegante de los insectos; el zuavo y el tirador, cuya prestancia proviene de un temple excepcional de osadía e independencia, que parece conferirles un sentido de la responsabilidad más vivo; la ágil y alegre despreocupación de los jinetes de caballería ligera; el aspecto vagamente profesoral y académico de los cuerpos especiales, artilleros o ingenieros, confirmado a menudo por la poco bélica adición de unas gafas. Ninguno de estos modelos, ninguno de estos matices es descuidado; todos son observados y definidos con el mismo amor y la misma inteligencia.

Tengo, en efecto, ante mis ojos una de estas composiciones cuyo carácter general es verdaderamente heroico: representa la cabecera de una columna de infantería; acaso estos hombres regresan de Italia y han sido detenidos en el bulevar entre los vítores de la multitud; acaso acaban de culminar una marcha interminable por los caminos de Lombardía; no lo sé. Lo que es visible y claramente comprensible es el carácter audaz y resuelto, incluso en reposo, de todos esos rostros curtidos por la lluvia, el viento y el sol.

Aquí, la uniformidad de expresión es manifiesta, nacida de la obediencia y del sufrimiento compartido, ese aire resignado del coraje puesto a prueba por el largo esfuerzo. Los pantalones, metidos dentro de las polainas, parecen aprisionarlos; las capas, manchadas de polvo y muy deslucidas; todo su equipo, en suma, ha adquirido el aspecto de esos seres indestructibles que regresan de lejos, habiendo vivido extrañas aventuras. Podría decirse que todos esos hombres se sostienen con más firmeza sobre las piernas, más cuadradamente plantados sobre los pies, con más aplomo, que cualquier otro. Charlet, que siempre buscó este tipo de belleza y que a menudo la encontró, habría quedado singularmente impresionado de haber visto este diseño.

IX. EL DANDY

Los novelistas ingleses han cultivado, más que ningún otro, la novela de alta sociedad; y los franceses que, como Monsieur de Custine, han hecho de las historias de amor su especialidad, se han preocupado, con todo acierto, de dotar a sus personajes de fortunas lo bastante vastas como para cubrir, sin titubeos, todas sus fantasías; prescindiendo así de cualquier tipo de profesión. Esos seres no tienen otra misión que cultivar la idea de la belleza en su propia persona, satisfacer sus pasiones, sentir y pensar. Disponen, por tanto, en medida amplia y cómoda, del tiempo y del dinero sin los cuales la fantasía, reducida al estado de simple ensoñación pasajera, difícilmente puede traducirse en acción. Es, por desgracia, una verdad demasiado cierta: sin dinero ni ocio, el amor no puede ser más que una orgía plebeya o el cumplimiento de un deber conyugal. En lugar de un capricho apasionado o soñador, se convierte en una utilidad repugnante.

Si hablo del amor en relación con el dandismo, es porque el amor es la ocupación natural del ocioso. Pero el dandy no ve en el amor una finalidad concreta. Si he hablado del dinero, es porque el dinero es indispensable para quien convierte en culto sus pasiones; pero el dandy no aspira al dinero como algo esencial: deja esa pasión grosera a los mortales vulgares; le basta con un crédito inagotable. El dandismo no consiste siquiera, como muchos frívolos creen, en un gusto desmesurado por la moda y la elegancia material. Para el dandy perfecto, estas cosas no son sino símbolos de su superioridad espiritual aristocrática. Es más: a sus ojos, preocupados por la distinción por encima de todo, la elegancia perfecta reside en la simplicidad absoluta, que es, en efecto, una forma aún más refinada de distinguirse. ¿Qué es entonces esta pasión convertida en doctrina, que ha producido adeptos tan tiránicos, esta institución no oficial que ha formado una casta tan altiva? Es una necesidad ardiente, ante todo, de exhibir una originalidad limitada solo por los confines de la corrección. Es una especie de culto del yo, que puede sin embargo admitir la búsqueda de una felicidad encontrada en otro ser, por ejemplo, una mujer; que incluso tolera todo lo que se conoce como ilusión. Es el placer de asombrar a los demás y la orgullosa satisfacción de no dejarse nunca sorprender. Un dandy puede estar hastiado o ser un hombre que sufre; pero, en ese último caso, sonreirá como el joven espartano mientras el zorro le muerde bajo la túnica.

Se ve claramente que el dandismo roza, en ciertos aspectos, lo espiritual y lo estoico. Pero un dandy no puede jamás ser un hombre común. Si cometiera un crimen, quizá no quedaría arruinado, pero si el crimen tuviera un origen trivial, el deshonor sería irreparable. Que el lector no se escandalice ante esta gravedad en medio de lo frívolo, pues hay grandeza en toda locura, energía en todo exceso. ¡Qué espiritualidad tan extraña! Para quienes son a la vez sus sacerdotes y sus víctimas, todas las complejas condiciones materiales a las que se someten —desde las normas irreprochables de vestimenta a toda hora del día o la noche, hasta las hazañas deportivas más arriesgadas— no son más que una especie de gimnasia destinada a fortalecer la voluntad y disciplinar el alma. En verdad, no me equivoqué al tratar el dandismo como una especie de religión. Ni la regla monástica más estricta ni el orden inexorable del Viejo de la Montaña (la orden de los Asesinos), que exigía el suicidio a sus discípulos si se embriagaban, era más despótico ni más rigurosamente obedecido que esta doctrina de la elegancia y la originalidad, que impone también a los ambiciosos y humildes miembros de su secta —hombres a menudo llenos de fuego, pasión, coraje y energía contenida— la terrible fórmula: Perinde ac cadaver: ¡sumiso como un cadáver! (Ignacio de Loyola).

Ya se llamen exquisitos, incroyables, beaux, lions o dandis, todos proceden de la misma fuente; todos comparten esa característica de oposición o rebeldía, todos representan lo mejor del orgullo humano, esa necesidad —demasiado rara hoy día— de combatir y destruir la trivialidad. De ahí nace, entre los dandis, la actitud altiva de su casta, provocadora incluso en su frialdad. El dandismo aparece sobre todo en épocas de transición, cuando la democracia no es aún todopoderosa y la aristocracia se halla solo parcialmente debilitada y envilecida. En medio del desorden de tales tiempos, ciertos hombres, sin raíces, inquietos, ociosos pero ricos en energía natural, pueden concebir la idea de establecer una nueva forma de aristocracia, tanto más difícil de destruir cuanto que se basa en las cualidades más preciosas, las más indestructibles, y en dones divinos que ni el trabajo ni la riqueza pueden conferir.

El dandismo es el último relámpago del heroísmo en una era de decadencia; y el tipo de dandy que nuestro explorador (Chateaubriand) descubrió en América del Norte no contradice esta idea: pues nada impide suponer que esas tribus que llamamos salvajes sean los restos de grandes civilizaciones desaparecidas. El dandismo es un sol poniente; como el astro que declina, es brillante, sin calor, y llena el espíritu de melancolía. ¡Pero ay! La marea ascendente de la democracia, que invade y nivela todo, arrastra día tras día a esos últimos representantes del orgullo humano, y vierte su oleaje de olvido sobre las huellas de esos prodigiosos Mirmidones. Los dandis se vuelven cada vez más raros en nuestro país, mientras que entre nuestros vecinos, en Inglaterra, el orden social y la constitución (la verdadera constitución, revelada por las costumbres) dejarán aún por mucho tiempo un lugar para los herederos de Sheridan, Beau Brummel y Byron, siempre que se presenten hombres dignos de ocuparlo.

Lo que al lector podría parecer una digresión no lo es, en verdad. Las reflexiones y consideraciones morales que suscitan los dibujos de un artista son, en muchos casos, la mejor interpretación que un crítico puede ofrecer de ellos: tales sugerencias forman parte de la idea original, que puede adivinarse al revelarlas una a una. ¿Hace falta decir que cuando Monsieur G. dibuja uno de sus dandis sobre el papel, le otorga siempre su carácter histórico, su carácter legendario —me atrevería a decir— si no estuviéramos hablando del presente y de cosas generalmente consideradas frívolas? Todo está ahí: la ligereza del paso, la compostura del gesto, la sencillez con aire de autoridad, la manera de llevar el abrigo, de manejar el caballo, esas actitudes exteriormente serenas pero que revelan una energía interior, que nos hace pensar, al descubrir con la mirada a uno de estos seres privilegiados en los que lo atrayente y lo formidable se mezclan misteriosamente: «He aquí un hombre, tal vez rico, pero más probablemente un Hércules sin ocupación».

La belleza característica del dandy consiste, ante todo, en ese aire de frialdad que proviene de una decisión inquebrantable de no dejarse conmover; un fuego latente, podría decirse, que sugiere la capacidad, pero no el deseo, de brillar. Eso es precisamente lo que expresan a la perfección estos dibujos.

X. LA MUJER

Ese ser que es, para la mayoría de los hombres, la fuente de los placeres más vivos y, hay que decirlo en desdoro de los placeres filosóficos, los más duraderos; ese ser hacia quien, o para cuyo beneficio, se dirigen todos sus esfuerzos; ese ser tan temido e incomunicable como la Divinidad (con esta diferencia: que lo infinito no se comunica porque deslumbraría y abrumaría al finito, mientras que el ser del que hablamos es incomprensible, quizá, porque no tiene nada que comunicarnos); ese ser en quien Joseph de Maistre veía un bello animal cuyas gracias animaban y aligeraban el juego serio de la política; por quien, y a través de quien, se hacen y se deshacen fortunas; por quien, pero sobre todo por medio de quien, artistas y poetas crean sus joyas más exquisitas; de quien emanan los placeres más debilitantes y los dolores más fértiles: la mujer, en una palabra, para el artista en general y para Monsieur G. en particular, no es simplemente la hembra del hombre.

Es, más bien, una divinidad, una estrella que preside todas las concepciones del cerebro masculino; es el reflejo deslumbrante de todas las gracias de la naturaleza condensadas en un solo ser; es el objeto de la más viva admiración y de la más intensa curiosidad que el cuadro de la vida pueda ofrecer a nuestra contemplación. Es una especie de ídolo, mudo quizá, pero deslumbrante y hechicero, que mantiene en suspenso la voluntad y el destino con una mirada. No es, digamos, un animal cuyos miembros, ensamblados con justeza, ofrezcan un ejemplo perfecto de armonía; ni siquiera un modelo de belleza pura, como el que sueña el escultor en sus meditaciones más profundas; no, eso aún resultaría insuficiente para explicar su misterioso y complejo poder de encantamiento.

No se trata aquí de Winckelmann ni de Rafael, y estoy seguro de que Monsieur G., a pesar de la amplitud de su inteligencia (lo cual puede decirse sin ofensa), dejaría pasar un fragmento de estatua antigua con tal de saborear el retrato de una dama pintado por Reynolds o Lawrence. Todo lo que adorna a la mujer, todo lo que sirve para ilustrar su belleza, forma parte de ella; y los artistas que se dedican particularmente al estudio de este enigmático ser, adoran tanto todo el mundus muliebris como a la mujer misma.

La mujer es, sin duda, una luz, una mirada, una invitación a la felicidad, una palabra, en ocasiones; pero sobre todo es una armonía general, no solo en el andar y en el movimiento de sus miembros, sino también en las muselinas, los tules, las vastas nubes tornasoladas de tela en que se envuelve, que son los atributos y pedestal de su divinidad; en los metales y minerales que se enroscan en sus brazos y cuello, que añaden chispas de fuego a su mirada o susurran dulcemente en sus oídos.

¿Qué poeta, al describir el placer que causa una aparición semejante de belleza, osaría separar a la mujer de su atuendo? ¿Dónde está el hombre que no haya disfrutado —en la calle, en el teatro, en el parque— de forma absolutamente desinteresada, de un atuendo hábilmente compuesto, y no haya conservado de él una imagen inseparable de la belleza de quien lo vestía, formando así, entre la mujer y su vestido, un todo indivisible?

Este es el momento, me parece, de volver a ciertas cuestiones sobre la moda y el adorno que apenas toqué al comenzar este estudio, y de reivindicar, frente a las torpes calumnias de ciertos amantes ambiguos de la naturaleza, el arte del embellecimiento.

XI. EN ALABANZA DEL ADORNO

Recuerdo una canción popular, tan trivial e inepta que apenas debería ser citada en una obra que pretende cierta seriedad, pero que expresa bastante bien, en estilo de vodevil, la estética de las personas irreflexivas: «¡La naturaleza embellece la belleza!». Presumiblemente, el poeta, si hubiera sido capaz de escribir en buen francés, habría dicho: «¡La simplicidad embellece la belleza!», lo cual equivale a la siguiente verdad, tan desconcertante como desconocida: «Nada embellece lo que ya es».

La mayoría de los errores respecto a la belleza nacen de un falso postulado del siglo XVIII en torno a la ética. En aquella época se consideraba que la naturaleza era la base, la fuente y el modelo de todo bien y de toda posible belleza. La negación del pecado original no fue un factor menor en esta ceguera general. Si, no obstante, accedemos simplemente a remitirnos a hechos evidentes en todas las épocas —y no menos para los lectores de los informes jurídicos—, veremos que la naturaleza no nos enseña nada, o prácticamente nada; es decir, que obliga al ser humano a dormir, beber, comer y protegerse de las inclemencias del clima. También lo impulsa a asesinar a sus semejantes, a devorarlos, encerrarlos y torturarlos; pues en cuanto salimos del reino de las necesidades para entrar en el del lujo y el placer, vemos que la naturaleza no aconseja sino el crimen.

Esta infalible naturaleza ha engendrado el parricidio y el canibalismo, junto a un millar de otras abominaciones que la vergüenza y el pudor nos impiden nombrar. Es la filosofía (me refiero a la filosofía sensata) y la religión quienes nos mandan cuidar de nuestros padres si están pobres o enfermos. La naturaleza —que no es más que la voz de nuestro propio interés— nos ordenaría sacrificarlos. Contemplad y analizad todo lo natural, todos los actos y deseos del hombre natural, y no encontraréis nada que no sea atroz. Todo lo bello y noble es producto de la razón y del cálculo. El crimen, por el que la criatura humana adquiere gusto desde el vientre materno, es de origen natural. La virtud, por el contrario, es artificial, antinatural; puesto que en todos los tiempos y en todas las naciones fueron necesarios dioses y profetas para enseñar la virtud a una humanidad animal, incapaz de descubrirla por sí misma.

El mal se produce sin esfuerzo, naturalmente, por fatalidad; el bien es siempre fruto del artificio.

Todo lo que digo sobre la naturaleza como mala consejera en asuntos de moralidad, y sobre la razón como verdadera redentora y reformadora, puede aplicarse igualmente al terreno de la belleza. Esto me lleva a considerar el adorno como una de las señales de nobleza primitiva del espíritu humano. Las razas que nuestra civilización —confusa y perversa— tiene el orgullo ridículo y la fatuidad de considerar salvajes comprenden, como los niños, la noble espiritualidad del adorno. El salvaje y el niño, por su ingenua aspiración hacia lo brillante —como las plumas multicolores, las telas tornasoladas, la majestad suprema de las formas artificiales—, dan testimonio de su repugnancia por lo real y prueban, en su ignorancia, la inmaterialidad del espíritu.

¡Ay de aquel que, como Luis XV (producto no de una verdadera civilización sino de un renacimiento de la barbarie), lleva su degeneración hasta el punto de no tener gusto más que por la naturaleza sin adorno! (Sabemos que Madame Dubarry, cuando quería evitar encontrarse con el rey, se aplicaba colorete. Era disuasivo suficiente. Así le cerraba la puerta al real discípulo de la naturaleza. Fue precisamente al adornarse como lograba espantarlo).

La moda debe considerarse, pues, como un síntoma del gusto por el ideal que flota en la mente humana por encima de todo lo que la vida natural acumula de grosero, terrestre y repulsivo; como una sublime deformación de la naturaleza, o mejor aún, como un intento permanente y continuo de reformarla. Se ha señalado con acierto (aunque sin descubrir la causa) que toda moda es encantadora, es decir, relativamente encantadora, ya que cada una representa un esfuerzo nuevo, más o menos afortunado, orientado hacia la belleza, alguna suerte de aproximación al ideal, ese ideal cuyo deseo estimula sin cesar el espíritu insaciable del ser humano. Pero para apreciar las modas, no hay que considerarlas como cosas muertas; tanto valdría admirar los trajes suspendidos, flácidos y sin vida como la piel de San Bartolomé, en el guardarropa de un comerciante. Hay que imaginarlas vivificadas, animadas por las hermosas mujeres que las llevaron. Solo entonces se comprenderá su sentido y su espíritu. Si el aforismo «todas las modas son encantadoras» te choca por parecer demasiado absoluto, entonces di, sin temor a equivocarte: «Todas fueron vistas, en su momento, como verdaderamente encantadoras».

La mujer está, pues, en su pleno derecho, e incluso cumple una especie de deber, al consagrarse a aparecer mágica y por encima de la naturaleza; es necesario que asombre y seduzca: como ídolo, debe adornarse para ser adorada. Debe tomar prestados de todas las artes los medios para elevarse sobre la naturaleza, con el fin de conquistar los corazones y cautivar las mentes. Poco importa que sus trucos y artificios sean conocidos por todos, si su éxito es seguro y sus efectos, siempre irresistibles. Con estas consideraciones, el filósofo-artista encontrará una justificación fácil para todas las prácticas empleadas en todas las épocas para consolidar y divinizar —por así decirlo— su frágil belleza. Enumerarlas sería una tarea sin fin; pero si nos limitamos a lo que hoy se llama comúnmente maquillaje, ¿quién no ve que el uso del polvo de arroz, tan neciamente anatematizado por nuestros filósofos naturalistas, tiene como objetivo y resultado borrar del cutis todas las imperfecciones que la naturaleza ha esparcido sin piedad, y así crear una unidad abstracta de textura y color, una unidad que, como la del maillot del bailarín, asemeja al ser humano con una estatua, es decir, con un ser superior y divino?

En cuanto al rímel que perfila los ojos, y al colorete que aviva los pómulos, aunque su uso nace del mismo principio —la necesidad de sobrepasar a la naturaleza—, el resultado responde a una necesidad opuesta. El rojo y el negro representan la vida, una vida sobrenatural y excesiva; ese contorno negro hace la mirada más penetrante y singular, confiere al ojo la expresión decidida de una ventana abierta al infinito; el carmín, que enciende el pómulo, intensifica el brillo de la pupila y añade al hermoso rostro femenino la pasión misteriosa de la sacerdotisa.

Así pues, si se me ha entendido bien, adornar el rostro no debe hacerse con el objetivo vulgar e inconfesable de imitar la bella naturaleza y rivalizar con la juventud. Además, se ha observado que el artificio no embellece la fealdad y solo puede servir a la belleza. ¿Quién osaría asignar al arte la función estéril de imitar a la naturaleza? El maquillaje no necesita ocultarse ni esquivar su revelación; que se muestre, por el contrario, si no con afectación, al menos con una especie de candor.

Permito gustosamente que aquellos cuya pesada gravedad les impide buscar la belleza en sus manifestaciones más minuciosas se burlen de estas reflexiones mías y las acusen de pueril solemnidad; su juicio austero no me afecta; me contento con apelar a los verdaderos artistas, así como a aquellas mujeres que han recibido al nacer una chispa de ese fuego sagrado con el que se iluminan por completo.

XII. MUJERES Y MUCHACHAS

Así pues, Monsieur G., al darse a la tarea de buscar y exponer la belleza de la modernidad, representa con gusto a las mujeres ricamente vestidas y embellecidas con todo el arte del artificio, sin importar la clase social a la que pertenezcan. Además, en las colecciones de sus obras, no menos que en el hormiguero vibrante de la vida real, las diferencias de raza y clase, por lujoso que sea el atavío, saltan a la vista del espectador.

Aquí, bañadas por la luz difusa de un auditorio, recibiendo y reflejando la luz con sus ojos, sus joyas, sus hombros, aparecen, espléndidas como retratos, en palcos de teatro que las enmarcan, jovencitas de la más alta sociedad. Unas graves y serias, otras rubias y atolondradas. Algunas ostentan un busto precoz con desenfado aristocrático; otras, francamente, exhiben el pecho plano de un niño. Con abanicos en los labios, miradas fijas o ausentes, están tan teatralmente solemnes como la ópera o el drama que fingen seguir.

Allí, vemos familias elegantes paseando con desdén por los senderos de algún parque público, esposas apoyadas tranquilamente en el brazo de maridos cuyo aire sólido y complacido revela una fortuna consolidada y una completa autosatisfacción. Aquí, la holgura confortable ha sustituido a la distinción sublime. Entretanto, niñas flacuchas, con faldas infladas, semejando mujercitas por figura y por gesto, brincan, juegan con aros o hacen visitas sociales al aire libre, repitiendo así la comedia doméstica de sus padres.

Saliendo de un mundo inferior, orgullosas de aparecer por fin en el centro de la escena, las muchachas de los teatros menores, frágiles, delgadas, aún adolescentes, exhiben con júbilo absurdas parodias de la moda sobre sus hombros virginales, vestimentas que no pertenecen a ninguna época concreta y que son su delicia y orgullo.

En la puerta de un café, apoyado contra un escaparate iluminado desde dentro y desde fuera, se recuesta uno de esos imbéciles cuya elegancia la fabrica su sastre y cuya cabeza le modela su peluquero. A su lado, con los pies descansando en uno de esos indispensables taburetes, su amante se sienta: una descarada ordinaria, a la que prácticamente no le falta nada (y ese «prácticamente nada» es, de hecho, «todo»: la verdadera distinción) para ser una gran dama. Como su compañero elegante, tiene la boca completamente ocupada por un enorme cigarro. Estos dos seres no poseen ni un pensamiento. ¿Es seguro que siquiera ven? A menos que, como algún Narciso de la imbecilidad, contemplen a la multitud como si fuera un espejo que refleja su propia imagen. En verdad, existen más para el placer del observador que para el suyo propio.

He aquí que se abren las galerías, llenas de luz y de movimiento, del Valentino, del Prado, del Casino (como antes lo fueron el Tivoli, el Idalie, los Folies y el Paphos), esos lugares desordenados donde la exuberancia de la juventud ociosa se expresa sin trabas. Mujeres que exageran la moda hasta deformarla y destruir su intención arrastran ostentosamente sus colas y los flecos de sus chales por el suelo. Van, vienen, pasan y repasan, con ojos asombrados como los de los animales, con un aire de no ver nada, y sin embargo, examinando todo.

Sobre un fondo de luz infernal, o de aurora boreal —rojo, naranja, azufre, rosa (el rosa expresando la idea del éxtasis en medio de la frivolidad) y, a veces, púrpura (el color favorito de las canonesas, como ascuas moribundas tras un cortinaje azul)—, sobre estos telones mágicos que imitan la diversidad de los fuegos de Bengala, surge la imagen cambiante de la belleza disoluta. Ahora majestuosa, ahora juguetona; a veces esbelta, incluso enjuta; a veces ciclópea; unas veces pequeña y chispeante, otras pesada y monumental. Ha inventado una elegancia provocadora y extraña, o aspira, con mayor o menor fortuna, a una simplicidad propia de un mundo más elevado. Avanza hacia nosotros, se desliza, baila, balancea el peso de sus enaguas bordadas, que hacen de pedestal y barra de equilibrio; su mirada se lanza desde debajo del sombrero como desde el marco de un retrato. Representa a la perfección la barbarie dentro de la civilización. Posee una belleza concedida por el Mal, siempre carente de espiritualidad, pero a veces teñida de un hastío que pretende ser melancolía. Mira al horizonte como una bestia de presa, con la misma fiereza, la misma distracción ociosa y, a veces, con la misma fijeza de atención. Vagabunda bohemia en los márgenes de la sociedad aceptable, la trivialidad de su vida —hecha de astucia y conflicto— se revela fatalmente a través de su envoltorio de fingimiento. Bien se le podrían aplicar las palabras de ese maestro inimitable, La Bruyère: «En algunas mujeres hay una falsa nobleza asociada al movimiento de los ojos, la inclinación de la cabeza, la manera de andar, pero que no va más allá».

Estas reflexiones acerca de la cortesana pueden aplicarse, en cierto grado, también a la actriz; pues ella también es una criatura del artificio, un objeto de placer público. Pero aquí, la conquista, el premio, es de una índole más noble y espiritual. Busca ganar el favor general, no sólo mediante la pura belleza física, sino también por medio de un talento del orden más raro. Si por un lado roza el carácter de la cortesana, por otro se aproxima al del poeta. No olvidemos que, además de la belleza natural o incluso artificial, existe en todo ser humano la marca de su oficio, una característica que puede traducirse en fealdad física, pero también en una forma de belleza profesional.

En esa vasta galería que es la vida parisina o londinense, encontraremos todos los tipos de feminidad errante, mujeres en rebelión en todos los niveles: primero, la cortesana en su florecer, aspirando a aires patricios, orgullosa a la vez de su juventud y del lujo en el que vierte todo su genio y toda su alma; delicadamente, con dos dedos, recoge un amplio panel de seda, satén o terciopelo que ondula a su alrededor, o señala la punta de un pie cuyo zapato recargado bastaría para denunciarla —si eso no lo hiciera ya la innecesaria extravagancia de todo su atuendo—; luego, descendiendo en la escala, llegamos a las esclavas confinadas en aquellos prostíbulos disfrazados de cafés; miserables sometidas a los más avaros "guardianes", sin nada que les pertenezca, ni siquiera el atavío excéntrico que adereza su belleza.

Algunas entre estas últimas, ejemplos de una monstruosa pero inocente vanidad, expresan en sus rostros, en sus miradas altivas y elevadas, una evidente alegría de estar vivas (¿por qué, en verdad?). A veces encuentran, sin buscarlo, poses de una audacia y nobleza que podrían hechizar al escultor más sensible, si los escultores actuales tuvieran aún el coraje y el espíritu de hallar nobleza dondequiera que esté, incluso en el fango; otras veces se muestran postradas, en actitudes de tedio desesperado, de apatía de taberna, de cinismo masculino, fumando cigarrillos para matar el tiempo, con una resignación oriental y fatalista; despatarradas en divanes, faldas infladas por delante y por detrás como abanicos dobles, o precariamente equilibradas sobre taburetes y sillas; lánguidas, sombrías, estúpidas, extravagantes, con los ojos vidriosos por el brandy, la frente hinchada de orgullo obstinado.

Hemos descendido al último giro de la espiral, a la femina simplex de Juvenal (la mujer simple y llana). Ahora se retratan, en el fondo de una atmósfera donde el tabaco y el alcohol mezclan sus vapores, los pómulos demacrados de la tísica, o las formas redondeadas de la adiposidad, ese estado horriblemente saludable del indolente. En un caos brumoso y dorado, desconocido por los castos y los indigentes, se agitan y convulsionan ninfas macabras y muñecas vivientes, cuyos ojos delatan un brillo siniestro, mientras tras el mostrador cubierto de botellas de licor preside una vieja descomunal, cuya cabeza, envuelta en un pañuelo sucio, proyecta en la pared una sombra satánicamente puntiaguda, para recordarnos que todo lo consagrado al Mal está condenado a portar cuernos.

En verdad, no es para gratificar a mis lectores, ni mucho menos para escandalizarlos, que traigo tales imágenes ante sus ojos; hacerlo sería una falta de respeto. Lo que vuelve preciosos y casi sagrados estos retratos es la multitud de pensamientos que suscitan, pensamientos en general sombríos y severos. Pero si, por ventura, alguien tan mal aconsejado buscara en estas composiciones de Monsieur G. —tan ampliamente difundidas— la ocasión para satisfacer una curiosidad malsana, debo advertirle caritativamente que no hallará aquí nada que excite una imaginación perversa. No encontrará sino las marcas inevitables del vicio, es decir, la mirada del Demonio al acecho entre las sombras, o el hombro de Mesalina brillando bajo la luz del gas; nada más que arte puro, es decir, la belleza particular del mal, la belleza en lo terrible. El sentimiento general que emana de todo este caos, repito de paso, contiene más tristeza que burla. Lo que confiere a estos dibujos su belleza peculiar es su fecundidad moral. Están preñados de sugerencias —duras sugerencias— que mi pluma, por muy habituada que esté a lidiar con las artes plásticas, apenas ha logrado transmitir parcialmente.

XIII. MEDIOS DE TRANSPORTE

Así continúan, en su interminable ramificación, estas extensas galerías de alta y baja vida. Dejémoslas por unos momentos para considerar un mundo que, si no puro, es al menos más refinado. Respiramos perfumes no más sanos quizá, pero sí más delicados. Ya he señalado que el pincel de Monsieur G., como el de Eugène Lami, es maravillosamente hábil para representar la pompa del dandismo y la elegancia del foppery. Las actitudes físicas de los ricos le son familiares; sabe representar, con un ligero trazo de la pluma y una certeza de tacto que nunca lo abandona, esa seguridad de mirada, gesto y pose que, entre los seres privilegiados, es el resultado de la monótona buena fortuna.

En esta particular serie de dibujos se muestran, en sus mil aspectos, incidentes del deporte, la caza, las carreras, los paseos por el bosque: damas orgullosas y señoritas frágiles que manejan monturas de una pureza de forma admirable con mano segura; los corceles mismos, de una ligereza, brillantez y capricho semejantes a los de sus dueñas. Porque Monsieur G. no solo es un conocedor de los caballos en general, sino que tiene un don feliz para expresar su belleza individual.

Aquí hay paradas, campamentos —por así decirlo— de numerosos medios de transporte, desde los cuales, alzados sobre cojines, asientos o el techo, elegantes hombres y mujeres jóvenes, vestidos con los excéntricos trajes autorizados por la estación, asisten a alguna solemnidad que tiene lugar a lo lejos. Allí, un jinete cabalga, grácil, al galope, junto a un coche abierto, y su caballo parece, en sus inclinaciones y cabriolas, estar rindiendo respeto a su manera. El carruaje avanza a paso ligero, a lo largo de un callejón surcado de luces y sombras, con su grupo de bellezas dispuestas indolentemente como en una cuna, escuchando a medias las galanterías que llegan a sus oídos, y entregándose ociosamente a la brisa que pasa.

Las pieles y las muselinas se les suben hasta la barbilla y ondean en olas sobre las puertas de los carruajes. Sus sirvientes son rígidos y erguidos, inmóviles y todos iguales: siempre las mismas efigies interminables y monótonas del servilismo puntual y disciplinado; su distinción es la de no tener ninguna. Al fondo, el bosque es verde o rojizo, polvoriento o sombrío, según la hora y la estación. Los claros están llenos de niebla otoñal, sombras azuladas, rayos dorados, un resplandor rosado o repentinos destellos de luz que cortan la oscuridad como tajos de sable.

Si sus innumerables acuarelas que representan la guerra en el Este no hubieran revelado ya las facultades de Monsieur G. como paisajista, bastarían estas escenas para convencernos. Aquí, sin embargo, no se trata de la campiña desgarrada de Crimea, ni de las dramáticas orillas del Bósforo; nos encontramos de nuevo en medio de la escenografía familiar e íntima que conforma el entorno de una gran ciudad, donde la luz crea efectos que ningún artista verdaderamente romántico puede pasar por alto.

Otro mérito que vale la pena señalar en este punto es su notable conocimiento de los arneses y el trabajo de carrocería. Monsieur G. dibuja y pinta un medio de transporte, toda clase de carruajes, con el mismo cuidado y la misma facilidad con que un hábil pintor de marinas capta toda clase de barcos. Toda la carrocería es perfectamente correcta; cada detalle está en su lugar y no se puede encontrar ningún defecto. Sea cual fuere la actitud en que se apodere de él, la velocidad a la que lo haga, un carruaje, como un barco, confiere a su movimiento una gracia misteriosa y compleja muy difícil de resumir en taquigrafía. El placer que recibe el ojo del artista parece derivar de la serie de figuras geométricas que este objeto —ya tan intrincado, ya sea barco o carruaje— engendra sucesiva y rápidamente en el espacio.

Sin duda, podemos estar seguros de que, dentro de pocos años, los dibujos de Monsieur G. ocuparán su lugar como preciosos archivos de la vida civilizada. Su obra será codiciada por los coleccionistas tanto como la de Debucourt, Moreau, Saint-Aubin, Carle Vernet, Lami, los hermanos Devéria, Gavarni y todos esos otros artistas exquisitos que, si bien representan solo lo familiar y encantador, son, a su manera, no menos serios como historiadores. Varios de ellos incluso sacrificaron demasiado en aras de agradar, e introdujeron, a veces, en sus composiciones un estilo clásico ajeno al tema. Algunos han suavizado deliberadamente los ángulos, han pulido los bordes ásperos de la vida, han atenuado los reflejos brillantes. Menos hábil que ellos, Monsieur G. posee un profundo valor totalmente suyo. Ha cumplido deliberadamente una función que otros artistas han desdeñado, y que exige, sobre todo, un hombre de mundo para su realización. Ha buscado, por todas partes, la belleza pasajera de la vida actual, el carácter fugaz de lo que el lector nos ha permitido llamar modernidad. A menudo bizarro, violento, excesivo, pero siempre poético, ha sabido concentrar en sus dibujos el sabor, amargo o embriagador, del vino de la Vida.

LA MUJER SALVAJE Y LA QUERIDITA

«En verdad, querida, me molestáis sin tasa y compasión; diríase, al oíros suspirar, que padecéis más que las espigadoras sexagenarias y las viejas pordioseras que van recogiendo mendrugos de pan a las puertas de las tabernas.

Si vuestros suspiros expresaran siquiera remordimiento, algún honor os harían; pero no traducen sino la saciedad del bienestar y el agobio del descanso. Y, además, no cesáis de verterlos en palabras inútiles: ¡Quiéreme! ¡Lo necesito "tanto"! ¡Consuélame por aquí, acaríciame por "allá"! Mirad: voy a intentar curaros; quizá por dos sueldos encontremos el modo, en mitad de una fiesta y sin alejarnos mucho.

Contemplemos bien, os lo ruego, esta sólida jaula de hierro tras de la cual se agita, aullando como un condenado, sacudiendo los barrotes como un orangután exasperado por el destierro, imitando a la perfección ya los brincos circulares del tigre, ya los estúpidos balanceos del oso blanco, ese monstruo hirsuto cuya forma imita asaz vagamente la vuestra.

Ese monstruo es un animal de aquellos a quienes se suele llamar "¡ángel mío!", es decir, una mujer. El monstruo aquél, el que grita a voz en cuello, con un garrote en la mano, es su marido. Ha encadenado a su mujer legítima como a un animal, y la va enseñando por las barriadas, los días de feria, con licencia de los magistrados; no faltaba más.

¡Fijaos bien! Veis con qué veracidad —¡acaso no simulada!— destroza conejos vivos y volátiles chillones, que su cornac le arroja. "Vaya —dice este—, no hay que comérselo todo en un día"; y tras las prudentes palabras le arranca cruelmente la presa, dejando un instante prendida la madeja de los desperdicios a los dientes de la bestia feroz, quiero decir, de la mujer.

¡Ea!, un palo para calmarla; porque está flechando con ojos terribles de codicia el alimento arrebatado. ¡Dios eterno! El garrote no es garrote de comedia. ¿Oísteis sonar la carne, a pesar de la pelambrera postiza? Por eso ahora se le saltan los ojos de la cabeza y aúlla muy naturalmente. En su rabia, centellea toda, como hierro en el yunque.

¡Tales son las costumbres conyugales de estos dos descendientes de Eva y de Adán, obras de vuestras manos, Dios mío! Incontestablemente, desdichada es esta mujer, aunque, en último término, quizá los goces titilantes de la gloria no le sean desconocidos. Desdichas más irremediables hay que no tienen compensación. Pero en el mundo adonde la arrojaron, nunca pudo ella pensar que una mujer mereciera otro destino.

¡Hablemos ahora vos y yo, preciosa querida! A la vista de los infiernos que pueblan el mundo, ¿qué he de pensar yo de vuestro lindo infierno, si vos no descansáis más que sobre telas tan suaves como vuestra piel, y solo coméis carnes cocidas, cuyos pedazos se cuida de trinchar un doméstico hábil?

¿Y qué pueden significar para mí todos esos suspirillos que os hinchan el pecho perfumado, robusta coqueta? ¿Y todas esas afectaciones aprendidas en los libros, y esa infatigable melancolía, hecha para inspirar a los espectadores un sentimiento en todo distinto de la compasión? A la verdad, me entran ganas algunas veces de enseñaros lo que es la verdadera desdicha.

Viéndoos así, hermosa delicada mía, con los pies en el fango, vueltos vaporosamente los ojos al cielo, como para pedirle rey, se os tomaría con verosimilitud por una rana joven invocando al ideal. Si despreciáis la viga —lo que yo soy ahora, como sabéis—, cuidado con la grúa que ha de mascaros, tragaros y mataros a su gusto.

Por poeta que sea, no soy tan cándido como quisierais creer, y si harto a menudo me cansáis con vuestros primorosos lloriqueos, he de trataros como a mujer salvaje, o arrojaros por la ventana como botella vacía.»

EDGAR ALLAN POE: SU VIDA Y SU OBRA

I

Hace mucho tiempo, fue llevado ante uno de nuestros tribunales un criminal cuya frente estaba tatuada con el singularmente extraño dispositivo: "Nunca hay una posibilidad". Así, como un libro lleva su título, él llevó sobre sus ojos la ley de etiqueta de su vida, y el interrogatorio demostró que este curioso escrito era cruelmente veraz.

Existen, en la historia de la literatura, muchos destinos análogos de condenación real, muchos hombres que llevan la palabra "Desafortunado" escrita en caracteres misteriosos en los pliegues sinuosos de sus frentes. El ángel ciego de la Expiación revolotea para siempre a su alrededor, castigándolos con varas para la edificación de los demás. Es en vano que sus vidas exhiban talentos, virtudes o gracias. La sociedad tiene para ellos una anatema especial, acusándolos incluso de aquellas enfermedades que sus propias persecuciones han generado.

¿Qué no habría hecho Hoffmann para desarmar al destino? ¿Qué no intentó Balzac para obligar a la Fortuna? ¿Existe, pues, alguna Providencia diabólica que prepara la miseria desde la cuna; que arroja —y arroja con premeditación— a estas naturalezas espirituales y angélicas a filas hostiles, como fueron una vez arrojados los mártires a la arena?

¿Puede haber, entonces, almas santas destinadas al altar del sacrificio, obligadas a marchar hacia la muerte y la gloria a través de las ruinas mismas de sus vidas? ¿La pesadilla de la oscuridad asediará eternamente a estas almas elegidas?

En vano pueden luchar, en vano conformarse al mundo, a su previsión, a su astucia; que crezcan perfectos en prudencia, que tapen cada entrada, que claven cada ventana contra los dardos del destino; el Demonio entrará por el ojo de una cerradura. Alguna falta surgirá de la perfección misma de su coraza; alguna cualidad superlativa será el germen de su condenación:

"L'aigle, pour le briser, du haut du firmament,
Sur leur front découvert lâchera la tortue,
Car ils doivent périr inévitablement."

Su destino está escrito en su misma constitución; brillando con un brillo siniestro en sus miradas y en sus gestos; circulando por sus arterias en cada glóbulo de su sangre.

Un famoso autor de nuestro tiempo ha escrito un libro para demostrar que el poeta no puede encontrar un hogar feliz ni en la democracia ni en la sociedad aristocrática —no más en una república que en una monarquía, absoluta o limitada— ¿y quién podría perentoriamente responderle?

Traigo hoy una nueva leyenda en apoyo de su teoría; hoy, añado un nuevo santo al santo ejército de los mártires, porque he de escribir la historia de uno de aquellos ilustres desdichados, demasiado ricos en poesía y en pasión, que vinieron después de tantos otros, para servir en este mundo aburrido al rudo aprendizaje del genio entre las almas inferiores.

¡Una lamentable tragedia esta vida de Edgar Poe! Su muerte es un horrible desenlace del drama, donde el horror se enquista con trivialidades. Todos los documentos que he estudiado me refuerzan en la convicción de que los Estados Unidos no eran para Poe más que una vasta prisión por la que corría, de un lado a otro, con la agitación febril de un ser creado para respirar en un mundo más puro... un país salvaje y bárbaro, bárbaro e iluminado por el gas. Su vida interior, espiritual como poeta, espiritual incluso como borracho, no era más que un esfuerzo perpetuo para escapar de la influencia de esta atmósfera antipatética.

No hay dictador más despiadado que el de la Opinión Pública en las sociedades democráticas; no le ruegues por caridad, ni indulgencia, ni elasticidad alguna en la aplicación de sus leyes a los variados y complejos casos de la vida moral. Podríamos decir que, desde el amor impío, ha nacido una nueva tiranía: la tiranía de los tontos, que, en su ferocidad insensible, se asemeja al ídolo de la libertad: Juggernaut.

Un biógrafo nos dice gravemente —y con la mejor intención posible— que Poe, si hubiera querido regular su genio, aplicar sus facultades creativas de una manera más apropiada para el suelo americano, podría haberse convertido en un autor que hacía dinero. Otro, un cínico declarado, dice que por hermoso que fuera el genio de Poe, habría sido mejor que sólo hubiera poseído talento, ya que el talento puede acumular el equilibrio del banquero mucho más fácilmente que el genio. Un tercero, un amigo del poeta, hombre que ha editado muchas revistas y periódicos, confiesa que era difícil emplear a Poe y que se vio obligado a pagarle menos que a los demás, porque escribía en un estilo demasiado alejado del vulgo. ¡Cómo "sabe a tienda", como diría Joseph de Maistre!

Algunos incluso se han atrevido a más, y uniendo la más torpe falta de inteligencia de su genio a la ferocidad de los hipócritas de la clase comerciante, lo insultaron hasta el extremo después de su prematuro final, intimidando groseramente a su pobre cadáver mudo. En particular el Sr. Rufus Griswold, quien, citando aquí el vengativo dicho de George Graham, entonces "cometió una infamia inmortal".

Poe, sintiendo tal vez el siniestro presentimiento de una muerte súbita, había nombrado a Griswold y a Willis como sus albaceas literarios, para que depositaran sus papeles, escribieran su vida y restauraran su memoria. El primero —el vampiro pedagogo— lo difamó en un artículo enorme, tedioso y lleno de odio, que precedió a la edición póstuma de las obras de Poe. ¿No hay entonces regulaciones en Estados Unidos para mantener a los malditos fuera de los cementerios?

El Sr. Willis, sin embargo, ha demostrado lo contrario: que la bondad y el respeto van de la mano con el verdadero ingenio, y que la caridad, que es siempre un deber moral, es también uno de los dictados del buen gusto.

Hablar de Poe con un americano… Tal vez confiese su genio, tal vez incluso muestre cierto orgullo personal de él; pero, con esa superioridad sardónica que denota a su hombre positivo, te hablará de la vida desordenada del poeta; de su aliento alcoholizado, listo para encenderse a la llama de cualquier vela; de sus hábitos vagabundos. Reiterará que el poeta era un ser errático y extraño, un planeta sin órbita, rodando incesantemente de Baltimore a Nueva York, de Nueva York a Filadelfia, de Filadelfia a Boston, de Boston a Baltimore, de Baltimore a Richmond.

Y si, profundamente conmovido por estos preludios de una penosa historia, se trata de hacerle entender que el individuo no era el único culpable, que debe de haber sido difícil escribir o pensar tranquilamente en un país donde hay un millón de soberanos, un país sin metrópoli en sentido estricto y sin aristocracia, sus ojos se abrirán ferozmente y, brillando de rabia, la tontería del patriotismo sufriente espumeará en sus labios. América, por su boca, lanzará maldiciones a su vieja madre, Europa, y a la filosofía de la antigüedad.

Repito una vez más mi firme convicción de que Edgar Poe y su país nunca estuvieron a la altura el uno del otro. Estados Unidos es un país gigantesco e infantiloide, no sin que fuera natural su celo hacia el viejo continente. Orgulloso de su desarrollo material, anormal y casi monstruoso, este recién llegado a la historia tiene una fe ingenua en la omnipotencia de la industria, convencido de que, incluso con sus desafortunados, terminará por devorar al mismísimo diablo.

El tiempo y el dinero están allí guardados en tal estima extraordinaria; la actividad material, exagerada casi hasta las proporciones de una manía nacional, deja espacio en sus mentes para poco que no sea de la tierra. Poe, que procedía de buena raza y que, además, declaraba que la gran desgracia de su país era la falta de una aristocracia, esperaba —como argumentaba a menudo— que en una nación sin aristocracia, el culto a la belleza no haría más que corromperse, disminuir y desaparecer.

Acusaba a sus conciudadanos, en su enfático y costoso lujo, de todos los síntomas del mal gusto que caracteriza a los parvenus; consideraba el Progreso, la gran idea de los tiempos modernos, como el éxtasis de los ociosos tontos; y calificaba la perfección moderna de la morada humana como una monstruosidad y una abominación rectangular.

Poe, digo, tenía un cerebro singularmente solitario. Creyendo sólo en lo inmutable, en la eternidad de la naturaleza, disfrutaba de un cruel privilegio en una sociedad enamorada de sí misma. Tenía el gran sentido común de Maquiavelo, que marcha delante del estudiante como una columna de fuego a través de los desiertos de la historia.

¿Qué habría escrito, qué habría pensado, si hubiera escuchado al teólogo sentimental, por amor a la raza humana, suprimir el infierno mismo; al filósofo de la tienda de trapos proponer una compañía de seguros para poner fin a las guerras por la suscripción de medio penique por cabeza; la abolición de la pena capital y de la ortografía —dos locuras correlativas— y una multitud de enfermos escribiendo, con la oreja pegada al vientre, gruñidos fantásticos tan flatulentos como el elemento que los dictaba?

Si a esto le añadimos una impecable visión de la Verdad —una verdadera debilidad bajo ciertas circunstancias—, una exquisita delicadeza de gusto, repugnancia de todo lo que se sale de la proporción exacta, y un insaciable amor por lo bello, que había asumido el poder de una pasión mórbida, dejas de asombrarte del todo de que tal vida se hubiera convertido en un infierno. Y más aún: admiras su entusiasmo por haberla soportado tanto tiempo.

II

La familia de Poe era una de las más respetables de Baltimore. Su abuelo materno se había desempeñado como intendente general en la guerra de la Independencia, y se había ganado la amistad y la alta estima de La Fayette, quien, durante su último viaje a través de los Estados Unidos, buscó especialmente a la viuda del general para expresarle su gratitud por los servicios que su esposo había prestado. Su bisabuelo se había casado con la hija del almirante inglés MacBride, quien estaba emparentado con las casas más nobles de Inglaterra.

David Poe, hijo del general y padre de Edgar, se enamoró violentamente de una actriz inglesa, Elizabeth Arnaldo —entonces famosa por su belleza—, se escapó con ella, se casó y, para unir aún más íntimamente sus destinos, subió a los escenarios, apareciendo con su esposa en las tablas de los teatros de las principales ciudades de la Unión. La joven pareja murió en Richmond casi al mismo tiempo, dejando tres niños pequeños, el menor de los cuales era Edgar, en condiciones de indefensión y abandono.

Edgar Poe nació en Baltimore en el año 1813 —doy esta fecha por su propia autoridad, pues en sus escritos protesta contra la declaración de Griswold, que sitúa su nacimiento en 1811—. Si alguna vez, para tomar prestada una expresión del propio Poe, el "espíritu de romance", un espíritu siniestro y tormentoso, presidió un nacimiento, sin duda fue en el suyo. Poe era el verdadero hijo de la pasión y la aventura.

El señor Allan, un rico comerciante, se encaprichó del desdichado muchacho, a quien la naturaleza había dotado de un encanto singular. Al no tener hijos, lo adoptó como tal, y en adelante fue conocido como Edgar Allan Poe. Fue criado en una posición feliz y con la legítima esperanza de heredar una de esas fortunas que elevan el carácter de un hombre. Acompañó a sus padres adoptivos en un viaje a través de Inglaterra, Escocia e Irlanda. Antes de regresar a América, fue confiado al cuidado del Dr. Bransby, quien dirigía una escuela importante en Stoke-Newington, un suburbio del norte de Londres. El mismo Poe, en William Wilson, ha descrito esta antigua y pintoresca casa, con sus frontones isabelinos, y todas sus impresiones de colegial.

Regresó a Richmond en 1822 y continuó sus estudios con los mejores maestros del vecindario. En la Universidad de Charlottesville, a la que ingresó en 1825, se distinguió no solo por una inteligencia casi milagrosa, sino también por una siniestra abundancia de pasiones: una precocidad verdaderamente americana que fue, finalmente, la causa de su expulsión.

Debe señalarse, de paso, que Poe manifestó en Charlottesville una notable aptitud para las ciencias físicas y matemáticas, aptitud que más tarde usó frecuentemente en sus historias, extrayendo de ella recursos totalmente inesperados. Sin embargo, creo que no era este el tipo de composición que más valoraba, y que —tal vez por su facilidad— consideraba estas habilidades como meros malabarismos comparados con las obras de pura imaginación.

Algunas desafortunadas deudas de juego llevaron a una frialdad temporal por parte de su padre adoptivo. Edgar —un hecho muy curioso, que demuestra una fuerte dosis de caballerosidad en su impresionable carácter— concibió el proyecto de ayudar a los griegos en su lucha contra la tiranía turca. Lo que fue de él en Oriente, lo que hizo allí, si realmente llegó a estudiar las costas del Mediterráneo, por qué fue hallado en San Petersburgo sin pasaporte y en situación comprometida, obligado a recurrir al embajador estadounidense para escapar de la justicia rusa y regresar a casa… todo esto permanece en el misterio. Es un vacío que sólo él podría haber llenado. Su juventud, sus aventuras en Rusia y su correspondencia han sido prometidas por largo tiempo en la prensa americana, pero aún no han aparecido.

Al regresar a Estados Unidos en 1829, expresó su deseo de ingresar en el colegio militar de West Point. Allí, como en otros lugares, demostró poseer una inteligencia admirable, aunque también indisciplinada. Al cabo de unos meses, fue expulsado. Poco después ocurrió un hecho que afectó profundamente su vida: la señora Allan, por quien sentía un afecto verdaderamente filial, murió, y el señor Allan contrajo segundas nupcias con una mujer mucho más joven. Una disputa familiar se desencadenó, cuyas razones no han sido esclarecidas por sus biógrafos. Sin embargo, no es de sorprender que fuera definitivamente separado del señor Allan, quien, al tener hijos de su segundo matrimonio, le cerró por completo cualquier esperanza de herencia.

Poco después de dejar Richmond, Poe publicó un pequeño volumen de poemas. Este fue, en verdad, un brillante primer intento. Para quienes sabían sentir y apreciar la poesía inglesa, ya se percibía en esos versos ese acento extraterrestre, esa calma melancólica, esa deliciosa solemnidad que caracteriza a los verdaderos maestros.

La miseria lo llevó por un tiempo a enrolarse como soldado, y es de suponer que empleó el tedio de la vida de guarnición en preparar materiales para sus futuras composiciones. Esas composiciones extrañas parecían creadas para mostrar que la rareza es parte integral de lo bello. Pronto se embarcó en una carrera literaria —una donde sólo ciertos espíritus pueden respirar—. Poe habría muerto en la más extrema miseria si no hubiera sido por una afortunada casualidad que le permitió ganar algo de pan.

El propietario de una pequeña revista había convocado dos premios: uno para el mejor cuento y otro para el mejor poema. Una bella letra llamó la atención de un tal Kennedy, quien presidía el jurado, y quiso examinar personalmente los manuscritos. Declaró de inmediato que Poe merecía ambos premios, aunque solo podía otorgársele uno. Deseoso de conocer al autor, el editor le presentó a un joven andrajoso, cubierto hasta el mentón con un abrigo raído, pero de porte altivo y aspecto hambriento. Kennedy, conmovido, lo ayudó cuanto pudo y lo recomendó al señor Thomas White, fundador del Southern Literary Messenger de Richmond.

White, un editor emprendedor pero sin talento literario, encontró pronto en Poe un colaborador indispensable. A los veintidós años, Poe se convirtió en editor de la revista, cuya prosperidad dependía ya exclusivamente de él. Estableció rápidamente su reputación y, años después, el Southern Literary Messenger reconoció que su notoriedad y suscriptores se debían, principalmente, a aquel excéntrico y errante borracho.

Durante casi dos años, Poe publicó una serie de textos originales y novedosos, además de artículos críticos dotados de viveza, concisión y severidad de razonamiento. Su cultura enciclopédica le permitía abordar la literatura en todas sus ramas. Es sorprendente saber que por todo ese esfuerzo recibía tan solo quinientos dólares al año, unas 108 libras esterlinas.

Inmediatamente —dice Griswold con sarcasmo—, creyéndose ya rico, se casó con una joven hermosa, encantadora y de alma heroica, aunque sin fortuna: su prima, Virginia Clemm.

A pesar de sus aportes, White rompió con Poe antes de cumplirse dos años. La razón parece haber sido su hipocondría, sumada a accesos de embriaguez que ensombrecían su espíritu como nubes oscuras oscurecen el más romántico de los paisajes. Desde entonces, Poe vagó como un nómada, llevando su luz errante por las principales ciudades de la Unión. En cada lugar, dirigía o contribuía a periódicos, vertiendo crítica, artículos filosóficos e historias de belleza mágica, muchas de las cuales fueron reunidas bajo el título de Cuentos de lo grotesco y lo arabesco. El título era intencionado: lo grotesco y lo arabesco, como decoración, repugnan a la figura humana. Y las obras de Poe son, en muchos aspectos, extra o sobrehumanas.

Sabemos, por escandalosos párrafos insertados en periódicos, que Poe y su esposa, en un estado de extrema indigencia, cayeron gravemente enfermos en Fordham. Allí murió su devota esposa y, poco después, el poeta sufrió su primer ataque de delirium tremens. Poco después, un periódico donde había sido severamente tratado publicó un párrafo que condenaba su desprecio por el mundo, uno de esos ataques furtivos de la opinión pública contra los que siempre tuvo que defenderse en una lucha estéril y fatigosa.

Para entonces, ya ganaba algo de dinero, casi lo necesario para vivir. Pero poseía un espíritu sensible, y las dificultades lo desalentaban con facilidad. Como otros escritores, soñaba con fundar su propia revista: un refugio definitivo para sus pensamientos. Para lograrlo, recurrió a las conferencias, una forma de especulación popularizada por el Colegio de Francia. Poe ya había dado una conferencia en Nueva York titulada Eureka, su poema cosmogónico, que suscitó una encendida polémica.

Decidió entonces realizar una gira de conferencias en Virginia. Escribió a Willis con la esperanza de visitar el este y el sur, contando con el apoyo de sus amigos literarios y antiguos compañeros de estudios. Recorrió varias ciudades de Virginia, y en Richmond, donde lo conocían de joven pobre y desamparado, reapareció elegante, refinado y digno como el genio mismo. Incluso, durante un tiempo, llegó a unirse a una sociedad de temperancia.

Escogió como tema de su conferencia uno tan elevado como noble: Los principios de la poesía, que desarrolló con esa claridad que era uno de sus dones. Creía, como verdadero poeta, que el fin de la poesía es de la misma naturaleza que su principio: que nunca debe tener en vista nada más que a sí misma.

La feliz acogida con que fue recibido inundó su pobre corazón de orgullo y alegría. Se mostró encantado con ello, al punto que incluso habló de establecerse definitivamente en Richmond y terminar sus días en el lugar que, en la infancia, le había sido tan querido.

Sin embargo, tenía negocios en Nueva York y partió el 4 de octubre, quejándose de debilidad y escalofríos. Al llegar a Baltimore, hacia las seis de la tarde, se sintió peor. Hizo que su equipaje fuera trasladado a la estación, pues tenía intención de partir hacia Filadelfia, y luego entró en una taberna para tomar algún estimulante. Allí, desgraciadamente, se encontró con viejos conocidos y se detuvo hasta tarde.

A la mañana siguiente, en las pálidas sombras del amanecer, se encontró un cuerpo en el camino principal, aún vivo, pero ya marcado con el sello de la muerte. En ese cuerpo —no reconocido por nadie, sin papeles ni dinero— fue llevado directamente al hospital, donde murió Edgar Poe en la tarde del domingo 7 de octubre de 1849, a la edad de treinta y siete años, vencido por el delirium tremens, el terrible huésped que ya había visitado su cerebro una o dos veces antes.

Así desapareció de este mundo uno de nuestros más grandes héroes literarios. Aquel que, en El gato negro, había escrito estas palabras proféticas: "¡Qué enfermedad es como el alcohol!"

Esta muerte fue casi un suicidio, un suicidio preparado desde una época temprana. En todo caso, causó todo el escándalo de uno. El clamor del público fue ensordecedor, y la virtud se apresuró a dar su solemne canto, libre y voluptuosamente. Las oraciones fúnebres más indulgentes dieron paso al inevitable oficio de la moral pública, que no dejó pasar tan admirable oportunidad.

El señor Griswold difamó severamente. El señor Willis, sinceramente afligido, estuvo a la altura de la ocasión. ¡Ay, y mil veces ay!, el que había escalado las alturas más arduas de la estética, el que se había sumergido en las profundidades menos exploradas del intelecto humano, y que, a través de una vida semejante a una tempestad sin esperanzas de calma, descubrió nuevos medios y caminos para deslumbrar la imaginación, había muerto apenas unas horas antes, en las salas de un hospital. ¡Qué destino! Tanta grandeza, tanta miseria, para terminar siendo objeto de moralidades vulgares, alimento para periodistas virtuosos:

Ut dedamatio fias.

Estos espectáculos no son en modo alguno novedosos. Rara vez, en efecto, el funeral de un joven e ilustre artista es otra cosa que un lugar de escándalo. La sociedad, por su parte, no ama a sus desesperados desdichados. Ya sea que perturben sus fiestas o que sirvan de espejo para sus remordimientos, la sociedad tiene, sin duda, razón para no tolerarlos.

¿Quién no recuerda las declamaciones de todo París a la muerte de Balzac, quien, sin embargo, murió con la debida propiedad? Y más recientemente aún —solo un año antes de estas líneas—, cuando un escritor virtuoso, por encima de toda sospecha, dotado de la más alta inteligencia y siempre admirablemente lúcido, se marchó sin perturbar a nadie, tan discretamente que su partida se asemejó al desprecio: ¡cuántas homilías nauseabundas surgieron! ¡Qué asesinatos refinados! Un célebre periodista —a quien Jesús jamás enseñará la generosidad— encontró en la tragedia suficiente "gracia" para celebrar la aventura con una grosera broma.

Entre los muchos derechos del hombre proclamados por la sabiduría del siglo XIX, se han olvidado dos de los más importantes: el derecho a contradecirse a sí mismo, y el derecho a irse. Pero la sociedad mira al que parte como a un hombre insolente; con gusto castigaría sus restos, como aquel desventurado soldado vampirizado por la visión de un cadáver.

Y sin embargo, bajo ciertas circunstancias, tras un examen serio de incompatibilidades, con firme creencia en algunos dogmas y en la metempsicosis, podría decirse —sin juegos de palabras ni afectación— que el suicidio es, a veces, la acción más razonable de una vida. Así se agrupa una compañía de fantasmas, ya numerosos, cada uno de los cuales vuelve a nosotros jactándose de su reposo real, persuadiéndonos a unirnos a ellos.

Confesemos, de una vez por todas, que el melancólico final del autor de Eureka despertó una piedad excepcional, sin la cual el mundo se haría insoportable. El señor Willis, como ya he mencionado, habló con sinceridad y emoción de las buenas relaciones que siempre tuvo con Poe. John Neal y George Graham intentaron provocar vergüenza en Griswold. El señor Longfellow —a quien Poe había atacado cruelmente— supo elogiar con nobleza los grandes dones de Poe como poeta y prosista. Una pluma anónima declaró que la literatura norteamericana había perdido su cabeza más fuerte.

La señora Clemm, enferma del corazón e indeciblemente desdichada —porque Edgar era para ella tanto hijo como hija— sufrió un golpe terrible. Willis, de quien tomo estos detalles casi palabra por palabra, dice que ella vigilaba ese destino fatídico con devoción y ternura. Edgar Poe era un ser vergonzoso, además de que escribía con fastidiosa dificultad y en un estilo demasiado elevado para ser bien remunerado. Siempre estaba en apuros económicos, y él y su esposa enferma vivían a menudo en urgente necesidad.

Willis cuenta que un día, una dama anciana de semblante dulce y grave entró a su despacho. Era la señora Clemm, en busca de trabajo para su querido Edgar. El biógrafo quedó impresionado no sólo por su comprensión del talento de Poe, sino también por su presencia: su voz baja y triste, sus modales antiguos pero imponentes. Durante años, se vio a esta infatigable servidora del genio, pobremente vestida, yendo de diario en diario para vender un poema, un artículo, repitiendo que su hijo estaba enfermo —la única excusa que ofrecía cuando él sufría esos ataques de esterilidad literaria tan comunes en los escritores nerviosos— sin dejar jamás escapar de sus labios una duda o disminución de confianza en el genio y voluntad de su bienamado.

Cuando su hija murió, su devoción por el poeta se duplicó. Vivía para cuidarlo, defenderlo del mundo y de sí mismo. Si alguna vez —dice Willis— la devoción de una mujer, nacida del amor y alimentada por la pasión humana, ha santificado a su objeto, ¿qué no puede decirse de esta devoción pura, desinteresada y santa como la vigilancia de un espíritu invisible?

Algunos detractores de Poe han señalado que poseía seducciones tan poderosas que sólo podían confundirse con virtudes.

Podemos imaginar cuán terrible fue la noticia para esta madre desdichada. Escribió a Willis una carta de la que cito algunas líneas:

"Esta mañana me he enterado de la muerte de mi querido Eddie... ¿Puedes darme alguna circunstancia o particularidad?... ¡Oh! No abandones a tu amigo en esta amarga aflicción... Pregúntale al Sr. —— que venga, ya que tengo que entregarle un mensaje de mi pobre Eddie... No necesito pedirte que recuerdes su muerte y hables bien de él. Sé que lo harás. Pero dime qué hijo tan cariñoso fue para mí, su pobre y desolada madre..."

Esta mujer me parece grande y más que antigua. Golpeada por un dolor irreparable, no piensa sino en la reputación de aquel que fue su todo. No le basta decir que era un genio: el mundo entero debía saber que también fue un hombre obediente y cariñoso. Esta madre —antorcha y hogar iluminados por un rayo venido de los cielos— ha sido enviada como ejemplo a nuestra raza, tan poco cuidadosa del heroísmo y la devoción, de todo lo que hay de más noble en el deber.

¿No sería justo inscribir ante las obras del poeta: "¿Cómo se llamaba ella, que fue el sol moral de su vida?", para embalsamar en su gloria el nombre de aquella mujer cuya ternura curó sus heridas, y cuya imagen se cierne incesantemente sobre el martirologio de la literatura?

III

La vida de Poe —su moral, sus modales, su ser físico, todo lo que constituía su entorno personal— aparece como algo a la vez sombrío y brillante. Su persona, singularmente cautivadora, estaba, como sus obras, marcada con un sello indefinible de melancolía. Además, estaba notablemente bien dotado en todos los aspectos.

De joven había mostrado una rara aptitud para los ejercicios físicos y, aunque hecho con los pies y las manos de una mujer —con esa delicadeza femenina de aspecto—, era más que robusto y capaz de hazañas maravillosas de fuerza. En su primera juventud había ganado una apuesta de natación recorriendo una distancia que superaba lo ordinario.

Podríamos decir que la naturaleza dota a aquellos de quienes espera grandes cosas de un temperamento enérgico, así como da una fuerte vitalidad a los árboles que se erigen como símbolos del dolor y del luto. Estos hombres, de apariencia externa a veces casi lamentable, están construidos como atletas: buenos tanto para la orgía como para el trabajo, rápidos para el exceso y capaces de una sobriedad asombrosa.

Hay algunos puntos relativos a Poe sobre los cuales hay un acuerdo unánime: su natural distinción, su elocuencia y su belleza —de la cual, según se dice, era tal vez un poco vanidoso—. Sus modales, una extraña mezcla de altivez y dulzura, estaban llenos de firmeza. Su fisonomía, su andar, sus gestos, cada movimiento de su cabeza, lo declaraban, sobre todo en sus días más felices, como una criatura elegida. Todo su ser respiraba una solemnidad penetrante.

Estaba realmente marcado por la naturaleza como esas figuras entre los transeúntes que atraen la mirada del observador e interesan su memoria. Incluso el pedante y agrio Griswold confesó que, al visitar a Poe y encontrarlo pálido y aún afligido por la enfermedad y muerte de su esposa, quedó impresionado más allá de toda medida. No solo por la perfección de sus modales, sino aún más por su fisonomía aristocrática y la atmósfera perfumada de su habitación, que, por lo demás, estaba modestamente amueblada.

Griswold ignora que el poeta —más que otros hombres— poseía ese maravilloso privilegio atribuido a las mujeres de Francia y de España: el de saber adornarse con una mera nada. Poe, amante de la belleza en todas las cosas, habría hallado el medio de transformar una cabaña con techo de paja en un palacio de tipo novedoso. ¿No escribió, con espíritu original y curioso, sobre diseños de muebles, planos de casas de campo, jardines y paisajes remodelados?

Todavía existe una encantadora carta de la señora Frances Osgood, una de las amigas de Poe, que nos ofrece detalles curiosos sobre sus modales, su persona y su vida familiar. Esta dama, distinguida escritora, negó valientemente todo conocimiento personal de los vicios y faltas atribuidas al poeta:

"Con los hombres —le dijo a Griswold—, tus opiniones pueden ser perfectamente justas, pero para las mujeres fue distinto... Creo que nadie puede conocerlo, ninguna mujer, al menos, sin sentir un profundo interés por él. Nunca lo vi de otra manera que gentil, generoso, bien educado y meticulosamente refinado."

Continúa diciendo:

"Mi primer encuentro con el poeta fue en Astor House. Unos días antes, el señor Willis me había leído, en la mesa d'hôte, ese extraño y emocionante poema titulado El Cuervo, diciendo que su autor deseaba mi opinión. El efecto que tuvo en mí fue tan singular —tan parecido al de una música extraña y sobrenatural— que sentí casi vergüenza al saber que deseaba una introducción.

Nunca olvidaré la mañana en que el señor Willis me llamó al salón para recibirlo. Con su orgullosa y hermosa cabeza erguida, sus ojos oscuros brillando con la luz eléctrica del sentimiento y el pensamiento, una inimitable mezcla de dulzura y altivez en su expresión y modales, me saludó con calma, gravedad, casi frialdad; pero con tal seriedad marcada, que no pude evitar sentirme profundamente impresionada. Desde ese momento hasta su muerte fuimos amigos... Y en sus últimas palabras, antes de que la razón abandonara para siempre su trono imperial en aquel cerebro sobrecargado, conservo un conmovedor recuerdo de su fe y amistad eternas."

"Fue en su propia casa —sencilla, pero poética— donde para mí el carácter de Edgar Poe apareció en su forma más hermosa. Juguetón, cariñoso, ingenioso, alternativamente dócil y caprichoso como un niño mimado, para su joven, gentil e idolatrada esposa y para todos los que acudían a él, hallaba, incluso en medio de sus más acosadores deberes literarios, una palabra amable, una sonrisa grata, una atención elegante y cortés.

En su escritorio, bajo el cuadro romántico de su Lenore amada y perdida, se sentaba hora tras hora, paciente, asiduo y sin queja, trazando con una caligrafía exquisitamente clara, y con una rapidez casi sobrehumana, pensamientos relampagueantes, fantasías 'raras y radiantes' que surgían de su maravilloso y siempre despierto cerebro.

Recuerdo una mañana, hacia el final de su residencia en esta ciudad, cuando parecía inusualmente alegre. Virginia, su dulce esposa, me había enviado una apremiante invitación para que los visitara, y yo, que nunca podía resistirme a ella y que disfrutaba más de su compañía en casa que en cualquier otro sitio, me apresuré a ir a Amity Street. Lo encontré justo terminando su serie de artículos titulada 'Los literatos de Nueva York'.

—Voy a mostrarte —dijo riendo, mientras desenrollaba varios rollos de papel estrecho (siempre escribía así para la prensa)—, por la diferencia de longitud en estos, los distintos grados de estima en que tengo a todos ustedes, literatos. ¡En cada uno de estos rollos hay uno de ustedes discutido!

—¡Ven, Virginia, ayúdame!

Y uno por uno, fueron desenrollándolos. Al llegar a uno que parecía interminable, Virginia, riendo, corrió a un rincón con un extremo, y su marido al otro.

—¿Y este? —pregunté—. ¿A quién corresponde esta dulzura alargada?

—¡Escúchala! —exclamó Poe—. ¡No le dije que era ella misma!"

"Durante ese año, mientras viajaba por motivos de salud, mantuve correspondencia con el señor Poe, a petición ferviente de su esposa, que imaginaba que mi influencia tenía un efecto benéfico y moderador sobre él. El encantador amor y la confianza que existían entre ellos me eran siempre evidentes, pese a los pequeños episodios románticos en que, por su temperamento apasionado, él solía involucrarse. De esto no puedo hablar con gravedad excesiva. Creo que fue la única mujer a la que amó de verdad."

En los cuentos de Poe no se menciona el amor, al menos no en el sentido tradicional. Ligeia, Eleonora no son, propiamente hablando, historias de amor: la idea central de la que dependen es muy distinta. Tal vez Poe creía que la prosa no era un lenguaje suficientemente elevado para ese sentimiento extraño y casi intraducible. En cambio, sus poemas están fuertemente saturados de él.

Allí aparece la pasión divina, sublime, pero siempre velada por una bruma de melancolía inmutable. En sus artículos, habla a veces del amor como de algo que haría temblar su pluma. En El dominio de Arnheim afirma que las cuatro condiciones elementales de la felicidad son: la vida al aire libre, el amor de una mujer, el olvido de toda ambición y la creación de un nuevo ideal de belleza.

Corrobora esta visión el hecho de que, a pesar de su genio para lo grotesco y lo terrible, no existe en toda su obra un solo pasaje dedicado a la lujuria, ni siquiera al goce sensual. Sus retratos de mujeres son coronados de aureolas; nos aturden en una niebla sobrenatural y se expresan con la devoción de un adorador.

En cuanto a sus pequeños episodios románticos, ¿puede sorprendernos que un ser tan nervioso —para quien el anhelo de belleza fue siempre su rasgo esencial— haya cultivado con ardor apasionado la galantería, esa flor volcánica y almizclada que sólo encuentra su suelo perfecto en el cerebro febril de un poeta ha sido siempre el suelo elegido?

De su singular belleza personal, de la que hablan tantos biógrafos, la mente puede, creo, formarse una idea aproximada al convocar en sí todas las nociones vagas —vagas pero características— contenidas en la palabra romántico, que generalmente sirve para representar los matices de belleza que consisten sobre todo en la expresión.

Poe tenía una frente grandiosa, donde ciertos bultos "traicionaban" el desbordamiento de las facultades que se supone representan —como la construcción, la comparación, la causalidad—, y donde el sentido de la idealidad, por excelencia el sentido estético, se enseñoreaba con altiva calma. Sin embargo, a pesar de estos dones —tal vez incluso debido a sus exorbitantes privilegios— su perfil no era precisamente agradable. Como siempre que un sentido es excesivo, un déficit resulta de la abundancia: una pobreza nacida de la usurpación.

Tenía unos ojos grandes, a la vez sombríos y llenos de luz, de una mirada indecisa y color oscuro que se acercaba al violeta; su nariz era noble y sólidamente tallada; su boca, fina y triste, aunque ligeramente sonriente; su piel de un tono claro marrón; su rostro, generalmente pálido; su fisonomía, algo distraída e imperceptiblemente teñida de melancolía.

Su conversación era muy notable, esencialmente llena de interés. No era lo que llamamos un "buen conversador" —una cosa, en verdad, horrible—; además, su discurso, como su pluma, detestaba las convenciones. Pero su vasto conocimiento, el dominio de muchas lenguas, sus estudios profundos y las impresiones cosechadas en numerosos países hacían de su palabra un poderoso instrumento.

Su elocuencia, esencialmente poética, estaba llena de método —aunque muy por encima de cualquier método común—, con un arsenal de imágenes tomadas de mundos poco frecuentados por las mentes ordinarias. Poseía un prodigioso arte para deducir ideas nuevas a partir de proposiciones evidentes y aceptadas, abriendo perspectivas asombrosas. En una palabra: el arte de embelesar, de hacer pensar y soñar a sus oyentes, de liberarlos de la rutina mental. Tales eran los poderes deslumbrantes de los que muchos conservan memoria.

Sin embargo, a veces —según se dice—, el poeta, entregado a un capricho, devolvía bruscamente a sus amigos a la tierra con algún cinismo doloroso, derribando brutalmente su fantasía espiritual. Es de notar, además, que mostraba poca exigencia en la elección de sus oyentes. Y creo que el lector recordará sin dificultad muchas otras inteligencias grandes y originales para las que toda compañía parecía ser buena: ciertas mentes solitarias en medio de la multitud, que, dispersando sus pensamientos en forma de monólogo, no mostraban delicadeza alguna respecto a su público. Es, de hecho, una especie de hermandad fundada en el desprecio.

De su embriaguez —celebrada y lanzada contra él con una persistencia que haría creer que todos los autores de los Estados Unidos, salvo los enemigos de Poe, eran ángeles de sobriedad—, todavía es necesario hablar. Varias versiones son plausibles; ninguna excluye a las otras. Ante todo, debo señalar que tanto Willis como la señora Osgood afirman que una mínima cantidad de vino o aguardiente bastaba para perturbar por completo su organismo.

Es fácil también suponer que un hombre tan verdaderamente solitario, tan profundamente desdichado, que a menudo declaraba que nuestro sistema social era una paradoja y una impostura, un hombre que, atormentado por un destino despiadado, repetía con frecuencia que la sociedad no era más que una chusma de miserables desgraciados —un dicho relatado por Griswold, tan escandalizado como puede estarlo alguien que piensa lo mismo pero no se atreve a decirlo—, es natural, repito, suponer que este poeta, arrojado como un niño a los peligros de la vida libre, con un cerebro que giraba bajo un esfuerzo amargo y continuo, buscara de vez en cuando el deleite del olvido en la jarra.

Rencores literarios, vértigos nacidos de las maravillas del infinito, problemas de pobreza familiar, insultos a su miseria... todo era olvidado en las profundidades de la embriaguez como en una tumba anticipada. Pero, por muy verosímil que parezca esta explicación, no deja de desconfiarse de ella por su deplorable simplicidad.

Me han dicho que bebía no como un goloso, sino como un salvaje, con esa rapidez y economía de tiempo típicamente americana, como si cumpliera una función homicida, como si llevase dentro algo que debía matar: un gusano que no moría. Cuentan también que un día, a punto de casarse por segunda vez —las amonestaciones ya habían sido publicadas y se le felicitaba por la inminente unión, que prometía felicidad segura—, dijo: "Es posible que hayas oído las amonestaciones... pero fíjate en esto: ¡nunca me casaré!". Luego, se embriagó sin remedio y escandalizó a la comunidad de su futura esposa, recurriendo a su vicio como escape de un perjurio hacia su difunta esposa, cuya imagen lo obsesionaba y a la que había cantado tan admirablemente en Annabel Lee.

Considero, por tanto, que en un gran número de casos, el hecho —infinitamente importante— de la premeditación está probado y establecido.

Por otro lado, leí en un largo artículo del Southern Literary Messenger —la misma revista cuya fortuna él había fundado— que la pureza y el acabado de su estilo, la firmeza y severidad de su pensamiento, el ardor de su trabajo, nunca fueron alterados en lo más mínimo por ese terrible hábito. Que la mayoría de sus excelentes piezas fueron producidas antes o después de sus crisis de borrachera. Que, tras la publicación de Eureka, volvió a sacrificar deplorablemente a su anhelo. Y que en Nueva York, la misma mañana en que apareció El cuervo y su nombre estaba en todos los labios, fue visto cruzando Broadway, tropezando escandalosamente.

Debes notar que las palabras "antes o después" implican que la embriaguez podía servir tanto de estimulante como de calmante.

Ahora bien, es incontestable que, del mismo modo en que ciertas impresiones fugitivas —sorprendentes en su repetición— siguen a un estímulo externo como el sonido de un reloj, una nota musical o un perfume olvidado, y anuncian un suceso semejante al ya vivido, así también existen en la embriaguez no solo los enredos del sueño, sino toda una serie de razonamientos que exigen reproducirse por el medio que les dio origen.

Si el lector me ha seguido sin repugnancia, ya habrá adivinado mi conclusión: creo que, en muchos casos —no en todos, ciertamente—, la embriaguez de Poe era un recurso mnemotécnico, un método de trabajo, enérgico y fatal, pero adecuado a su naturaleza apasionada. El poeta había aprendido a beber como un autor laborioso se ejercita en llenar cuadernos de notas. No pudo resistir el deseo de reencontrar aquellas visiones, maravillosas o terribles, aquellas concepciones sutiles que ya había encontrado durante una tempestad anterior.

Eran viejos conocidos que lo atraían imperativamente; y para renovarlos, eligió el camino más peligroso, pero también el más directo.

Las obras que hoy nos regalan tantos placeres fueron, en realidad, la causa de su muerte.

IV

De las obras de este singular genio tengo muy poco que decir; el público pronto demostrará lo que piensa de ellas. Sería difícil —pero no imposible— desentrañar su método, explicar su proceso, especialmente en aquella parte de su producción cuyo efecto radica principalmente en un análisis hábilmente manejado.

Podría introducir al lector en el misterio de su invención, prestando especial atención a esa porción del genio americano que le hacía regocijarse ante una dificultad vencida, un enigma resuelto, un esfuerzo de fuerza. Este impulso lo llevaba a deleitarse con un goce infantil y casi perverso en el mundo de las probabilidades y conjeturas, creando ficciones a las que su sutil lógica daba todas las apariencias de realidad.

Nadie puede negarlo: Poe era un maravilloso malabarista. Sin embargo, él mismo valoraba especialmente otra parte de su obra. Tengo, sobre ello, unas cuantas observaciones breves pero importantes.

No fue por sus milagros materiales —por más que lo hayan hecho célebre— que se ganó la admiración de los pensadores, sino por su amor a lo bello, por su conocimiento de las condiciones armónicas de la belleza, por su poesía profunda y quejumbrosa, trabajada con esmero, pero tan correcta y transparente como una joya de cristal.

Su admirable estilo —puro y extraño, compacto como las coyunturas de una cota de malla, ágil, minucioso— empuja al lector sin esfuerzo hacia lo inevitable. Y, sobre todo, por ese genio tan especial, ese temperamento único que le permitía pintar y explicar, de forma impecable, fascinante, terrible, la excepción en el orden moral.

Diderot, por poner un ejemplo entre cien, es un autor de sangre; Poe, en cambio, es un escritor de los nervios, incluso de algo más profundo... y lo mejor que conozco.

En él, cada entrada en un tema es atractiva, sin violencia, como un torbellino. Su solemnidad sorprende a la mente y la mantiene alerta. Se percibe de inmediato que algo grave está en juego. Y poco a poco se despliega una historia cuyo interés descansa en alguna desviación imperceptible del intelecto, en una hipótesis audaz, en una dosis imprudente de naturaleza en la amalgama de las facultades. El lector, como bajo un hechizo, se ve constreñido a seguirlo a través de su red de deducciones.

Ningún hombre, repito, ha narrado con mayor magia las excepciones de la vida humana y de la naturaleza: los ardores de la curiosidad de la convalecencia; el cierre de estaciones cargadas de esplendores enervantes; climas bochornosos, húmedos y brumosos, donde el viento del sur suaviza y distiende los nervios como los acordes de un instrumento; donde los ojos se llenan de lágrimas que no provienen del corazón.

Describe la alucinación que se transforma en duda, luego en convicción, plena de razones como un libro; el absurdo que se instala en la mente y la gobierna con lógica aplastante; la histeria usurpando el lugar de la voluntad; la contradicción establecida entre los nervios y la razón; y el semblante que expresa el dolor a través de la risa. Poe analiza estas zonas donde los estados del alma son más fugitivos. Equilibra lo imponderable y describe, con precisión minuciosa y científica, ese mundo imaginario que flota en torno al hombre nervioso y lo conduce al mal.

El mismo ardor con que se lanzó a lo grotesco —por amor a lo grotesco— y a lo horrible —por amor a lo horrible— prueba la sinceridad de su obra y la concordancia entre el poeta y el hombre. Ya he observado que, en muchos hombres, este ardor suele nacer de una energía vital desocupada, de una castidad autoimpuesta, o de una sensibilidad profunda y retraída.

El deleite sobrenatural que un hombre puede experimentar al ver fluir su propia sangre... Los movimientos bruscos, violentos, inútiles, los gritos lanzados al aire sin voluntad consciente... son fenómenos del mismo orden.

En el corazón de esta literatura enrarecida, el lector puede sentir esa vaga angustia, ese miedo que incita a las lágrimas, esa dolencia del alma que habita en lugares vastos y extraños. Pero la admiración es más fuerte. Y, además, ¡el arte es tan grande!

Todos los accesorios están ahí, completamente apropiados para los caracteres: la soledad silenciosa de la naturaleza, la agitación bulliciosa de la ciudad, todo está descrito con nervio, con fantasía. Como nuestro Eugène Delacroix, que elevó la pintura a la altura de la gran poesía, Poe mueve a sus personajes sobre un fondo de verde o violeta, donde se revelan la fosforescencia de la putrefacción y el olor del huracán.

La naturaleza inanimada, así estilizada, participa de la naturaleza de los seres vivos; y, como ellos, tiembla con un escalofrío sobrenatural y galvánico. El espacio es insondable como por el opio; pues el opio confiere un tinte mágico a todos los matices y hace vibrar cada ruido con una magnificencia sonora. A veces, visiones gloriosas, llenas de luz y color, se despliegan de repente en su paisaje, y en la lejanía, sobre la línea del horizonte, vemos ciudades y palacios orientales, envueltos en brumas, bañados por lluvias de oro.

Los personajes de Poe —o más bien su único personaje— es el hombre de facultades agudizadas, de nervios distendidos, cuya voluntad ardiente y paciente desafía las dificultades; aquel cuya mirada, rígida como una espada, se fija sobre los objetos que aumentan cuanto más se los contempla. Ese hombre es el mismo Poe.

Y sus mujeres, todas luminosas y enfermizas, mueren de males desconocidos, hablan con voces semejantes a la música... Son también él. O al menos, por sus extrañas aspiraciones, por su sabiduría, por su incurable melancolía, participan intensamente de la naturaleza de su creador.

En cuanto a su mujer ideal, su titánide, se revela bajo distintos nombres, dispersos en sus —¡ay!— escasos poemas. Son retratos, o más bien modos de sentir la belleza, que el temperamento del autor funde y confunde en una unidad vaga pero sensible. En ellos, quizá más delicadamente que en ningún otro lugar, resplandece esa insaciable pasión por lo bello que constituye su esencia más elevada: la raíz de todas sus pretensiones al afecto y al respeto de los poetas.

EN EL CAMPO

Las dos casuchas estaban juntas, al pie de una colina, próximas a una pequeña ciudad balnearia. Los dos campesinos trabajaban penosamente la tierra infecunda para criar a todos sus hijos. Cada matrimonio tenía cuatro. Delante de las dos puertas vecinas, toda la chiquillería bullía desde la mañana hasta la noche. Los dos mayores tenían seis años y los dos más pequeños, alrededor de quince meses; las bodas y, después, los nacimientos se habían producido casi simultáneamente en una casa y en la otra. Las dos madres apenas distinguían a sus hijos en aquel montón, y los dos padres los confundían por completo. Los ocho nombres danzaban en sus cabezas, mezclándose sin cesar; y, cuando tenían que llamar a uno, los hombres gritaban con frecuencia tres nombres antes de dar con el verdadero.

La primera de las dos viviendas, según se venía del balneario de Rolleport, estaba ocupada por los Tuvache, que tenían tres hijas y un hijo; la otra vivienda alojaba a los Vallin, que tenían una hija y tres hijos. Todos sobrevivían penosamente a base de sopa, patatas y aire libre. A las siete de la mañana, al mediodía y luego a las seis de la tarde, las mujeres reunían a sus chiquillos para darles de comer, del mismo modo que los guardianes de ocas reúnen a sus animales. Los niños se sentaban por edades ante una mesa de madera, pulida por cincuenta años de uso. Al más pequeño apenas le llegaba la boca a la altura del tablero. Colocaban ante ellos un plato hondo lleno de pan mojado en el agua en que se habían cocido patatas, media col y tres cebollas; y toda la prole comía hasta saciar el hambre. La madre daba de comer ella misma al más pequeño. Un poco de carne en el puchero, el domingo, era una fiesta para todos; y el padre, ese día, prolongaba la comida repitiendo:

—Me acostumbraría a esto todos los días.

Una tarde del mes de agosto, un coche ligero se detuvo inesperadamente delante de las dos casuchas, y la joven que lo conducía dijo al señor sentado a su lado:

—¡Oh, Henri, mira ese montón de niños! ¡Qué bonitos están así, jugando con la tierra!

El hombre no contestó, acostumbrado a esas muestras de admiración que eran para él un dolor y casi un reproche.

La joven prosiguió:

—¡Tengo que besarlos! ¡Oh! ¡Cómo me gustaría tener uno! Aquel, el más pequeño.

Y, bajando del coche, corrió hacia los niños, cogió a uno de los dos pequeños, el de los Tuvache, y, levantándolo en brazos, lo besó efusivamente en las dos mejillas sucias, en los cabellos rizados y manchados de tierra, en las manos que él agitaba para librarse de aquellas caricias molestas. Luego volvió a subir al coche y partió al trote largo. Pero regresó a la mañana siguiente, se sentó en el suelo, tomó al niño en brazos, lo atiborró de pasteles, dio caramelos a todos los demás y jugó con ellos como una chiquilla, mientras su marido esperaba pacientemente en su elegante vehículo.

Volvió de nuevo; conoció a los padres; regresó cada día, con los bolsillos llenos de chucherías y monedas. Era la señora de Henri d'Hubières. Una mañana, al llegar, su marido descendió con ella y, sin detenerse con los niños, que ya la conocían bien, entró en casa de los campesinos. Estos estaban partiendo leña para preparar la comida; se incorporaron muy sorprendidos, les ofrecieron unas sillas y aguardaron. Entonces la joven, con voz entrecortada y temblorosa, comenzó:

—Amigos míos, vengo a visitarlos porque quisiera… quisiera llevarme a su… a su hijo pequeño…

Los campesinos, estupefactos y sin saber qué decir, no contestaron.

Ella tomó aliento y prosiguió:

—Nosotros no tenemos hijos; estamos solos, mi marido y yo… Nosotros lo cuidaríamos… ¿quieren?

La campesina empezó a comprender y preguntó:

—¿Quieren ustedes llevarse a Charlot? ¡Ah, no, desde luego que no!

Entonces intervino el señor de Hubières:

—Mi esposa no se ha explicado bien. Nosotros queremos adoptarlo, pero él volverá a visitarlos. Si todo va bien, como parece, sería nuestro heredero. Si, por casualidad, nosotros tuviéramos hijos, compartiría la herencia con ellos. Pero si no respondiera a nuestros cuidados, al alcanzar la mayoría de edad le daríamos una suma de veinte mil francos, que sería depositada inmediatamente a su nombre en la notaría. Y, como también hemos pensado en ustedes, les pasaríamos una renta de cien francos mensuales hasta su muerte. ¿Han comprendido bien?

La campesina, furiosa, se había puesto de pie.

—¿Ustedes quieren que les vendamos a Charlot? ¡Pues no! ¡Esas cosas no se le piden a una madre! ¡Ah, no! Eso sería una abominación.

El hombre, grave y reflexivo, no hablaba; pero aprobaba lo que decía su mujer con un continuo movimiento de cabeza.

La señora de Hubières, fuera de sí, rompió a llorar y, volviéndose hacia su marido con la voz llena de sollozos, una voz de niña acostumbrada a ver satisfechos todos sus deseos, balbuceaba:

—¡No quieren, Henri, no quieren!

Entonces hicieron una última tentativa:

—Pero, amigos míos, piensen en el porvenir de su hijo, en su felicidad, en...

La campesina, exasperada, interrumpió:

—Ya lo hemos visto todo, lo hemos oído todo, lo hemos pensado todo... Márchense, y que no vuelva a verlos por aquí. ¡Quién hubiera imaginado querer llevarse a un niño así!

Al salir, la señora de Hubières advirtió que había dos niños pequeños y, entre lágrimas, con la tenacidad de una mujer voluntariosa y mimada que nunca sabe esperar, dijo:

—¿Pero el otro niño no es suyo?

El señor Tuvache contestó:

—No, es de nuestros vecinos; puede ir a visitarlos si quiere.

Y volvió a entrar en la casa, donde aún resonaba la voz indignada de su mujer. Los Vallin estaban sentados a la mesa, comiendo lentamente unas rebanadas de pan que untaban con parsimonia con un poco de mantequilla tomada con la punta del cuchillo de un plato colocado entre ambos. El señor de Hubières formuló de nuevo sus propuestas, pero ahora con más rodeos, más cautela en las palabras, más astucia. Los dos campesinos movían la cabeza en señal de rechazo; pero cuando oyeron que recibirían cien francos al mes, se miraron, consultándose con la mirada, muy agitados. Permanecieron en silencio bastante tiempo, torturados por la duda. Por fin la mujer preguntó:

—¿Qué dices tú, hombre?

Él respondió con tono sentencioso:

—Digo que no es cosa despreciable.

Entonces la señora de Hubières, temblando de ansiedad, les habló del porvenir del pequeño, de su felicidad, de todo el dinero que podría darles más adelante.

El campesino preguntó:

—¿La renta de mil doscientos francos quedará garantizada ante notario?

El señor de Hubières contestó:

—Por supuesto, desde mañana mismo.

La campesina, que reflexionaba, añadió:

—Cien francos al mes no es suficiente para privarnos del pequeño; este niño trabajará dentro de unos años; necesitaremos ciento veinte francos.

La señora de Hubières, inquieta por la impaciencia, se los concedió de inmediato; y, como deseaba llevarse al niño en ese mismo momento, dio cien francos más como regalo mientras su marido redactaba un escrito. El alcalde y un vecino, llamados con urgencia, actuaron como testigos complacientes. Y la joven dama, radiante, se llevó al niño que lloraba, como si se llevara un juguete deseado de un gran almacén. Los Tuvache, desde su puerta, los miraban marcharse, mudos y severos, lamentando quizá su rechazo.

No se volvió a oír hablar del pequeño Jean Vallin. Los padres iban cada mes a cobrar los ciento veinte francos a la notaría; habían reñido con sus vecinos porque la esposa de Tuvache los cubría de ignominia, repitiendo sin cesar, de puerta en puerta, que había que ser muy desnaturalizado para vender a un hijo, que aquello era un horror, una cochinada, una corrupción.

Y a veces tomaba en brazos al pequeño Charlot de manera ostentosa, gritándole, como si él pudiera comprender:

—Yo no te he vendido, no te he vendido, hijo mío. Yo no vendo a mis hijos. No soy rica, pero no vendo a mis hijos.

Y durante años y años fue así; cada día lanzaba alusiones vulgares ante la puerta para que las oyeran desde dentro de la casa vecina. La señora Tuvache había terminado por considerarse superior a toda la comarca por el hecho de no haber vendido a su hijo. Y quienes hablaban de ella decían:

—Yo sé bien que era muy tentador, pero da igual, ella se comportó como una buena madre.

La citaban como ejemplo; e incluso Charlot, que ya tenía dieciocho años, educado en esa idea que le repetían sin cesar, llegó a considerarse superior a sus compañeros, porque no había sido vendido.

Los Vallin vivían con holgura gracias a la pensión. El furor implacable de los Tuvache, que habían seguido siendo pobres, provenía precisamente de eso. Su hijo mayor se marchó al servicio militar. El segundo murió; Charlot fue el único que quedó para trabajar junto a su anciano padre y para mantener a la madre y a sus dos hermanas menores. Tenía veintiún años cuando un coche resplandeciente se detuvo ante las dos casas una mañana. Un joven elegante, con cadena de oro, descendió del vehículo ofreciendo la mano a una anciana dama de cabellos blancos. La señora dijo:

—Es ahí, hijo mío, en la segunda casa.

Y él entró, como si fuera su hogar, en la vivienda de los Vallin. La madre lavaba en ese momento los delantales; el padre, paralítico, dormitaba junto a la chimenea. Ambos levantaron la cabeza, y el joven saludó:

—Buenos días, papá; buenos días, mamá.

Se incorporaron azorados. La campesina, por la emoción, dejó caer el jabón en el agua y murmuró:

—¿Eres tú, hijo mío? ¿Eres tú, hijo mío?

Él la tomó entre sus brazos, la besó, repitiendo:

—Buenos días, mamá.

Mientras tanto, el viejo, tembloroso, decía con el tono tranquilo que le era habitual:

—¿Has vuelto, Juan?

Como si lo hubiera visto el mes anterior. Y, una vez reconocidos, los padres quisieron pasear inmediatamente al hijo por todo el pueblo para que lo vieran. Lo llevaron a casa del alcalde, del adjunto, del cura, del maestro.

Charlot, de pie en el umbral de su casucha, los veía pasar. Por la noche, mientras cenaban, les dijo a sus padres:

—¡Tuvieron que estar locos para permitir que se llevaran al pequeño de los Vallin!

Su madre respondió con obstinación:

—¡Nosotros no quisimos vender a nuestro hijo!

El padre no decía nada.

El joven continuó:

—¡Es muy triste ser sacrificado de esa manera!

Entonces el padre Tuvache articuló con tono irritado:

—¿Vas a reprocharnos que te conserváramos?

El hijo respondió brutalmente:

—Sí, se los reprocho, porque no son más que unos necios. Padres como ustedes son los que labran la desgracia de sus hijos. Merecen que los abandone.

La buena mujer lloraba sobre su plato. Gemía mientras tragaba las cucharadas de sopa, de las que derramaba la mitad.

—¡Matarse uno criando a sus hijos!…

Entonces el muchacho dijo con rudeza:

—Preferiría no haber nacido antes que ser lo que soy. Cuando he visto al otro hace un momento, se me ha revuelto el estómago. Y me he dicho: «¡Esto es lo que yo sería ahora!».

Y se levantó.

—Creo que lo mejor es que no permanezca aquí, porque se los reprocharía de la mañana a la noche y les haría la vida imposible. Esto, ¿saben? ¡No se los perdonaré nunca!

Los dos ancianos callaban, aterrorizados y llorosos.

Él prosiguió:

—No, esta idea es demasiado dura. ¡Prefiero ir a buscarme la vida en otra parte!

Abrió la puerta. Oyó un murmullo de voces. Los Vallin celebraban a su hijo regresado. Entonces Charlot dio un fuerte golpe con el pie en el suelo y, volviéndose hacia sus padres, gritó:

—¡Patanes!

Y desapareció en la oscuridad.

VILLIERS DE L'ISLE ADAM[4]

---

[4] Nacimiento: Saint-Brieuc, Bretaña, Francia — 7 de noviembre de 1838 Muerte: París, Francia — 18 de agosto de 1889. Obras más importantes: Cuentos crueles, Axël, La Eva futura, El secreto de la Iglesia y Nuevos cuentos crueles.

EL SECRETO DE LA IGLESIA

En esta noche de principios de otoño, el antiguo hotel con jardines, residencia de la morena Maryelle —al final del barrio de Saint-Honoré— parecía dormido. En el primer piso, en efecto, en el salón tapizado de seda cereza, los pesados cortinajes de los balcones —cuyas vidrieras miran las avenidas enarenadas y el surtidor que brota entre el césped— interceptaban el resplandor interior.

En el fondo de este aposento, un ancho tapiz Enrique II dejaba entrever, en el salón contiguo, las blancuras adamascadas de una mesa llena de luces y sobre la que aún se destacaban las tazas de café, los fruteros y la cristalería, aunque se jugaba desde la medianoche.

Bajo los dos manojos de hojas de plata, con flores de luz, de un par de candelabros de pared, dos «señores» de figura elegantísima, de cutis inglés, de sonrisa distinguida, de aspecto afable, de largas patillas, lucían las lises de sus chalecos frente a frente de un écarté que jugaban con un abate joven y moreno, de una palidez natural muy emocionante (la palidez de un muerto) y cuya presencia resultaba, por lo menos, equívoca en aquel lugar.

No muy lejos, Maryelle, en un déshabillé de muselina que avivaba sus ojos negros, y un ramito de violetas al borde del corsé, en el hoyo de la nieve, escanciaba de vez en cuando champán helado en las finas copas que llenaban un velador, sin dejar de avivar con sus anhelosos labios el fuego de su cigarrillo ruso —que sostenía, ensortijado al dedo meñique de su izquierda, una especie de pinza de plata—, sonriendo también a veces de las frívolas ocurrencias que —con intermitencias y como aguijoneado por discretos arrebatos— le susurraba al oído (inclinándose sobre la perla de su hombro) el invitado ocioso, al que solo se dignaba contestar monosilábicamente.

En seguida se volvía a hacer el silencio, turbado apenas por el ruido de los naipes, del oro de las puestas, de las piezas de nácar y de los billetes sobre el tapete verde.

El ambiente, el mobiliario, las telas se sentían contagiados de languidez, cierta blandura aterciopelada, el acre perfume de tabaco oriental, el ébano labrado de los grandes espejos, la vaguedad de la luz, una imaginaria irisación. El jugador de la sotana de paño fino, el abate

Tussert, no era sino uno de esos diáconos faltos de toda vocación, cuya perversa ralea tiende, por fortuna, a desaparecer. Nada había en él de aquellos sutiles abates de antaño, cuyas mejillas inflamadas por la risa los ha hecho aparecer simpáticos y veniales en la Historia. Este, alto, tallado a hachazos, el rostro de un óvalo con los maxilares salientes, resultaba, realmente, de una casta más sombría, hasta el punto de que, en ciertos momentos, la sombra de un crimen ignorado parecía ennegrecer aún más su silueta. En él, la clase de piel especial de su cutis descolorido indicaba una sensibilidad fría y sádica. Los labios astutos ponderaban en su rostro la energía ingenuamente bárbara de su conjunto. Sus pupilas negruzcas, rencorosas, brillaban bajo la anchura de una frente triste, de cejas rectilíneas, y su mirada crepuscular parecía pensativa de nacimiento, a veces fija. Laminado por las controversias del seminario, el timbre de su voz había adquirido inflexiones mates que apagaban su dureza; sin embargo, se presentía el puñal en su vaina. Taciturno, si hablaba era desde lo alto, con uno de los pulgares hundido casi siempre en su elegante fajín de franjas de seda. Muy mundano, «lanzado», como si hubiera intentado huir —más bien recibido que admitido, es verdad—, se le admitía gracias a esa especie de miedo confuso e indefinido que sugería su persona. Algunos perversos rufianes de fortuna estafada lo invitaban también para salpimentar, con lo que había de llamativo en su sacrílega presencia, envuelta, para más escándalo, en el hábito solemne, la salacidad lamentable de sus cenas juerguistas, no acabando de conseguir este efecto, porque su sórdido aspecto cohibía en el fondo aun en esos ambientes (los desertores, vengan de donde vengan, no son estimados por los inquietos escépticos modernos).

Pero ¿por qué seguir llevando aquellos hábitos? ¿Quizá porque, habiéndose puesto de moda con aquella ropa, temía comprometer su originalidad vistiéndose de levita? ¡Desde luego que no! Es que era ya demasiado tarde; es que ya tenía el sello. ¿Es que aquellos que, siendo como él, tomaban una apariencia laica no eran reconocibles siempre? Se diría que todos los trajes que llevasen siempre transparentarían la invisible sotana de Neso que no podían arrancarse del cuerpo, aunque solo se la hubiesen puesto una vez: siempre se notaría su ausencia. Y cuando, a imitación de un Renan, por ejemplo, murmuran del Señor, su juez, parece por intervalos que, en medio de no se sabe qué VERDADERA noche que surge en el fondo de sus ojos, se oye —entre el súbito reflejo de una linterna sorda y bajo el follaje de los olivos— el chasquido del viscoso beso del Eufemismo sobre la mejilla divina.

Ahora bien: ¿de dónde provenía el oro que sacaba todos los días de su negro bolsillo? ¿Del juego? Puede. Se insinuaba eso, aunque sin profundizar en ello, ya que no se le conocían deudas, ni queridas, ni otras ventajas como esas. ¡Por lo demás, hoy día…! ¿Eso qué importa? ¡Cada cual tiene sus asuntillos! Las mujeres lo consideraban un hombre «encantador», y punto final.

De repente, Tussert, que había robado malas cartas, dijo, descubriendo su juego:

—Pierdo dieciséis mil francos esta noche.

—¿Le hacen veinticinco luises para que intente la revancha? —ofreció el vizconde Le Glaïeul.

—Yo no propongo ni acepto jugadas de palabra y ya no tengo oro en el bolsillo —respondió Tussert—. No obstante, mi ministerio me ha hecho poseedor de un secreto —de un gran secreto— que, si está de acuerdo, me decidiré a arriesgar contra sus veinticinco luises a cinco tantos ligados.

Después de un silencio bastante justificado, preguntó el señor Le Glaïeul, medio estupefacto:

—¿Qué secreto?

—Pues el de la IGLESIA —respondió fríamente Tussert.

¿Fue la entonación breve, rotunda y como poco mixtificada de este tenebroso vividor, o la fatiga nerviosa de la noche, o los capciosos vapores dorados del champán, o el conjunto de estas cosas lo que hizo que los dos invitados y hasta la alegre Maryelle se estremeciesen al oír esas palabras? Los tres, mirando al enigmático personaje, acababan de experimentar la misma sensación que les hubiese producido la aparición repentina de una cabeza de serpiente alzándose entre los candelabros.

—La Iglesia tiene tantos secretos… que creo, al menos, poderle preguntar cuál de ellos es —respondió ya con seriedad el vizconde Le Glaïeul—, aunque, como usted puede comprender, me interesan muy poco esas revelaciones. Pero acabemos. He ganado demasiado esta noche para negarle eso; así es que, de todos modos, ¡van veinticinco luises a cinco tantos ligados contra «el secreto de la IGLESIA»!

Por una cortesía de hombre «de mundo», no quiso recalcar: «…que no nos interesa nada».

Cogieron otra vez los naipes.

—¡Abate! ¿Sabe usted que en este momento tiene usted el aire del... diablo? —exclamó con un tono cándido la amabilísima Maryelle, que se había quedado como pensativa.

—¡La jugada, sobre todo, es de una audacia insignificante para los incrédulos! —murmuró frívolamente el invitado ocioso con una de esas leves sonrisas parisienses, cuya serenidad ni siquiera se turba ante un salero derramado—. ¡El secreto de la Iglesia! ¡Ah! ¡Ah!... Debe ser gracioso.

Tussert lo miró y después le dijo:

—Ya lo apreciará usted si continúo perdiendo.

La partida comenzó más lenta que las anteriores. El primer juego lo ganó... él; pero después perdió la revancha.

—¡Va el último pase! —dijo.

Cosa singularísima: la atención —mezclada al principio con algo de superstición burlona— había subido de tono gradualmente; se hubiera podido decir que alrededor de los jugadores se había saturado el aire de una solemnidad sutil y de una gran inquietud... Se deseaba fervientemente ganarle la partida.

Estando a dos contra tres, el vizconde Le Glaïeul, después de haber tirado el rey de corazones, tuvo de juego los cuatro sietes y un ocho neutro; Tussert, que tenía la quinta más alta de picas, vaciló, quiso hacer una jugada de maestro exponiéndolo todo de una vez, y perdió. El golpe fue rápido.

En ese momento, Maryelle se miraba con indiferencia las uñas rosadas; el vizconde, con aire distraído, examinaba el nácar de las fichas sin hacer la pregunta suspendida sobre ellos; y el invitado ocioso, volviéndose por discreción, entreabrió (¡con un acierto lleno verdaderamente de inspiración!) los cortinajes del balcón que estaba cerca de él.

Entonces, a través de los árboles apareció, haciendo palidecer las luces, el alba lívida, el amanecer, cuyo reflejo tornó bruscamente mortuorias las manos de los presentes. Y el perfume del salón pareció volverse más impuro, llenándose de un vago recuerdo de placeres vendidos, de carnes voluptuosas con despecho, ¡de laxitud! Y algunos desvaídos pero impresionantes matices pasaron por los rostros de todos, denunciando con su difumino imperceptible las máculas futuras que la edad reservaba a cada uno. Aun cuando allí no se creyese en nada más que en placeres fantasmas, se sintió sonar a hueco en su existencia el golpe del ala de la vieja Tristeza del Mundo, que despertó a tan falsos juerguistas, vacíos, faltos de esperanza.

Llenos de olvido, ya no se preocupaban de oír… el insólito secreto… si es que alguna vez…

Pero el diácono se había levantado, glacial, sosteniendo en la mano su sombrero de teja. Después de lanzar una mirada circular, de ritual, sobre aquellos tres seres un poco cohibidos, dijo:

—Señora, señores, ¡ojalá la apuesta que he perdido les haga reflexionar!… Paguemos…

Y, mirando con una fría fijeza a sus elegantes oyentes, pronunció en voz más baja, pero que sonó como una campanada de difuntos, estas condenables, estas fantásticas palabras:

—¿El secreto de la Iglesia?… Es… QUE NO HAY PURGATORIO.

Y, en tanto que, no sabiendo qué pensar, se le observaba, no sin cierto pánico, el diácono, después de haber saludado, se dirigió, tranquilo, hacia el umbral y, después de haber mostrado en el dintel su cara sombría y lívida, con los ojos bajos, cerró la puerta sin hacer ruido.

Una vez solos, respiraron, libres del espectro.

—¡Eso debe ser inexacto! —balbuceó cándidamente la sentimental Maryelle, aún impresionada.

—¡Argucias del jugador que pierde, por no decir de un farsante que no sabe lo que dice! —exclamó Le Glaïeul con un tono de cochero enriquecido—. ¡El Purgatorio, el Infierno, el Paraíso!… ¡Todo eso es de la Edad Media! ¡Todo eso es pura broma!

—¡No pensemos más en ello! —indicó el otro elegante.

Pero, en aquella maligna claridad del alba, la amenazadora mentira del impío había hecho, sin embargo, su efecto. Los tres estaban muy pálidos. Se bebió, con duras sonrisas forzadas, una última copa de champán.

Y aquella mañana —por mucha elocuencia que empleara el invitado ocioso— Maryelle, arrepentida quizá ante la amenaza exclusiva y excesiva del infierno, sin la condescendencia del purgatorio, perdido para su esperanza, no quiso acceder a su «amor».

EL ASESINO DE CISNES

A fuerza de consultar tomos de Historia Natural, nuestro ilustre amigo, el doctor Tribulat Bonhomet, había terminado por aprender que «el cisne canta bien antes de morir». Efectivamente —nos confesaba aún en fechas recientes—, desde que la había escuchado, sólo esa música le ayudaba a soportar las decepciones de la vida, y cualquier otra ya no le parecía sino una cencerrada, puro «Wagner».

¿Cómo había conseguido esa alegría de aficionado? Así: en los alrededores de la antiquísima ciudad fortificada en la que vive, el práctico anciano había descubierto un buen día, en un parque secular abandonado, a la sombra de grandes árboles, un viejo estanque sagrado, sobre el sombrío espejo del cual se deslizaban doce o quince apacibles aves; había estudiado meticulosamente los accesos, calculado las distancias, observado sobre todo al cisne negro, el vigilante, que dormía, perdido en un rayo de sol. Éste permanecía todas las noches con los ojos bien abiertos, con un guijarro en su largo pico rosa, y si la más mínima alarma le revelaba peligro para aquellos a quienes guardaba, con un movimiento del cuello lanzaba bruscamente al agua el guijarro, en mitad del blanco círculo de los dormidos, para que los despertara. Al oír aquella señal, el grupo, guiado por su guardián, habría echado a correr en medio de la oscuridad hacia avenidas profundas, hacia lejanos céspedes, hacia alguna fuente en la que se reflejaban grises estatuas, o hacia cualquier otro refugio conocido por su memoria. Y Bonhomet los había contemplado largo rato en silencio, sonriéndoles incluso. ¿No era, pues, con su último canto con el que, como perfecto diletante, soñaba regalarse muy pronto los oídos?

A veces, pues, cuando sonaban las doce de alguna otoñal noche sin luna, fastidiado por el insomnio, Bonhomet se levantaba de repente y se vestía de forma especial para asistir al concierto que necesitaba volver a escuchar. Tras introducir sus piernas en descomunales botas de goma forradas, que prolongaba sin sutura una ancha levita impermeable convenientemente forrada también, el huesudo y gigantesco doctor introducía las manos en un par de guanteletes de acero blasonado provenientes de alguna armadura de la Edad Media (guanteletes de los que se había convertido en feliz propietario después de abonar treinta y ocho hermosas monedas —¡una locura!— a un anticuario). Hecho esto, se ceñía su amplio sombrero moderno, apagaba la vela, descendía y, con la llave de su casa en el bolsillo, se encaminaba, a la burguesa, hacia la linde del parque abandonado.

Enseguida se introducía por oscuros senderos hacia el retiro de sus cantantes favoritos, hacia el estanque cuya agua poco profunda, y bien sondeada por todas partes, no le pasaba de la cintura. Y, bajo la bóveda de arboleda próxima a los aterrajes, ensordecía sus pasos al pisar ramas secas. Cuando llegaba al borde del estanque, lenta, muy lentamente —¡sin hacer ruido alguno!—, introducía una bota, luego la otra, y avanzaba dentro del agua con precauciones inauditas, tan inauditas que apenas se atrevía a respirar. Como el melómano ante la inminencia de la cavatina esperada. De tal manera que, para dar los veinte pasos que le separaban de sus queridos virtuosos, empleaba normalmente entre dos y dos horas y media, hasta tal extremo temía alarmar la sutil vigilancia del guardián negro. El soplo de los cielos sin estrellas agitaba lastimeramente las altas ramas en la oscuridad que rodeaba el estanque, pero Bonhomet, sin dejarse distraer por el misterioso susurro, seguía avanzando insensiblemente y tan bien que, hacia las tres de la madrugada, se encontraba, invisible, a medio paso del cisne negro, sin que éste hubiera percibido ni el más mínimo indicio de su presencia.

Entonces el buen doctor, sonriendo en la oscuridad, arañaba suave, muy suavemente, rozando apenas con la punta de su índice medieval, la superficie anulada del agua delante del vigilante… Y arañaba con tal suavidad que éste, aunque algo sorprendido, no juzgaba esta vaga alarma como de una importancia digna de lanzar el guijarro. El cisne escuchaba. A la larga, cuando su instinto se percataba vagamente de la idea de peligro, su corazón —¡oh!, su pobre corazón ingenuo— se ponía a latir horriblemente, lo que llenaba de júbilo a Bonhomet. Y los bellos cisnes, uno tras otro, perturbados por ese ruido en lo profundo de su sueño, sacaban ondulosamente la cabeza de debajo de sus pálidas alas plateadas y, bajo el peso de la sombra de Bonhomet, entraban poco a poco en un estado de angustia, percibiendo no se sabe qué confusa consciencia del mortal peligro que los amenazaba. Pero, en su infinita delicadeza, sufrían en silencio como el vigilante, al no poder huir puesto que el guijarro no había sido lanzado. Y todos los corazones de aquellos blancos exiliados se ponían a dar latidos de sorda agonía, inteligibles y claros para el oído maravillado del excelente doctor, que sabía muy bien lo que moralmente les producía su cercanía y se deleitaba, en pruritos incomparables, con la terrorífica sensación que su inmovilidad les hacía padecer.

«¡Qué dulce resulta estimular a los artistas!», se decía en voz baja. Tres cuartos de hora, más o menos, duraba este éxtasis que no habría cambiado ni por un reino. De repente, un rayo de la Estrella de la Mañana, deslizándose entre las ramas, iluminaba de improviso a Bonhomet, así como las aguas negras y los cisnes con ojos repletos de sueños. El vigilante, aterrorizado por aquella visión, arrojaba el guijarro… ¡Demasiado tarde!… Con un grito horrible en el que parecía desenmascararse su almibarada sonrisa, Bonhomet se precipitaba, con las garras en alto y los brazos tendidos, hacia las filas de las aves sagradas. Y eran rápidos los apretones de los dedos de acero de aquel paladín moderno, y los puros cuellos de nieve de dos o tres cantantes eran atravesados o rotos antes de que se produjera el vuelo radiante de los demás pájaros-poetas. Entonces, olvidándose del buen doctor, el alma de los cisnes moribundos se exhalaba en un canto de inmortal esperanza, de liberación y de amor, hacia los Cielos desconocidos.

El racional doctor sonreía de este sentimentalismo del que, como serio conocedor, sólo se dignaba saborear una cosa: el timbre. No apreciaba musicalmente nada más que la singular suavidad del timbre de aquellas simbólicas voces, que vocalizaban la Muerte como una melodía. Con los ojos cerrados, Bonhomet aspiraba en su corazón las vibraciones armoniosas; luego, tambaleándose, como en un espasmo, iba a dejarse caer en la orilla del estanque, se tendía sobre la hierba, se acostaba boca arriba, dentro de sus ropas cálidas e impermeables. Y allí, aquel Mecenas de nuestra era, perdido en un torpor voluptuoso, volvía a saborear en lo más recóndito de su ser el recuerdo del canto delicioso —aunque viciado por una sublimidad, según él, pasada de moda— de sus queridos artistas. Y, reabsorbiendo su comatoso éxtasis, rumiaba así, a la burguesa, aquella exquisita impresión hasta el amanecer.

ALPHONSE DAUDET[5]

---

[5] Nacimiento: Nimes, Francia — 13 de mayo de 1840. Muerte: París,
Francia 16 de diciembre de 1897. Obras más importantes: Cartas desde mi
molino,
Tartarín de Tarascón, El niño espía, El último curso yLos reyes en el
exilio.

EL NIÑO ESPÍA

Se llamaba Stenne, el pequeño Stenne. Era un niño de París, débil, pálido, que lo mismo podía tener diez años que quince. Con estos chicos no se puede decir la edad con exactitud.

Su madre había muerto; su padre, antiguo soldado de la marina, era guardia de jardines en una plaza del barrio del Temple. Los niños, las niñeras, las señoras mayores que iban con sus sillas plegables bajo el brazo, las madres pobres, toda la gente sencilla y tímida que buscaba refugio contra los carruajes en esos parterres rodeados de aceras, conocían al señor Stenne y lo apreciaban. Todos sabían que, bajo aquellos grandes bigotes —terror de perros y de ociosos que bostezaban en los bancos—, se ocultaba una sonrisa tierna, casi maternal, y que para hacerla aparecer bastaba preguntarle al pobre hombre:

—¿Cómo está su hijo? ¿Qué tal se porta?

¡Quería tanto a su hijo! ¡Era tan feliz cuando, por la tarde, al salir de la escuela, el niño venía a buscarlo y juntos daban una vuelta por los paseos, deteniéndose frente a cada banco para saludar a los conocidos y corresponder a sus saludos!

Pero llegó el sitio y, por desgracia, todo cambió. Cerraron el jardín y lo convirtieron en depósito de barriles de petróleo, y el pobre hombre, obligado a vigilar sin descanso, se pasaba la vida caminando entre los macizos desiertos, destrozados y solitarios, sin poder fumar, sin poder ver a su hijo más que en casa, por la noche y ya muy tarde. Así que había que ver sus bigotes cuando le mencionaban a los prusianos…

Pero Stenne hijo, por supuesto, no se quejaba de la nueva vida. ¿Un sitio? ¿Hay algo más entretenido para un niño? ¡Ni escuela ni maestros! Vacaciones perpetuas y la calle animada como una feria… El niño pasaba el día entero fuera de casa, en total libertad.

Acompañaba a los batallones del barrio que iban a los fuertes, eligiendo sobre todo a los que tenían una buena banda; y en eso el chico era experto. Decía con aplomo que la del 96 no valía gran cosa, pero que la del 55 era estupenda. Otras veces miraba cómo los guardias móviles hacían instrucción.

Y además tenía otro entretenimiento: las colas. Con su cesta al brazo, se metía en aquellas largas filas que se formaban, en la oscuridad de las mañanas de invierno sin alumbrado, a la puerta de las carnicerías y las panaderías. Con los pies en los charcos se hacían nuevas amistades, se hablaba de política y, como era hijo del señor Stenne, los demás le pedían su opinión.

Pero más divertidas aún eran las partidas de chito, famoso juego de galocha que pusieron de moda los móviles bretones durante el sitio. Cuando Stenne hijo no estaba en las fortificaciones ni en las panaderías, ya se sabía dónde se le podía encontrar: en la partida de chito que se hacía junto al Château-d'Eau. Él no jugaba, claro; necesitaría mucho dinero y no lo tenía, pero se conformaba con mirar cómo jugaban los demás.

Uno de ellos, alto, de camisa azul, que manejaba mucho dinero, despertaba su admiración. Cuando corría, se le oía sonar el dinero en el bolsillo. Un día, al agacharse para recoger una moneda que había rodado hasta los pies de Stenne, el chico le dijo en voz baja:

—No te quedes mirando así. Si quieres, puedo decirte de dónde se saca.

Cuando terminó la partida, se lo llevó a un rincón de la plaza y le propuso ir juntos a vender periódicos a los prusianos. Se sacaban treinta francos limpios por cada viaje.

Al principio, Stenne se negó, indignado, y pasó tres días sin volver a la partida; tres días terribles, sin comer ni dormir. Por la noche veía montones de chitos, derechos, al pie de la cama, y monedas de franco, brillantes, deslizándose por el suelo… La tentación era demasiado fuerte y, al cuarto día, volvió al Château-d'Eau, vio al otro y se dejó convencer.

Una mañana en que había nevado salieron con el saco al hombro y los periódicos escondidos bajo las camisas. Cuando llegaron a la puerta de Flandes, casi no se veía; el grandullón tomó a Stenne de la mano y, acercándose al centinela —un civil de nariz roja y aspecto miserable—, le dijo:

—Déjenos pasar, buen hombre. Nuestra madre está enferma y no tenemos padre. Voy con mi hermano a ver si podemos conseguir algunas papas en el campo…

Lloraba mientras hablaba. Stenne, avergonzado, bajaba la cabeza. El centinela los miró un instante; luego miró el camino, nevado y desierto.

—Está bien, pasen —les dijo, dejándolos pasar.

Ahí los tienes camino de Aubervilliers. ¡Y cómo se reía el grandullón! Desconcertado, como en un sueño, Stenne veía fábricas convertidas en cuarteles, barricadas desiertas, llenas de trapos mojados; largas chimeneas que perforaban la niebla y subían hacia el cielo, rotas, desportilladas. De trecho en trecho aparecía un centinela; oficiales encapuchados, mirando a lo lejos con prismáticos; y tiendas de campaña hundidas en la nieve, derretida junto a hogueras medio apagadas.

El joven conocía los caminos y se metía campo a través para evitar los puestos. Pero, de repente, sin escapatoria, fueron a dar de bruces con una avanzada de francotiradores. Vestidos con capotes cortos, los francotiradores se agazapaban en el fondo de una trinchera encharcada que corría paralela al ferrocarril de Soissons. Esta vez no sirvió repetir su historia: no los dejaron pasar.

Mientras lloriqueaban, de la casa de la guardesa salió un sargento, de cabeza canosa y cara arrugada, que se parecía al señor Stenne.

—Vamos, chicos, límpiense esas lágrimas —les dijo—. Ya irán a buscar papas; ahora entren a calentarse un poco. ¡Miren la cara de frío que tiene este niño!

¡Ay! Stenne no temblaba de frío precisamente; temblaba de miedo y de vergüenza. En el puesto había algunos soldados encogidos junto al fuego agonizante, un fuego pobre, a cuya llama calentaban la torta pinchada en la punta de las bayonetas. Les dieron una copa y un poco de café.

Mientras bebían, un oficial llegó a la puerta, llamó al sargento, habló con él en voz baja y se fue enseguida.

—¡Muchachos! —dijo feliz el sargento—. ¡Esta noche va a haber pelea! Conocemos la contraseña de los prusianos. Me parece que esta vez les arrebatamos ese condenado fuerte de Bourget.

Sonó un estallido de "¡bravo!" y de risas. Bailaban, cantaban, limpiaban los machetes. Aprovechando el bullicio, los muchachos desaparecieron.

Más allá de la trinchera solo se veía la llanura, y al fondo un largo muro blanco, agujereado de troneras. Se dirigieron hacia ese muro, deteniéndose a cada paso e inclinándose como si fueran a recoger papas.

—Volvamos... No vayamos allá —decía a cada momento el pequeño.

El otro se encogía de hombros y seguía adelante. De pronto oyeron el clic de un fusil al montarse.

—¡Agáchate! —dijo el mayor, tirándose al suelo.

Luego silbó; otro silbido respondió sobre la nieve. Avanzaban arrastrándose. Delante del muro, a ras del suelo, asomaron dos bigotes rubios bajo una gorra grasienta. El mayor saltó dentro de la trinchera, junto al prusiano.

—Es mi hermano —dijo, señalando a su acompañante.

Stenne era tan pequeño que, al verlo, el prusiano se echó a reír y tuvo que levantarlo en brazos para subirlo hasta la brecha del muro. Al otro lado se veían terraplenes, árboles caídos, agujeros negros en la nieve, y en cada agujero la misma gorra grasienta, los mismos bigotes amarillentos riendo al ver pasar a los chicos.

En un rincón estaba la casa del jardinero, protegida por troncos. La planta baja estaba llena de soldados que jugaban a las cartas mientras se cocía la sopa sobre una espléndida hoguera. Olía bien: a col, a tocino. ¡Qué diferencia con el campamento de los francotiradores! En el primer piso se oía a los oficiales tocar el piano y descorchar champaña.

Cuando los parisinos entraron, los recibieron con un "¡hurra!". Ellos entregaron sus periódicos y los otros los invitaron a beber, haciéndolos hablar. Los oficiales tenían un aire fanfarrón y cruel, pero el muchacho los divertía con su imaginación y su vocabulario de chico callejero; reían, repetían sus palabras y se revolcaban, gustosos, en ese barro de París que les llegaba hasta allí.

Stenne también habría querido decir algo para demostrar que no era un tonto; pero algo le trababa la lengua. Frente a él, a un lado, había un prusiano mayor, más serio que los demás, que leía, o que más bien fingía leer, porque no le quitaba los ojos de encima. En esa mirada había una mezcla de ternura y reproche, como si pensara: «Preferiría morir antes que ver a mi hijo haciendo algo así».

Desde ese instante, Stenne sintió como si una mano se posara sobre su corazón y le impidiera latir. Para aturdirse, empezó a beber copa tras copa. Pronto todo comenzó a darle vueltas; entre carcajadas, oía confusamente que su compañero se burlaba de los guardias nacionales, de su manera de hacer la instrucción; imitaba un "zafarrancho" en el Marais, una alarma nocturna en las murallas.

Después bajó la voz; los oficiales se le acercaron y sus rostros se pusieron serios. El miserable iba a revelarles los planes de ataque de los francotiradores. Eso era demasiado. Stenne se levantó furioso, despejado de pronto:

—Eso no… no quiero.

Pero el otro solo le contestó con una sonrisa y siguió hablando. Antes de que terminara, los oficiales ya se habían levantado. Uno de ellos les indicó la puerta a los chicos:

—Ya pueden marcharse -les dijo. Y se pusieron a hablar muy agitados en alemán. El mayor salió de allí altivo como un dux, haciendo sonar el dinero; el pequeño lo seguía con la frente baja, y cuando pasó junto al prusiano, cuya mirada tanto le había impactado, oyó una voz triste que le decía: «Esto no está bien, no está bien». Y los ojos se le llenaron de lágrimas.

Una vez en la llanura, los muchachos echaron a correr y entraron pronto en París. Como llevaban el saco lleno de papas (que les habían dado los alemanes), llegaron sin tropiezo hasta la trinchera de los franco-tiradores. No se veía otra cosa sino preparativos para el ataque de la noche. Sigilosamente llegaban tropas que se agrupaban detrás de las paredes. El viejo sargento estaba muy contento de acá para allá preparando su sección. Cuando los muchachos pasaron, los reconoció y los saludó con una sonrisa paternal. ¡Qué daño le hizo aquella sonrisa al pequeño Stenne! Un grito estuvo a punto de salírsele de la boca: «¡No vayan esta noche!… Los acabamos de traicionar…». Pero el otro lo había advertido: «Si te vas de la lengua, nos fusilan a los dos», y el miedo le impidió hablar.

En el barrio de la Courneuve entraron en una casa abandonada para repartirse las ganancias. La verdad me obliga a decir que la partición se hizo con toda honradez, y que al oír sonar las monedas en su bolsillo, y al pensar en la cantidad de partidas de chito que podría jugar, Stenne no encontró tan horrible lo que había hecho. Pero cuando se quedó solo, cuando pasadas unas cuantas puertas el mayor lo dejó, entonces sus bolsillos empezaron a hacérsele cada vez más pesados, y la mano que le oprimía el corazón se lo apretaba más fuerte que nunca. París ya no le parecía el mismo de antes. La gente que pasaba a su lado lo miraba severamente, como si supiera de dónde venía. Escuchaba la palabra espía en el sonido de las ruedas, en el redoble de tambor de los que hacían la instrucción a lo largo del canal. Por fin llegó a su casa y, contento de que su padre no estuviera aún allí, subió corriendo a su cuarto y escondió bajo la almohada el dinero que tanto le pesaba.

Hacía tiempo que el señor Stenne no volvía a casa tan contento, tan feliz como aquella noche. Se acababan de recibir noticias de provincias; las cosas marchaban mejor. Mientras comía, el viejo soldado miraba su fusil colgado en la pared, y decía sonriendo al chiquillo:

—¡Qué bien te las verías con los prusianos si fueras un poco mayor!

Hacia las ocho empezó a tronar el cañón.

—Es el fuerte de Aubervilliers; la batalla está en el Bourget —decía el buen hombre, que conocía todos los fuertes.

Stenne se puso pálido y, con el pretexto de estar cansado, se fue a acostar; pero no pudo dormir. El cañón no dejaba de sonar. Se imaginaba a los francotiradores deslizándose en la noche para sorprender a los prusianos y cayendo, a su vez, en una emboscada. Pensaba en el sargento que le había sonreído y lo veía tendido en la nieve, y junto a él, quién sabe cuántos más. Y el precio de tanta sangre estaba escondido allí, bajo su almohada, y era él —el hijo del señor Stenne, el hijo de un soldado— quien lo llevaba encima…

Las lágrimas lo ahogaban. En la habitación contigua oía a su padre caminar, abrir la ventana. Abajo, en la plaza, tocaban llamada; un batallón de móviles se formaba para marchar. Iba a ser una gran batalla, sin duda. El infeliz no pudo contener un sollozo.

—¿Qué te pasa? —preguntó el padre al entrar en la habitación.

El chico no aguantó más; saltó de la cama e intentó arrojarse a los pies de su padre. Al hacerlo, el dinero rodó por el suelo.

—¿Qué es esto? ¿Has robado? —preguntó el viejo, temblando.

Entonces, sin tomar aliento, el muchacho le contó que había ido a las líneas prusianas y todo lo que había hecho. A medida que hablaba, sentía que su corazón latía con más libertad; la confesión lo aliviaba. Cuando terminó, se cubrió el rostro con las manos y rompió a llorar.

—¡Padre, padre! —dijo, intentando acercarse a él.

El padre lo apartó sin decir palabra, recogió el dinero y se lo guardó en el bolsillo.

—¿Has terminado? —preguntó.

El chico asintió con la cabeza. El padre descolgó su fusil y su cartuchera.

—Voy a devolver esto.

Y sin añadir una palabra más, sin volver siquiera la cabeza, salió para unirse a los móviles que iban a partir hacia el frente esa misma noche.

No se lo volvió a ver nunca más.

EL NUEVO MAESTRO

Nuestra pequeña escuela ha cambiado mucho desde la marcha del señor Hamel. Cuando él estaba aquí, teníamos unos minutos de margen por la mañana, al llegar. Nos colocábamos en círculo alrededor de la estufa para desentumecer un poco los dedos y sacudir la nieve o el aguanieve pegados a la ropa. Charlábamos tranquilamente, mostrándonos unos a otros lo que llevábamos en la cesta. Eso les daba a quienes vivían en los extremos de la comarca tiempo para llegar a la oración y para pasar lista… Hoy ya no es así. Hay que llegar a la hora exacta.

El prusiano Klotz, nuestro nuevo maestro, no bromea. Desde las ocho menos cinco está de pie en su tarima, con una gruesa vara a su lado, y ¡pobres de los que llegan tarde! Se oyen los zuecos apresurarse en el pequeño patio y las voces ahogadas gritar desde la puerta:

—¡Presente!

Con este terrible prusiano no hay excusas que valgan. No se puede decir: «He ayudado a mi madre a llevar la ropa al lavadero… Mi padre me ha llevado con él al mercado». El señor Klotz no quiere escuchar nada. Da la impresión de que, para ese miserable extranjero, no tenemos casa ni familia; como si hubiéramos venido al mundo siendo ya escolares, con los libros bajo el brazo, listos para aprender alemán y recibir golpes.

Yo recibí una buena ración al principio. Nuestra serrería está muy lejos de la escuela y en invierno amanece tardísimo. Al final, como volvía siempre por la tarde con marcas rojas en los dedos, en la espalda, por todas partes, mi padre decidió dejarme como interno, aunque me costó mucho acostumbrarme.

Los internos, además del señor Klotz, tienen a la señora Klotz, que es aún peor que él, y a un montón de pequeños Klotz que corren por las escaleras gritando que los franceses son todos tontos, todos tontos. Por suerte, cuando mi madre viene a verme los domingos, siempre me trae provisiones y, como todos ellos son muy comilones, estoy bastante bien considerado en la casa.

A quien compadezco de todo corazón es a Gaspard Hénin. Él también duerme en la pequeña habitación de la buhardilla. Hace dos años quedó huérfano y su tío, el molinero, para quitárselo de encima, lo metió directamente en la escuela. Cuando llegó era un chico robusto de diez años que parecía de quince, acostumbrado a correr y jugar todo el día al aire libre, sin sospechar siquiera que había que aprender a leer. Durante los primeros días no hacía más que llorar y sollozar como un perro atado; a pesar de todo, era bueno y tenía unos ojos dulces como los de una niña.

Con mucha paciencia, el señor Hamel, nuestro antiguo maestro, había logrado domarlo y, cuando tenía algún encargo por los alrededores, enviaba a Gaspard, que se sentía feliz de estar al aire libre, de mojarse en los arroyos y de quemarse la cara al sol. Con el señor Klotz todo eso se acabó.

El pobre Gaspard, al que tanto le había costado iniciarse en el francés, no ha logrado aprender ni una sola palabra de alemán. Pasa horas enteras con la misma declinación y, por sus cejas fruncidas, se nota más terquedad y rabia que atención. En cada lección se repite la misma escena:

—¡Gaspard Hénin, levántese!

Hénin se levanta de mala gana, se balancea sobre el pupitre y vuelve a sentarse sin decir palabra. Entonces el maestro le pega y la señora Klotz lo deja sin comer. Pero eso no lo hace aprender más rápido.

Por la noche, cuando subimos a la pequeña habitación, yo suelo decirle:

—No llores, Gaspard, haz como yo. Aprende alemán, ya que esta gente es la más fuerte.

Pero él siempre responde:

—No, no quiero… quiero irme, quiero volver a mi casa.

Es su idea fija.

Esa melancolía inicial lo había vuelto aún más fuerte. Por la mañana, al amanecer, cuando lo veía sentado en la cama con la mirada fija, comprendía que pensaba en el molino que despertaba a esa hora y en el agua clara donde había jugado toda su infancia. Esas cosas lo llamaban desde lejos, y la brutalidad del maestro no hacía más que empujarlo con más fuerza hacia su casa y volverlo casi salvaje.

A veces, después de los golpes, al ver cómo sus ojos azules se oscurecían de ira, pensaba que, de estar en el lugar del señor Klotz, yo tendría miedo de esa mirada. Pero ese demonio de Klotz no teme a nada.

Después de los golpes viene el hambre; además, ha inventado la cárcel, y Gaspard casi no sale nunca.

Sin embargo, el domingo pasado, como no había salido al aire libre desde hacía dos meses, lo llevaron con nosotros al prado comunal, en las afueras del pueblo.

Hacía un tiempo espléndido y corríamos con todas nuestras fuerzas en grandes partidas de escondite, felices de sentir el viento frío que nos hacía pensar en la nieve y en los juegos sobre el hielo. Como siempre, Gaspard se quedaba apartado, al borde del bosque, removiendo hojas, cortando ramas y jugando solo.

Cuando nos pusimos en fila para volver, Gaspard no estaba. Lo buscaron, lo llamaron. Se había escapado. Había que ver la furia del señor Klotz. Su rostro grueso estaba morado y su lengua se enredaba en blasfemias alemanas. Nosotros, en cambio, estábamos contentos.

Después de mandar a la mayoría de regreso al pueblo, se llevó consigo a dos de los mayores, a otro y a mí, y emprendimos el camino hacia el molino de Hénin. Ya anochecía. Por todas partes había casas cerradas, calentadas por un buen fuego y una buena cena de domingo; un hilo de luz se deslizaba hasta la carretera y yo pensaba que, a esa hora, la gente debía estar muy cómoda, sentada a la mesa y al abrigo.

En casa de los Hénin, el molino estaba parado, la empalizada cerrada, todos de vuelta: personas y animales. Cuando el mozo abrió la puerta, los caballos y las ovejas se removieron sobre la paja; en el gallinero hubo aleteos y chillidos, como si los animales hubieran reconocido al señor Klotz.

La gente del molino estaba cenando en la cocina, una cocina grande, bien caliente y bien iluminada, reluciente desde las pesas del reloj hasta los calderos. Entre el molinero y su mujer, Gaspard, sentado al extremo de la mesa, tenía el rostro despejado de un niño feliz, mimado y querido.

Para justificar su presencia, había inventado no sé qué fiesta del archiduque, unas supuestas vacaciones prusianas, y estaban celebrando su llegada. Al ver al señor Klotz, el desgraciado miró a su alrededor buscando una puerta abierta para huir; pero la mano pesada del maestro se apoyó en su hombro y, en un instante, el tío supo de la fuga.

Gaspard mantenía la cabeza erguida, sin el gesto avergonzado del alumno sorprendido en falta. Entonces, él, que solía hablar tan poco, recuperó de pronto la voz:

—Sí, me escapé. No quiero volver a la escuela. No quiero aprender alemán, una lengua de saqueadores y asesinos. Quiero hablar francés, como mi padre y mi madre.

Temblaba; daba miedo verlo.

—¡Cállate, Gaspard! —le decía el tío.

Pero nada lograba detenerlo.

—Está bien… Déjenlo… Vendremos a buscarlo con los gendarmes…

El señor Klotz reía de forma estúpida. Sobre la mesa había un cuchillo grande; Gaspard lo agarró con un gesto tan violento que hizo retroceder al maestro:

—¡Muy bien! ¡Que vengan los gendarmes!

Entonces el tío Hénin, ya asustado, se lanzó sobre su sobrino, le arrancó el cuchillo y ocurrió algo espantoso. Como Gaspard seguía gritando:

—¡No iré! ¡No iré!

Lo ataron con fuerza. El infeliz mordía, echaba espuma por la boca, llamaba a su tía, que había subido al piso temblando y llorando.

Mientras preparaban la carreta con bancos, el tío nos invitó a comer. Yo no tenía hambre —ya se imaginarán—, pero el señor Klotz se puso a devorar, mientras el molinero le pedía disculpas por los insultos que Gaspard había lanzado contra él y contra Su Majestad el emperador de Alemania. ¡Así es el miedo a los gendarmes!

El regreso fue tristísimo. Tendido en el fondo de la carreta, sobre una capa de paja, como un cordero enfermo, Gaspard ya no decía nada. Pensé que se había dormido, agotado por la rabia y el llanto; también pensé que debía de tener mucho frío, con la cabeza descubierta y sin abrigo, pero no me atreví a decir nada por miedo al maestro. Llovía finamente.

El señor Klotz, con un gorro forrado de piel hasta las orejas, azotaba al caballo mientras canturreaba. El viento hacía titilar la luz de las estrellas y avanzábamos, avanzábamos por la carretera blanca y helada. Ya estábamos lejos del molino; apenas se oía el ruido de la esclusa, cuando una voz débil, llorosa, suplicante, se elevó de pronto desde el fondo de la carreta. Decía, en nuestro dialecto de Alsacia:

—Losso mi fort gen, herr Klotz… Déjeme marcharme, señor Klotz.

Era tan triste que se me llenaron los ojos de lágrimas. El señor Klotz, en cambio, sonreía con malicia y seguía cantando mientras azotaba al caballo.

Al cabo de unos minutos, la voz repitió lo mismo, con el mismo tono apagado y casi automático. Pobre Gaspard: parecía que estuviera rezando.

Por fin la carreta se detuvo. Habíamos llegado. La señora Klotz esperaba frente a la escuela con un farol y estaba tan furiosa con Gaspard Hénin que tenía ganas de pegarle. Pero el prusiano se lo impidió, diciendo con su sonrisa perversa:

—Mañana ajustaremos cuentas… Basta por hoy.

Sí, el pobre chico ya había tenido bastante por ese día. Le castañeteaban los dientes, temblaba de fiebre. Hubo que subirlo a su cama. Creo que esa noche yo también tuve fiebre: todo el tiempo sentía el traqueteo de la carreta y oía a mi pobre amigo decir con voz apagada:

—Déjeme irme, señor Klotz.

GUY DE MAUPASANT[6]

EL COLLAR

Era una de esas hermosas y encantadoras criaturas nacidas, como por un error del destino, en una familia de empleados. Carecía de dote y no tenía esperanzas de cambiar de posición; no disponía de ningún medio para ser conocida, comprendida o querida, ni para encontrar un esposo rico y distinguido; y aceptó entonces casarse con un modesto empleado del Ministerio de Instrucción Pública.

No pudiendo adornarse, fue sencilla, pero desgraciada, como una mujer obligada por la suerte a vivir en una esfera inferior a la que le corresponde; porque las mujeres no tienen casta ni raza, pues su belleza, su atractivo y su encanto les sirven de carta de presentación y de linaje. Su firmeza natural, su instinto de elegancia y su flexibilidad de espíritu son para ellas la única jerarquía, que iguala a las hijas del pueblo con las más grandes señoras.

Sufría constantemente, sintiéndose nacida para todas las delicadezas y todos los lujos. Sufría al contemplar la pobreza de su hogar, la miseria de las paredes, sus sillas estropeadas, su fea indumentaria. Todas estas cosas, en las cuales ni siquiera habría reparado ninguna otra mujer de su casa, la torturaban y la llenaban de indignación.

La vista de la muchacha bretona que les servía de criada despertaba en ella pesares desolados y delirantes ensueños. Pensaba en las antesalas silenciosas, guarnecidas de tapices orientales, alumbradas por altas lámparas de bronce, y en los dos pulcros lacayos de calzón corto, dormidos en amplios sillones, adormecidos por el intenso calor de la estufa. Pensaba en los grandes salones colgados de sedas antiguas, en los finos muebles repletos de figurillas inestimables y en los saloncillos coquetos, perfumados, dispuestos para conversar durante horas con los amigos más íntimos, los hombres famosos y admirados, cuyas atenciones ambicionan todas las mujeres.

Cuando, a la hora de comer, se sentaba delante de una mesa redonda, cubierta por un mantel de tres días, frente a su esposo, que destapaba la sopera diciendo con aire de satisfacción:

—¡Ah! ¡Qué buen caldo! ¡No hay nada para mí tan excelente como esto!

pensaba en las comidas delicadas, en los servicios de plata resplandecientes, en los tapices que cubren las paredes con personajes antiguos y aves extrañas dentro de un bosque fantástico; pensaba en los manjares exquisitos y selectos, ofrecidos en fuentes maravillosas; en las galanterías murmuradas y escuchadas con sonrisa de esfinge, mientras se paladea la sonrosada carne de una trucha o un ala de faisán.

No poseía galas femeninas ni una joya; nada absolutamente, y solo aquello de lo que carecía le gustaba; no se sentía hecha sino para aquellos goces imposibles. ¡Cuánto habría dado por agradar, ser envidiada, ser atractiva y cortejada!

Tenía una amiga rica, una compañera de colegio, a la cual no quería ir a ver con frecuencia, porque sufría más al regresar a su casa. Días y días pasaba después llorando de pena, de pesar y de desesperación.

Una mañana el marido volvió a su casa con expresión triunfante y agitando en la mano un ancho sobre.

—Mira, mujer —dijo—, aquí tienes una cosa para ti.

Ella rompió vivamente la envoltura y sacó un pliego impreso que decía:

«El ministro de Instrucción Pública y señora ruegan al señor y a la señora de Loisel les hagan el honor de pasar la velada del lunes 18 de enero en el hotel del Ministerio».

En lugar de enloquecer de alegría, como pensaba su esposo, tiró la invitación sobre la mesa, murmurando con desprecio:

—¿Qué haré yo con eso?

—Creí, mujercita mía, que con ello te procuraba una gran satisfacción. Sales tan poco, y es tan oportuna la ocasión que hoy se te presenta... Te advierto que me ha costado bastante trabajo obtener esa invitación. Todos las buscan, las persiguen; son muy solicitadas y se reparten pocas entre los empleados. Verás allí a todo el mundo oficial.

Clavando en su esposo una mirada llena de angustia, le dijo con impaciencia:

—¿Qué quieres que me ponga para ir allá?

No se había preocupado él de semejante cosa, y balbuceó:

—Pues el traje que llevas cuando vamos al teatro. Me parece muy bonito...

Se calló, estupefacto, atónito, al ver que su mujer lloraba. Dos gruesas lágrimas se desprendían de sus ojos lentamente y rodaban por sus mejillas.

El hombre murmuró:

—¿Qué te sucede? Pero ¿qué te sucede?

Ella, valientemente, haciendo un esfuerzo, había vencido su pena y respondió con voz tranquila, enjugando sus mejillas húmedas:

—Nada; que no tengo vestido para ir a esa fiesta. Da la invitación a cualquier colega cuya mujer esté mejor provista de ropa que yo.

Él estaba desolado y dijo:

—Vamos a ver, Matilde. ¿Cuánto te costaría un traje decente, que pudiera servirte en otras ocasiones, un traje sencillo?

Ella meditó unos segundos, haciendo sus cuentas y pensando asimismo en la suma que podía pedir sin provocar una negativa rotunda ni una exclamación de asombro del empleadillo.

Respondió al fin, titubeando:

—No lo sé con seguridad, pero creo que con cuatrocientos francos me arreglaría.

El marido palideció, pues reservaba precisamente esa cantidad para comprar una escopeta, pensando ir de caza en verano, a la llanura de Nanterre, con algunos amigos que salían a tirar a las alondras los domingos.

Dijo, no obstante:

—Bien. Te doy los cuatrocientos francos. Pero procura que tu vestido luzca lo más posible, ya que hacemos el sacrificio.

El día de la fiesta se acercaba y la señora de Loisel parecía triste, inquieta y ansiosa. Sin embargo, el vestido estuvo hecho a tiempo. Su esposo le dijo una noche:

—¿Qué te pasa? Te veo inquieta y pensativa desde hace tres días.

Y ella respondió:

—Me disgusta no tener ni una alhaja, ni una sola joya que ponerme. Pareceré, de todos modos, una miserable. Casi preferiría no ir a ese baile.

—Ponte unas cuantas flores naturales —replicó él—. Eso es muy elegante, sobre todo en esta época, y por diez francos encontrarás dos o tres rosas magníficas.

Ella no quería convencerse.

—No hay nada tan humillante como parecer una pobre entre mujeres ricas.

Pero su marido exclamó:

—¡Qué tonta eres! Ve a ver a tu compañera de colegio, la señora de Forestier, y pídele que te preste unas alhajas. Eres bastante amiga suya para tomarte esa libertad.

La mujer dejó escapar un grito de alegría.

—Tienes razón, no había pensado en ello.

Al día siguiente fue a casa de su amiga y le contó su apuro.

La señora de Forestier fue a un armario con espejo, tomó un cofrecillo, lo sacó, lo abrió y dijo a la señora de Loisel:

—Escoge, querida.

Primero vio brazaletes; luego, un collar de perlas; después, una cruz veneciana de oro y pedrería primorosamente trabajada. Se probaba aquellas joyas ante el espejo, vacilando, sin poder decidirse a abandonarlas, a devolverlas. Preguntaba sin cesar:

—¿No tienes ninguna otra?

—Sí, mujer. Dime qué quieres. No sé lo que a ti te agradaría.

De repente descubrió, en una caja de raso negro, un soberbio collar de brillantes, y su corazón empezó a latir desordenadamente.

Sus manos temblaron al tomarlo. Se lo puso, rodeando con él su cuello, y permaneció en éxtasis contemplando su imagen.

Luego preguntó, vacilante, llena de angustia:

—¿Quieres prestármelo? No quisiera llevar otra joya.

—Sí, mujer.

Abrazó y besó a su amiga con entusiasmo y luego salió corriendo con su tesoro.

Llegó el día de la fiesta. La señora de Loisel tuvo un verdadero triunfo. Era más hermosa que las otras y estaba elegante, graciosa, sonriente y loca de alegría. Todos los hombres la miraban, preguntaban su nombre y trataban de serle presentados. Todos los directores generales querían bailar con ella. El ministro reparó en su hermosura.

Ella bailaba embriagada, con pasión, inundada de alegría, sin pensar ya en nada más que en el triunfo de su belleza, en la gloria de aquel triunfo, en una especie de dicha formada por todos los homenajes recibidos, por todas las admiraciones, por todos los deseos despertados, por una victoria tan completa y tan dulce para un alma de mujer.

Se fue hacia las cuatro de la madrugada. Su marido, desde medianoche, dormía en un saloncito vacío, junto con otros tres caballeros cuyas mujeres se divertían mucho.

Él le echó sobre los hombros el abrigo que había llevado para la salida, un modesto abrigo de uso cotidiano, cuya pobreza contrastaba extrañamente con la elegancia del traje de baile. Ella lo sintió y quiso huir, para no ser vista por las otras mujeres que se envolvían en ricas pieles.

Loisel la retuvo diciendo:

—Espera, mujer, vas a resfriarte a la salida. Iré a buscar un coche.

Pero ella no lo oyó y bajó rápidamente la escalera.

Cuando estuvieron en la calle no encontraron ningún coche, y se pusieron a buscar, llamando a los cocheros que veían pasar a lo lejos.

Anduvieron hacia el Sena, desesperados, tiritando. Por fin lograron encontrar una de esas vetustas berlinas que solo aparecen en las calles de París cuando cae la noche, como si se avergonzaran de su miseria durante el día.

Los llevó hasta la puerta de su casa, situada en la calle de los Mártires, y entraron tristemente en el portal. El hombre pensaba, apesadumbrado, que a las diez debía ir a la oficina.

La mujer se quitó el abrigo que llevaba echado sobre los hombros delante del espejo, para contemplarse aún una vez más ricamente alhajada. Pero de repente dejó escapar un grito.

Su esposo, ya medio desnudo, le preguntó:

—¿Qué tienes?

Ella se volvió hacia él, acongojada.

—Tengo…, tengo… —balbuceó— que no encuentro el collar de la señora de Forestier.

Él se irguió, sobrecogido:

—¿Eh?… ¿Cómo? ¡No es posible!

Y buscaron entre los adornos del traje, en los pliegues del abrigo, en los bolsillos, en todas partes. No lo encontraron.

Él preguntaba:

—¿Estás segura de que lo llevabas al salir del baile?

—Sí, lo toqué al cruzar el vestíbulo del Ministerio.

—Pero si lo hubieras perdido en la calle, lo habríamos oído caer.

—Debe de estar en el coche.

—Sí, es probable. ¿Te fijaste qué número tenía?

—No. ¿Y tú, no lo miraste?

—No.

Se miraron aterrados. Loisel se vistió por fin.

—Voy —dijo— a recorrer a pie todo el camino que hemos hecho, a ver si por casualidad lo encuentro.

Y salió. Ella permaneció en traje de baile, sin fuerzas para acostarse, desplomada en una silla, sin fuego, casi helada, sin ideas, casi aturdida.

Su marido volvió hacia las siete. No había encontrado nada.

Fue a la Prefectura de Policía, a las redacciones de los periódicos para publicar un anuncio ofreciendo una recompensa; fue a las oficinas de las compañías de coches, a todas partes donde podía presentarse alguna esperanza.

Ella lo aguardó todo el día con el mismo abatimiento desesperado ante aquel horrible desastre.

Loisel regresó por la noche con el rostro demacrado y pálido; no había podido averiguar nada.

—Es necesario —dijo— que escribas a tu amiga, diciéndole que has roto el broche de su collar y que lo has mandado a reparar. Así ganaremos tiempo.

Ella escribió lo que su marido le dictaba.

Al cabo de una semana perdieron hasta la última esperanza.

Y Loisel, envejecido por aquel desastre, como si de pronto le hubieran caído encima cinco años, declaró:

—Es necesario hacer lo posible por reemplazar esa joya por otra semejante.

Al día siguiente llevaron el estuche del collar a casa del joyero cuyo nombre figuraba en su interior.

El comerciante, después de consultar sus libros, respondió:

—Señora, no salió de mi casa collar alguno en este estuche, que vendí vacío para complacer a un cliente.

Anduvieron de joyería en joyería, buscando una alhaja semejante a la perdida, recordándola, describiéndola, tristes y angustiados.

Encontraron, en una tienda del Palais Royal, un collar de brillantes que les pareció idéntico al que buscaban. Valía cuarenta mil francos y, tras regatear, consiguieron que se lo dejaran en treinta y seis mil.

Rogaron al joyero que se lo reservase por tres días, con la condición de que les devolvería treinta y cuatro mil francos si lo entregaban de nuevo, en caso de que el otro apareciera antes de fines de febrero.

Loisel poseía dieciocho mil francos que le había dejado su padre. Pediría prestado el resto.

Y, en efecto, tomó mil francos de uno, quinientos de otro, cinco luises aquí, tres allá. Firmó pagarés, contrajo compromisos ruinosos, trató con usureros y con toda clase de prestamistas. Se comprometió para toda la vida, firmó sin saber lo que firmaba, sin detenerse a pensar; y, espantado por las angustias del porvenir, por la horrible miseria que los aguardaba, por la perspectiva de todas las privaciones físicas y de todas las torturas morales, fue en busca del collar nuevo, dejando sobre el mostrador del comerciante treinta y seis mil francos.

Cuando la señora de Loisel devolvió la joya a su amiga, esta le dijo con cierto desdén:

—Debiste devolvérmelo antes, porque bien pude haberlo necesitado.

No abrió siquiera el estuche, y eso lo juzgó la otra una suerte. Si notaba la sustitución, ¿qué pensaría? ¿No podría imaginar que lo habían cambiado deliberadamente?

La señora de Loisel conoció entonces la vida horrible de los menesterosos. Tuvo energía para adoptar una resolución inmediata y heroica. Era necesario devolver aquel dinero que debían... Despidieron a la criada, buscaron una vivienda más económica, una buhardilla.

Conoció los duros trabajos domésticos, las odiosas tareas de la cocina. Fregó los platos, desgastando sus uñas sonrosadas en los pucheros grasientos y en el fondo de las cacerolas. Enjabonó la ropa sucia, las camisas y los paños, que colgaba para secar en una cuerda; bajó a la calle todas las mañanas la basura y subió el agua, deteniéndose en cada piso para tomar aliento. Y, vestida como una pobre mujer de humilde condición, fue a casa del verdulero, del tendero y del carnicero, con la cesta al brazo, regateando, soportando desprecios y hasta insultos, porque defendía céntimo a céntimo su dinero escasísimo.

Era necesario, cada mes, cobrar unos pagarés, renovar otros, ganar tiempo.

El marido se ocupaba por las noches en pasar en limpio las cuentas de un comerciante, y a veces escribía a veinticinco céntimos la hoja.

Y vivieron así diez años.

Al cabo de dicho tiempo lo habían ya pagado todo, todo, capital e intereses, multiplicados por las renovaciones usurarias.

La señora Loisel parecía entonces una vieja. Se había transformado en la mujer fuerte, dura y ruda de las familias pobres. Mal peinada, con las faldas torcidas y rojas las manos, hablaba en voz alta, fregaba los suelos con agua fría. Pero a veces, cuando su marido estaba en el Ministerio, se sentaba junto a la ventana, pensando en aquella fiesta de otro tiempo, en aquel baile donde lució tanto y donde fue tan festejada.

¿Cuál sería su fortuna, su estado al presente, si no hubiera perdido el collar? ¡Quién sabe! ¡Quién sabe! ¡Qué mudanzas tan singulares ofrece la vida! ¡Qué poco hace falta para perderse o para salvarse!

Un domingo, habiendo ido a dar un paseo por los Campos Elíseos para descansar de las fatigas de la semana, reparó de pronto en una señora que pasaba con un niño cogido de la mano.

Era su antigua compañera de colegio, siempre joven, siempre hermosa y siempre seductora. La señora de Loisel sintió un escalofrío. ¿Se decidiría a detenerla y saludarla? ¿Por qué no? Habiéndolo pagado ya todo, podía confesar, casi con orgullo, su desdicha.

Se puso frente a ella y dijo:

—Buenos días, Juana.

La otra no la reconoció y se asombró de verse tratada con tanta familiaridad por aquella mujer tan desmejorada. Balbuceó:

—Pero…, ¡señora!… No sé… Usted debe de confundirse…

—No. Soy Matilde Loisel.

Su amiga lanzó un grito de sorpresa:

—¡Oh! ¡Mi pobre Matilde, qué cambiada estás!…

—Sí; he pasado días muy duros desde que no te veo, y además muchas miserias… todo por ti…

—¿Por mí? ¿Cómo es eso?

—¿Recuerdas aquel collar de brillantes que me prestaste para ir al baile del Ministerio?

—¡Sí, pero…!

—Pues bien: lo perdí…

—¡Cómo! ¡Si me lo devolviste!

—Te devolví otro semejante. Y hemos tenido que sacrificarnos diez años para pagarlo. Comprenderás que representaba una fortuna para nosotros, que solo teníamos el sueldo. En fin, a lo hecho, pecho, y estoy muy satisfecha.

La señora de Forestier se detuvo.

—¿Dices que compraste un collar de brillantes para sustituir al mío?

—Sí. No lo habrás notado, ¿verdad? Casi eran idénticos.

Y al decir esto, sonreía orgullosa de su noble sencillez. La señora de Forestier, profundamente impresionada, le tomó ambas manos:

—¡Oh! ¡Mi pobre Matilde! ¡Pero si el collar que yo te presté era de piedras falsas!… ¡Valía quinientos francos a lo sumo!…

GUILLAUME APOLLINAIRE[7]

[7] Nacimiento: Roma, Italia — 26 de agosto de 1880. Muerte: París, Francia — 9 de noviembre de 1918. Obras más importantes: Alcoholes, Caligramas,
El poeta asesinado, El marinero de Ámsterdam, El espíritu nuevo y los poetas (ensayos).

EL MARINERO DE AMSTERDAM

El bergantín holandés Alkmaar regresaba de Java cargado de especias y otras mercancías preciosas. Hizo escala en Southampton, y a los marineros se les dio permiso para bajar a tierra. Uno de ellos, Hendrijk Wersteeg, llevaba un mono sobre el hombro derecho, un loro sobre el izquierdo y, en bandolera, un fardo de telas indias que tenía intención de vender en la ciudad, junto con los animales.

Era a principios de primavera, y la noche caía todavía temprano. Hendrijk Wersteeg caminaba a paso ligero por las calles algo brumosas que la luz de gas apenas iluminaba. El marinero pensaba en su próximo regreso a Ámsterdam, en su madre, a la que no había visto en tres años, en su prometida, que le esperaba en Monikedam. Sopesaba el dinero que conseguiría de los animales y de las telas y buscaba una tienda en donde vender tales mercancías exóticas.

En Above Bar Street, un caballero vestido muy pulcramente le abordó, preguntándole si buscaba comprador para su loro.

—Este pájaro —dijo— me vendría muy bien. Necesito a alguien que me hable sin que yo tenga que contestarle, pues vivo completamente solo.

Como la mayoría de los marineros holandeses, Hendrijk Wersteeg hablaba inglés. Puso un precio que el desconocido aceptó.

—Sígame —dijo este—. Vivo bastante lejos. Usted mismo colocará el loro en una jaula que hay en mi casa. Me mostrará también sus telas, y puede que haya entre ellas algunas que me gusten.

Muy contento por el trato hecho, Hendrijk Wersteeg se fue con el caballero, ante el cual, en la esperanza de poder vendérselo también, elogió al mono, que era, decía, de una raza bien rara, una de esas cuyos individuos mejor resisten el clima de Inglaterra y que más se encariñan con el dueño.

Pero pronto Hendrijk Wersteeg dejó de hablar. Malgastaba en vano sus palabras, puesto que el desconocido no le respondía y ni siquiera parecía escucharle.

Continuaron el camino en silencio, el uno al lado del otro. Solos, añorando sus bosques natales en los trópicos, el mono, asustado por la bruma, soltaba de vez en cuando un gritito parecido al vagido de un recién nacido, y el loro batía las alas.

Al cabo de una hora de marcha, el desconocido dijo bruscamente:

—Nos acercamos a mi casa.

Habían salido de la ciudad. El camino estaba bordeado de grandes parques cercados con verjas; de vez en cuando brillaban, a través de los árboles, las ventanas iluminadas de una casita de campo, y se oía a intervalos en la lejanía el grito siniestro de una sirena en el mar.

El desconocido se paró ante una verja, sacó de su bolsillo un manojo de llaves y abrió la cancilla, que volvió a cerrar una vez Hendrijk la hubo franqueado.

El marinero estaba impresionado: apenas distinguía, al fondo de un jardín, una casa de bastante buena apariencia, pero cuyas persianas cerradas no dejaban pasar luz alguna. El desconocido silencioso, la casa sin vida, todo le resultaba bastante lúgubre. Pero Hendrijk se acordó de que el desconocido vivía solo.

«¡Es un excéntrico!», pensó, y como un marinero holandés no es lo suficientemente rico como para que se le engañe con el fin de desvalijarlo, se avergonzó de su instante de ansiedad.

—Si tiene cerillas, ilumíneme —dijo el desconocido metiendo la llave en la cerradura de la puerta de la casa.

El marinero obedeció y, una vez dentro de la casa, el desconocido trajo una lámpara que pronto iluminó un salón amueblado con buen gusto.

Hendrijk Wersteeg estaba totalmente tranquilo. Alimentaba la esperanza de que su extraño compañero le comprara una buena parte de sus telas.

El desconocido, que acababa de salir del salón, volvió con una jaula:

—Meta aquí el loro —le dijo—. No lo pondré en una percha hasta que se haya domesticado y sepa decir lo que quiero que diga.

Después, tras haber cerrado la jaula en la que, espantado, quedó el pájaro, le pidió al marinero que cogiera la lámpara y fuese a la habitación contigua, en donde se encontraba, según decía, una mesa cómoda para extender las telas. Hendrijk Wersteeg obedeció y fue a la alcoba que se le había indicado. De pronto, oyó que la puerta se cerraba tras él y que la llave giraba. Estaba prisionero. Trastornado, dejó la lámpara sobre la mesa y quiso arrojarse contra la puerta para tirarla abajo. Pero una voz le detuvo:

—¡Un paso más y es hombre muerto, marinero!

Levantando la cabeza, Hendrijk vio por un tragaluz en el que antes no había reparado que el cañón de un revólver le apuntaba. Aterrorizado, se detuvo. No le era posible luchar: su navaja no iba a servirle en estas circunstancias; incluso un revólver le hubiera resultado inútil. El desconocido que lo tenía a su merced se escondía detrás de un muro, al lado del tragaluz desde el cual vigilaba al marinero, y por donde solo pasaba la mano que esgrimía el revólver.

—Escúcheme —le dijo el desconocido— y obedezca. El servicio obligado que usted me va a prestar será recompensado. Pero no tiene elección. Es necesario que me obedezca sin dudar o lo mataré como a un perro. Abra el cajón de la mesa… Hay dentro un revólver de seis tiros, cargado con cinco balas… Cójalo.

El marinero holandés obedecía casi inconscientemente. El mono, subido a su hombro, gritaba de terror y temblaba. El desconocido continuó:

—Hay una cortina al fondo de la habitación. Descórrala.

Descorrida la cortina, Hendrijk vio un cuarto en el que, sobre una cama, atada de pies y manos y amordazada, una mujer le miraba con los ojos llenos de desesperación.

—Desate las ataduras de esta mujer —dijo el desconocido— y quítele la mordaza.

Ejecutada la orden, la mujer, muy joven y de una belleza admirable, se arrojó de rodillas ante el tragaluz, gritando:

—¡Harry, es una estratagema infame! Me has atraído a esta casa para asesinarme. Has pretendido haberla alquilado para que pasáramos en ella los primeros días de nuestra reconciliación. Creía haberte convencido. ¡Pensaba que por fin estarías seguro de que yo no tuve nunca la culpa de nada! ¡Harry! ¡Harry! ¡Soy inocente!

—No te creo —dijo secamente el desconocido.

—¡Harry, soy inocente! —repitió la joven con voz estrangulada.

—Esas son tus últimas palabras, las grabaré cuidadosamente. Se me repetirán toda mi vida.

Y la voz del desconocido tembló un poco, volviéndose rápidamente firme:

—Como todavía te amo —añadió—, te mataría yo mismo, si te quisiera menos. Pero me sería imposible, porque te amo…

Ahora, marinero, si antes de que haya contado hasta diez no ha metido una bala en la cabeza de esta mujer, caerá muerto a sus pies. Uno, dos, tres…

Y antes de que el desconocido hubiera contado cuatro, Hendrijk, enloquecido, disparó sobre la mujer, quien, todavía de rodillas, le miraba fijamente. Cayó de bruces contra el suelo. La bala le había entrado en la frente. De inmediato, un disparo surgido del tragaluz le vino a dar al marinero en la sien derecha. Se desplomó sobre la mesa, mientras que el mono, lanzando agudos chillidos de horror, se refugiaba en su blusón.

Al día siguiente, algunos transeúntes que habían oído gritos extraños procedentes de una casa de las afueras de Southampton advirtieron a la policía, que llegó rápidamente para forzar las puertas. Encontraron los cadáveres de la joven dama y del marinero. El mono, saliendo violentamente del blusón de su dueño, le saltó a la nariz a uno de los policías. Asustó tanto a todos que, retrocediendo algunos pasos, acabaron por abatirlo a tiros antes de atreverse a acercarse de nuevo a él.

La justicia informó. Parecía claro que el marinero había matado a la dama y que se había suicidado acto seguido. Sin embargo, las circunstancias del drama eran misteriosas. Los dos cadáveres fueron identificados sin problemas y todos se preguntaban cómo lady Finngal, esposa de un par de Inglaterra, había sido encontrada sola, en una casa de campo solitaria, con un marinero llegado la víspera a Southampton.

El propietario de la casa no pudo dar dato alguno que ayudara a la justicia a esclarecer los hechos. La casita había sido alquilada ocho días antes del drama a un tal Collins, de Manchester, que además continuaba en paradero desconocido. Este Collins usaba anteojos y tenía una larga barba roja que bien podría ser falsa.

El lord llegó de Londres a toda prisa. Adoraba a su mujer y su dolor daba lástima a quien le veía. Como todo el mundo, no entendía nada de este asunto.

Después de estos acontecimientos, se retiró del mundo. Vive en su casa de Kensington, sin otra compañía que la de un criado mudo y un loro que le repite sin cesar:

—¡Harry, soy inocente! ¡Buenos días, feliz miércoles! ¿Cómo estás?

UNA BELLA PELÍCULA

—¿Sobre qué conciencia no pesa un crimen? —preguntó el barón d'Ormesan—. Por mi parte, ya no los cuento más. He cometido algunos que me produjeron bastante dinero, y si hoy no soy millonario, debo culpar más bien a mis apetitos que a mis escrúpulos.

En 1901, en unión de unos amigos, fundé la Compañía Internacional Cinematographic, a la que para abreviar llamamos C.I.C. Nuestro propósito era producir una película de gran interés y pasarla luego en los cinematógrafos de las principales ciudades de Europa y América. Nuestro programa estaba bien trazado. Gracias a la indiscreción de uno de los domésticos, pudimos obtener una escena interesantísima que representaba al presidente de la República en momentos en que se levantaba de la cama. Siguiendo idéntico procedimiento, también logramos la filmación del nacimiento del príncipe de Albania. En otra oportunidad, después de comprar a precio de oro la complicidad de algunos funcionarios del Sultán, pudimos fijar para siempre la impresionante tragedia del gran visir Malek Pacha, quien, después de los desgarradores adioses a sus esposas e hijos, bebió, por orden de su amo y señor, el funesto café en la terraza de su residencia de Pera.

Solo nos faltaba la representación de un crimen. Pero, desdichadamente, no es fácil conocer con anticipación la hora de un atraco y es muy raro que los criminales actúen abiertamente.

Desesperando de lograr por medios lícitos el espectáculo de un atentado, decidimos organizarlo por nuestra cuenta en una casa que alquilamos en Auteuil a esos efectos. Primeramente habíamos pensado contratar actores para un simulacro de ese crimen que nos faltaba, pero, aparte de que con ello hubiésemos engañado a nuestros futuros espectadores al ofrecerles escenas falsas, habituados como estábamos a no cinematografiar más que la realidad, no podíamos satisfacernos con un simple juego teatral por perfecto que fuera. Llegamos así a la conclusión de echar a suerte, para establecer quién de entre nosotros debía juramentarse y cometer el crimen que nuestra cámara registraría. Mas esta fue una perspectiva ingrata para todos. Después de todo, éramos una sociedad constituida por personas de bien y nadie tomaba a broma eso de perder el honor ni aun por fines comerciales.

Una noche decidimos emboscarnos en la esquina de una calle desierta, muy cerca de la villa que alquiláramos. Éramos seis y todos íbamos armados con revólveres. Pasó una pareja: un hombre y una mujer jóvenes, cuya elegancia muy rebuscada nos pareció a propósito para acondicionar los elementos más interesantes de un crimen pasional. Silenciosos, nos abalanzamos sobre la pareja y, amordazándolos, los condujimos a la casa. Allí los dejamos bajo el cuidado de uno de nuestro grupo, volviendo a nuestra posición. Un señor de patillas blancas, vestido con traje de noche, apareció en la calle; salimos a su encuentro y lo arrastramos a la casa a pesar de su resistencia. El brillo de nuestros revólveres dio razón de su coraje y de sus gritos.

Nuestro fotógrafo preparó su cámara, iluminó la sala convenientemente y se aprestó a registrar el crimen. Cuatro de los nuestros se colocaron al lado del fotógrafo apuntando con las armas a los cautivos.

La joven pareja estaba todavía desvanecida. Los desvestí con atenciones conmovedoras: despojé a la muchacha de la falda y el corsé, dejando al joven en mangas de camisa. Dirigiéndome al señor de esmoquin, le dije:

—Señor: ni mis amigos ni yo deseamos a usted ningún mal. Pero le exigimos, bajo pena de muerte, que asesine, con este puñal que arrojo a sus pies, a este hombre y a esta mujer. Ante todo, usted tratará de que vuelvan de su desmayo; tenga cuidado de que no lo estrangulen. Como están desarmados, no cabe la menor duda de que usted logrará su propósito.

—Señor —repuso cortésmente el futuro asesino—, no tengo más remedio que ceder ante la violencia. Usted ha tomado todas las resoluciones y no deseo en lo más mínimo modificar una decisión cuyo motivo no se me aparece claramente; voy a pedirle una gracia, solo una: permítame cubrirme el rostro.

Nos consultamos y resolvimos que era mejor así, tanto para él como para nosotros. Coloqué sobre la cara del hombre un pañuelo en el que previamente habíamos abierto dos orificios en el lugar de los ojos, y el individuo comenzó su tarea.

Golpeó al joven en las manos. Nuestro aparato fotográfico empezó a funcionar, registrando esta lúgubre escena. Con el puñal dio unos puntazos en el brazo de su víctima. Esta se puso rápidamente de pie, saltando, con una fuerza duplicada por el espanto, sobre la espalda de su agresor. La muchacha volvió en sí de su desvanecimiento y acudió en socorro de su amigo. Fue la primera en caer, herida en el corazón. Luego la escena se concentró en el joven, que se abatió de una herida en la garganta. El asesino hizo las cosas bien. El pañuelo que cubría su rostro no se había movido durante la lucha, y lo conservó puesto todo el tiempo que la cámara funcionó.

—¿Están ustedes conformes? —nos preguntó—. ¿Puedo ahora arreglarme un poco?

Lo felicitamos por su labor. Se lavó las manos, se peinó, cepillándose luego el traje. Inmediatamente, la cámara se detuvo.

El asesino esperó a que termináramos de hacer desaparecer los rastros de nuestro paso por el lugar, porque la policía no dejaría de ir allí al día siguiente. Salimos todos juntos. Se despidió de nosotros como un perfecto hombre de mundo y se dirigió rápidamente a su club, donde, seguramente, no habría de ganar esa noche una suma fabulosa después de semejante aventura. Saludamos muy reconocidos a ese jugador y nos fuimos a acostar. Ya teníamos nuestro crimen sensacional, que provocaría un alboroto enorme, pues las víctimas eran la mujer del ministro de un pequeño Estado de los Balcanes y su amante, hijo del pretendiente a la corona de un principado de Alemania del norte.

La casa había sido alquilada bajo nombre falso, y el administrador, para evitar complicaciones, declaró reconocer al inquilino en el joven príncipe. La policía estuvo atareada en el asunto durante dos meses. Los diarios publicaron ediciones especiales y, como nosotros comenzamos en ese momento nuestra gira, es de imaginar el éxito que tuvimos. La policía no sospechó ni un instante que ofreciéramos la realidad del asesinato del día. Sin embargo, nosotros lo anunciábamos con toda claridad.

El público no se engañó: nos acogió de una forma entusiasta y, tanto en Europa como en América, ganamos, al término de seis meses de exhibiciones, trescientos cuarenta y dos mil francos, que repartimos entre los miembros de nuestra asociación.

El crimen había suscitado demasiado revuelo como para permanecer impune, y la policía terminó por detener a un levantino que no pudo presentar una coartada admisible para la noche del crimen. A pesar de sus protestas de inocencia, fue condenado a muerte y ejecutado. Tuvimos, además, mucha suerte. Nuestro fotógrafo pudo, por un feliz azar, asistir a la ejecución, con lo que nuestro espectáculo se cerraba con una nueva escena, hecha a medida para atraer a las multitudes.

Cuando al término de diez años, por causas sobre las que no me extenderé, nuestra asociación se disolvió, yo había cobrado por mi parte más de un millón, que perdí en las carreras al año siguiente.

CONTENIDO

www.ingramcontent.com/pod-product-compliance
Lightning Source LLC
Chambersburg PA
CBHW030621310726

48979CB00003B/815